高原伝統村落社会の記憶と信念

青海チベット族伝統村落社会における
儀礼的生活空間と死生観の民族誌的研究

尕 藏
Gazang

学術研究出版

本書の表記について

　本書で取扱う一次資料は、基本的に調査対象のS村で収集したが、比較するため筆者の出身村であるD村の一次資料もわずかに使用する。D村の村民は、全てチベット仏教のゲルク派の信者である。S村と同じくD村は、貴徳県常牧鎮政府の管轄下にあり、S村から10kmほど離れている。

　本書の中におけるチベット語の語彙と固有名詞については、チベット語は文語と口語の発音が大きく異なるため、原則として調査地の方言に近い形でカタカナ表記を行う。チベット文字は基本的にワイリー転写方式（Wylie 1959）によるラテン文字を用いた表記を併記するが、必要に応じて、チベット文字で表記する場合もある。一部の儀礼の名称、経典名、人名はカタカナ転写が困難であるため、ワイリー方式に則ったチベット文字のラテン文字転写で表記し、一部の欧米人の名前はアルファベットで表記する。

　本書で使用する「年配者」と「若者」という語彙は、S村の人々の話によってそのまま和訳して記述する。

　調査村及びその周辺の村名、インフォーマントの名前については全て仮名とするため、文字の綴りは記さない。なお本書における人類学という言葉は文化人類学を指すものとする。

目　次

本書の表記について　　i

序　章 ………………………………………………………………………… 1

第1節　本書の目的　　1
第2節　生・死に関する人類学的研究　　2
第3節　チベット研究史における本書の位置づけ　　7
第4節　調査の概要　　18
第5節　本書の構成　　20

第一章　調査地の歴史的背景 ……………………………………… 23

はじめに　　23
第1節　歴史のなかのティカ（khri ka, 貴徳）　　24
第2節　1950年代以降の貴徳県　　27
小括　　32

第二章　青海省チベット族の婚姻・家族と日常の生活空間 … 34

第1節　調査地S村とその人々の暮らし　　34
第2節　日常生活の空間　　53
第3節　伝統生業とその変容　　57
小括　　60

第三章　宗教的儀礼により継承される現代の伝統的社会集団
　　　　──ツォワ（tsho ba）………………………………………… 63

はじめに　　63
第1節　ツォワという伝統集団　　64
第2節　宗教的実践から見たツォワの行動　　69

第3節　ツォワの役割　　83

第4節　近代化によるツォワの変容　　85

小括　　87

第四章　青海省チベット族の宗教と寺院社会……………………… 90

はじめに　　90

第1節　青海省チベット族の宗教の概況　　92

第2節　S村における宗教と宗教者たち　　96

第3節　日常宗教の空間　　114

小括　　116

第五章　妊娠・出産をめぐる語りと実践 ……………………… 119

はじめに　　119

第1節　青海省チベット族の妊婦及び産婦とその習慣　　122

第2節　青海省チベット族の出産文化に関する習慣　　125

第3節　剃髪式　　137

小括——如何に安産・赤子の健康を求めていたか　　138

第六章　死をめぐる儀礼的実践と観念 ……………………… 143

はじめに　　143

第1節　青海省チベット族の死者儀礼の構造と観念　　144

第2節　葬儀の準備作業　　146

第3節　葬儀のプロセス　　150

第4節　事例から見た死者儀礼のありよう
　　　　——俗人と僧侶の死者儀礼の比較　　155

第5節　生者と死者を安寧する聖職者とその役割　　171

第6節　伝統集団に支えられる支援　　175

第7節　葬送式　　178

第8節　死者に対する親族の態度と感情　　183

小括　　190

第七章　再生に関する語りと実践をめぐって ……………………… 194

はじめに　　194

第1節　チベット仏教の死生観とその影響　　194

第2節　青海省チベット族の再生の観念　　200

小括　　214

終章——出生・死・再生をめぐる青海省チベット族の死生観

……………………………… 217

第1節　各章の要約　　218

第2節　青海省チベット族の死生観

——心身的行為と出生・死・再生のつながり　　221

あとがき　　226

参考文献　　229

図・表・写真　一覧　　245

序　章

第1節　本書の目的

　本書は中国青海省チベット族の死生観に関する人類学的研究であり、その目的は、青海省チベット族の村レベルの社会を対象に、出生・死・再生の語りと実践をめぐって、人々が死・死後世界に対してどのような態度・認識をしているか、死後の再生をどのように求めているか、それはどのような性質のものかを明らかにすることである。

　希薄な空気で寒く乾燥した気候のチベット高原の人々の主な生業は遊牧業、半農半牧業、農商業であり、宗教は、チベット土着のボン教 (bon chos) と北インドから伝来してきた仏教 (sangs rgyas chos lugs) が共存している。このような社会や宗教的な生活が 2 ～ 3,000 年以上の歴史を経てチベット文化を構成・変容してきた。所謂チベット文化というのは、「チベット文化はボン教文化が基準となり、仏教文化が主導してきたものである。さらに周辺の多くの民族に与えられた文化もある。そうした三つの側面から定義できる」(丹珠 1993：18) と指摘されており、貞兼 (1994：96) も「チベット人が虫を殺すのをためらうのは、今生の罪を最小限に留めて来世に備えるという。いわば無意識に行われる慣習的行為の表れと言えるかもしれない。その下地には功徳と慈悲心という不文律な了解事項がある」と述べているように、チベット文化の根底には生と死が連続している宗教的概念があると言える。しかし、これまでのチベット学界では、文献資料を中心にした宗教学的研究があったが、特定地域の人々の生と死、死後世界に対する認識を長期間にわたってフィールド調査によって描いた民族誌はなかった。それが、チベット族の死生観に関する人類学的研究と

いうテーマを設定した最大の理由である。そして、事例として青海省チベット族のS村を選んだのは、チベット族独自の死生観を含む宗教的伝統の影響が強く残っており、伝統宗教であるボン教徒とチベット仏教のニンマ派 (rnying ma ba, 古宗派)、ゲルク派 (dge lugs pa) の信者が混住しているためである。本稿では、各宗教の／宗派の出生・死・再生をめぐる語りと実践を中心に、青海省チベット族の死生観について描いて行きたい。

第2節　生・死に関する人類学的研究

　人間の死は、生物学的な現象である以上に文化的・社会学的な現象であり、生物的死は不可避的で否定することができず、いつか必ず死ぬことを運命付けられた存在である。今日では、特に文明が高度に進歩したといわれる先進工業国を中心に、近年乳幼児死亡率の低下と平均寿命の延長によって、死はますます「ありえない」非日常的出来事として日常生活から「隔離」されていく風潮がある。一方、現代医療の問題、すなわち「薬漬け」「器械責め」などと酷評される医療の「唯物主義化」の傾向なども大きな要因となって、「死」への関心が高まってきた (池上 1985:297–313)。つまり、「生」への充足が世界的関心を集め、「死」への恐怖といった面から人々は病いを恐れる。

　以上のような死に関する諸問題は、1970年代以降、心理学や社会学などを中心とした実証諸科学の研究者たちが各々の方法論を模索しながら分析してきたが、人類学での研究は1980年代に入ってから始まった。特に21世紀に入り、ますます生と死の意味・問題は問い続けなければならない一つの課題となっている。

　これまでの死に関する研究では、主に死者儀礼の側面からの研究が数多くなされてきた。それは以下のような問題意識によるものである。「おそらく人類学者が人間の死を扱う場合の最大の問題の一つは、多くの社会においては個人の死を生物的な死滅として放置しないこと

である。死者はしばしば再生すべき対象であり、来世の不可視の社会への再生にむけてきわめて複雑な儀礼の中でとり扱われる。この生物的死から想像的な再生への移行までの期間には生者たちの死者に対する深い思慕や恐怖など社会的緊張をともなう感情が複雑に表現されるため、人類学者はしばしば心理学的にならざるをえなかった[1]。また一方、葬送儀礼は何よりも多彩な象徴的表象に満ち、人々を形而上学的対話へと誘うため、死と豊饒、セクシャリティーの関係などシンボリズムの古典的な課題を提供し続けてきた」(田辺 1985：54)。

　この問題に関する基礎となるのが生と死をめぐるフランスの社会学者ロベール・エルツ(Robert Hertz)の古典的な理論である。エルツは、死者と霊魂、生者、社会との関係に留意しながら分析し、伝統的社会における葬送儀礼を理解しようとした死の一般的モデルを提唱している(エルツ 1980)。彼は 1907 年に『社会学年報』で発表した論文「死の宗教社会学——死の集合表象研究への寄与」において、二重葬儀についての理論的枠組みを求めた。二重葬儀とは、死亡時に執り行う仮葬から一定期間(エルツはその期間を＜あいだの期間＞と呼ぶ)を置いた後に改めて本葬を行うことであり、死の直後に葬儀が行われて、死体が一定期間までに安置され、肉片が腐敗して白骨化した時に、2 回目の死体処理を含む最終の葬儀が行われることである。

　エルツの議論図式は以下の図 0-1 の通りで、彼はインドネシアの諸民族、特にボルネオ島のダヤク族の葬送儀礼において、①死体、②霊魂、③生者と三つの側面を指摘し、葬送儀礼の中でこれら三つの側面は互いに平行性を保ちながら推移すると論じた。

　個人の死を生物的個体の消滅として放置することができず、死者は死後世界で再生すべき存在であると多くの社会からの研究報告を取り扱っている。エルツの影響を受けながら、その生——死——再生の過程を通過儀礼として一般化したのがアルノルド・ファン・ヘネップ(Arnold van Gennep)である。「エルツの議論は、後にファン・ヘネップによって『通過儀礼』の研究(van Gennep, 1909)に受け継がれ、儀

礼過程一般の構造論として展開されたことから分かるように、死の習俗と観念を時間的な儀礼過程のなかで探ることに出発点をもっている。つまり彼が主張するところでは、社会的事象としての『死』は瞬間的な出来事ではなく、我々の言葉でいう『死のこと』をはさんで一定の時間的な持続をそなえた過程だということである」(内堀、山下 1986：24)。彼はエルツの議論が受け継がれた『通過儀礼』(2012) の中で、葬送儀礼を含む儀礼は、「ある地位からの＜分離の局面＞、新しい地位への＜統合の局面＞、そして、その中間の境界的な＜過渡の局面＞という三つの局面から構成されると捉えた」(奥野 2005：190)。

　上述したように、エルツの死の一般的モデルはきわめて説得的であり、「ヒンドゥー教や上座仏教の強い影響下にある東南アジア各地の諸民族においても基本的に適応されると考えられる」(田辺 1985：55)。メトカーフとハンティントンも「このような観点から Hertz（エルツ）の研究が依然として説得力をもっていると結論づけ、全体としては Hertz の分析の有効性を認めている」(三木 1993：66)。

　英米人類学者メトカーフとハンティントンによる死の研究 (1985)

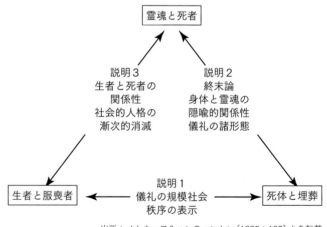

出所：メトカーフ＆ハンティントン（1985：102）より転載

図0-1　エルツの議論図式

では、「エルツの理論的枠組をそのまま踏襲し、これによって自分たちのフィールド・データに秩序づけを与えようとするといった傾向すら見られるようである」(内堀、山下 1986：24) と述べられている。メトカーフとハンティントンでは「ダヤク族と同じマレー文化圏に属するマダガスカルのバラ族の二重葬儀が論じられるが、肉と骨の対立、骨化による死体の浄化という葬送儀礼の象徴的構造に対してエルツ的な解釈がくり返される」(棚瀬 1986：256)。二人は死の人類学の理論的研究をし、そして、自らのフィールド・データ及びエルツ、ファン・ヘネップの再考に多くを費やしている為、内堀は、「死の文化分析が、この数十年の文化に関する人類学理論の発展にもかかわらず、不思議なほど新たな展開を遂げていないと言うことはできるだろう」(内堀、山下 1986：24) と述べている。

　一方、エルツの議論に対して批判的な人類学者もいる。「ブロックとパリーは、エルツの『一般モデル』が伝統的人類社会における死の一般モデルというよりも、実は狭く東南アジアに当てはまる特殊モデルであることを批判的に示唆している」(内堀、山下 1986：26)。この批判に対して棚瀬 (1986) は「ブロックは、人々の儀礼へのコミットの仕方を十分に論じておらず、かえってすべての伝統主義的社会において、人々の帰属的地位が葬送儀礼によって強化されるかのような議論を展開している点で、必ずしもエルツの理論を克服しているとはいい難いが、儀礼の内容だけでなく、儀礼と生活世界とのかかわりの仕方に着目した点で、儀礼研究の新たな可能性を示唆し得ているように思う」と述べている。内堀によると、エルツの議論に欠けている点は、「彼 (エルツ) が、問題としての死を逆転し、これを生に転換ないし置換させていこうとするイデオロギーが多くの文化に必須の装置として備わっていることに眼を向けていないということである。あるいは、これを言い換えて、死の生への象徴的置換ないしは隠喩的置換をエルツは考慮に入れていないといってもよい。この置換は葬儀という儀礼的行為の中で実現されることもあり、終末論という観念体系によって

実現されることもある。いずれにしても、死という無に向かう事柄を、生を生み出す方向へ、より正しくは生の再生産へと転化させるメカニズムがそこに作動するのである」（内堀、山下 1986：27）と批判している。

　文化的営みの中で何らかの解決を必要とする死の問題は、文化によって具体的な内容が異なる。墓及び祖先を中心にする中国や韓国——あるいはある程度まで日本も——（祖先）の出自の観念の核となる（内堀 1997：97）。「ある人間が別の人間へ直接時間を隔てて生まれかわるというような個人から個人への再生というより、漠然とした『祖先』という集団から、同じく漠然とした『子孫』という集団への生まれかわりなのである（波平 1996：161）。

　一方、多くの研究（森部 1982：112、加藤 2001：149-167）によると、タイなどの上座部仏教徒は、生きている間に積んだ善業と悪業のバランスによって死後の運命と生まれ変わりの状態が決まると信じている。大乗仏教徒のチベット族でも功徳を積む心身的行為によって、来世が決まると信じている点は同じである。しかし、同じ仏教徒の社会であっても、功徳を積む行為や修行法が異なる場合もある。例えば、「タイ社会では、『僧』の状態にいた人間が社会に『戻って』くれば、それはそれ以前の状態から人間として一段と『成熟した』、モラル上の位を一段上った存在とみなされる」（青木 1984：246-247）が、チベット族は、「僧」の状態にいた人間が俗人の社会に戻ってくると、それを「還俗」と呼び、還俗した人は僧としての戒律を犯し、罪を重ねたと考える。

　このように仏教徒の社会における生まれ変わりという観念と出生・死・再生のサイクルに関してはエルツの議論の中でも論述されておらず、同じ仏教徒の社会でも死者儀礼や死後の再生に役に立つような功徳を積む儀式について、異なるところがあるため、本書では、チベット族の死者儀礼の側面だけではなく、肉体から分離したナムシェ（rnam shes, 意識＝魂）が再び人間として生まれることに関する人々

の語りと実践について論じたい。

第3節　チベット研究史における本書の位置づけ

1　「チベット」とチベット学

「チベット」というと、西欧人のイメージは、まず秘境の高地である
とよく言うが、「チベットが秘境としての魅力を発揮しはじめたのは
イギリスからである。その後にドイツとフランスが続く。英語の強み
であろう。例えば、チベット仏教を世界的に広めるのに貢献した僧侶
の一人チョギャム・ドゥルンパ[2]はまずイギリスでその活動を開始し、
それからアメリカに渡った。西欧のチベット趣味は、アメリカのそれ
に追随する。たとえ、西欧人がアメリカ人には仏教の深さは分かるま
いと自負しようとも。(略)日本でもそんなに話題にはなるまい。もち
ろん、明治時代にチベットを見た河口慧海のことを忘れているわけで
はない。中根千枝や中村元の関心も、単なる欧米の影響ではない」(大
嶋 1994：70)。

　チベット文化圏とは、現在の中国行政区画でいうと、チベット自治
区、青海省、甘粛省南部、雲南省北西部、四川省西部、そして、インド
のヒマチャルプラデシュ州の北東部、ラダック地区、アルナチャルプ
ラデシュ州北部を包括する地域である。更にネパール、シッキム、ブー
タンなどのチベットに隣接した地域にもチベット系住民が相当多く居
住している。これらの地帯は大体海抜 3,000m から 5,000m を中心と
して、下は 2,000m、上は 5,000m の範囲と見ることができる。

　歴史上では、「唐代以来、チベットという地帯で様々な政治的軍事的
勢力関係により変動してきているが、これを社会的見地から見ると、
明清以来漢人の辺境への進出にともなって、多少蔵漢雑居地区が増加
したといえ、チベット人コミュニティの存在のあり方は今日までほぼ
一定しているとみることができる。それはチベット人たらしめている
文化(とくに生活形態)といったものが多分に地勢学的要因にもとづ

序 章　7

くものであるからである」(中根 1997a：36)。また、この地帯でチベット族の他、多数の民族が雑居してきたが、チベット言語及びチベット文化を共有している。これの唯一の原因は人類学概念でもあると指摘されている (李、于 2002：264)。

このような地域、すなわち、黄河、長江源流域、メコン河、サルウィン河の上流域、インダス河、ガンジス河の源流域からなるいわゆるチベット高原は、単なる一つの学問の研究対象ではなく、複数の学問の研究対象であり、仏教学、地理学、経済学、芸術学、医学、天文学、言語学、哲学、歴史学、文学、社会学、民俗学、文化人類学などを含めて「チベット学」と呼ぶ。すなわち、社会科学、人文科学、自然科学などを含む。

中国国内において、チベット語による仏教学、哲学、言語学、歴史学、文学、医学などといった伝統的な人文科学的研究の蓄積は多いが、現代史、地域研究、文化人類学、社会科学的専門分野の研究の蓄積は極めて少ない。

2 チベット族の社会と宗教に関する人類学的研究動向

チベットに関する学問的な研究が始まったのは年代的に 19 世紀であり、宣教師、旅行者、探検者たちが北インド経由で、入蔵（チベットに入るという意味）した活動が研究のきっかけとなったということが一般的な学説である。現代チベット学の鼻祖とも言える人物はハンガリー人ケレシ・チョーマ・シャンドル（1784-1842）である。彼の入蔵以前、「ヒマラヤやチベットの最深部へヨーロッパ人が入っていくのは、近世も 17 世紀以降のことであった。その先駆的な役割を果たすのはキリスト教の宣教師たちである。なかでもローマ・カトリックのイエズス会士の功績は非常に大きかった」(薬師 2006：20-22)。イエズス会士の代表の一人はイタリア人のイッポリト・デシデリ（Ippolito Desideri, 1684-1733）であり、チベット滞在は 5 年であった。デシデリはチベットでの伝道に対するカプチン派の優位を覆すこ

8

とはできなかったが、カイラス山やマナサロワール湖の記録を残した最初のヨーロッパ人であったため、彼の大旅行は大きな地理学的成果をヨーロッパにもたらした。それらのイタリア語で記載された記録・報告書は、行方不明となっていたが、1875年にイタリアのある貴族の蔵書の中で発見され、1904年にイタリア語で公刊された。さらに1931年にフィリッポ・デ・フィリッピが英語訳で『チベットの報告』（1991-92年に薬師義美によって日本語訳）というタイトルで編集・出版した。この報告は18世紀のチベットに関する記録のなかで第一級の資料で、最も信頼できる記録であると言われている。

　チョーマは、言語学者であるが、1822年に西チベットラダック山中の仏教寺院でチベット語とチベット大蔵経などを勉強し、約7-8年間、ザンスカールと現在のヒマーチャル・プラデーシュ州に滞在した。チベットから多数の一次資料を海外へ発信し、『蔵英辞書』と『チベット語文法』を出版した。チョーマの辞書は「独創的な研究者の作品であり、比類のない決意と忍耐の結晶である」（T. デューカ 1998：224）と評価されている。チョーマ以降、海外のチベット学研究が本格的に始まった。

　しかし、20世紀初頭の清朝、イギリスの中央アジア及び南アジア政策のため、チベットは鎖国状態にあり、外部世界の人たちは容易に接近することができず、チベットという地域は秘境の国、鳥葬の国及び聖地というイメージで捉えられてきた。それでも中国国外の人類学者たちは、チベット文化に対して19世紀末及び20世紀初期から注目していた。例えば、イタリアのトゥッチ（Tucci, 图齐, 1894-1984）のような例外的な研究者などごく限られた少数の外国人たちはチベットで調査することができた。その調査の成果は『チベット仏教探検志──G. トゥッチのヤルルン紀行』（トゥッチ 1999）に記載されている。また、彼をはじめとしたインド、米国、イギリス、フランス、日本などのチベット学者によって編集された『ヒマラヤの人間と神』（2005年に中国語に翻訳、中国語で『喜马拉雅的人与神』）では、主にチベットの

民俗文化、チベットの伝説及び民間伝承、宗教仮面舞踏、婚姻習俗、シャーマニズム、ボン教の歴史と教義の概況、10世紀以降のボン教寺院の教育体制、チベットでの西洋人の初期活動、日本のチベット歴史研究の起源と発展などを記述していたが、この著名な論文集の調査地域も中央チベット地域及び西チベットに限定される。

フランスのチベット学者 R. A. スタン（R.A.Stein, 1911-1999）は初期チベット学の著名な学者の一人である。スタンの有名な著書として取り上げられるのは『チベットの文化』『チベットにおける叙事詩と吟遊詩人の研究』などである。『チベットの文化』では、チベットの土地と住民、チベットの歴史概況、社会、宗教と習俗、美術と文学などについて記している。

オーストリアの中央アジア民俗学者 Ren de Nebesky-Wojkowitz（1923-1959）は、1956年に、宗教人類学及び比較宗教学の研究方法を用いて、主に守護神の類型、風貌、特徴及び崇拝儀式などについて調査し、その結果は『西藏の神霊と悪霊』（Oracles and demons of Tibet, 1991年に謝継勝により中国語訳，中国語で『西藏的神灵与鬼怪』）に記載されている。「この著書で取り扱われた守護神と崇拝に関する大部分の資料は、インド-シッキム境界地帯で収集したものである」（勒内 1991：23）。

そして、アメリカの人類学者 Goldstein と Beall も 1974年と1976年、西チベットの境界が接するネパール北部の地域で、チベットの牧畜民について調査研究を行った」（戈尓茨坦 1991：1）。1960-70年代にアメリカの人類学者 Aziz はネパール及びインドのチベット系社会において、チベットのティンリ地方から逃れてきた人を対象とした聞き取り調査によってチィンリ地方の婚姻形態と家族構成、1960年以前の社会経済構成と伝統宗教の生活などについて研究を行った（阿吉兹 1987）。

日本では、はじめて中央チベットに入国したのは仏教僧の河口慧海（1866-1945）であり、彼がチベットへの入国を志したのは、「大乗

仏教に関して梵語の仏典がネパール、チベットにわずかに残っており、しかもそれらに欠けているものがチベット語にかなり正確に訳出されているというので、それらを求めるためであった」(山口 1987：67-68) からである。彼は帰国すると、「西蔵探検記」を『東京時事新報』『大阪毎日新聞』に連載し、『西蔵旅行記』(全 5 巻) などを出版した。それらの影響を受けて日本では、主に宗教学者たちの間でチベットに対する関心が徐々に高まり、1954 年に日本チベット学会 (旧名：日本西蔵学会、2008 年に改名) も設立された。

しかし、日本の人類学者ではじめてチベット系社会で人類学的調査を行った人物は川喜田二郎や中根千枝たちであり、以下のように述べられている。「1953 年と 1958 年には川喜田二郎らのグループがネパール・ヒマラヤで広域調査を行い、特にトルポ地方のチベット系住民に関する調査は海外からも注目を集めた。川喜田はこの 1958 年の調査記録を一般向けに『鳥葬の国』(川喜田 1960) として出版した」(大川 2010：158)。「1950 年代に海外調査を行っていた中根千枝は、インド各地で精力的に調査活動を行うと同時に、ヒマラヤのチベット系王国シッキムでも調査を行っている」(中根 1958)。

チベット文化に対する以上の先行研究の中で明確に述べられたように、人類学者たちはチベット本土に入ることが当時困難であったため、ほとんどの研究者は北インド、シッキム、ブータン、ネパールなどヒマラヤ地帯に居住するチベット系諸民族を対象にして聞き取り調査を行なった。それらの人類学者による研究を大川 (2010) は「代替民族誌」と呼んでいる。

中国本土における調査研究は、戦前のものと 1980 年代以降の新しい研究と二つに大別できる (末成 1995) ように、戦前のチベット研究は、上述したようにチベット本土に入ることが制限されていたため、ヒマラヤ地帯に居住するチベット系民族に対する研究であった。また、1950 年代は中華人民共和国成立後、ソ連化が進められると同時に、人類学や社会学などが否定されていき、進化論的な社会形態分析

や民族識別などに重点が置かれたソ連民族学の影響を強く受けた民族学だけが認められたので、人類学者は国家政策にかかわる少数民族問題のみを研究・教育せざるを得なかった。中国本土において1950年代までの社会学は「ブルジョア社会学」として否定され、社会学による自己批判と「マルクス主義社会学」の構築の提案にもかかわらず、1952年に全ての研究機関において社会学は突然閉鎖された（西澤 2006：17, 秦兆雄 2007）。政府に認められていた一部の民族学も1958年からの中ソ対立を契機に否定されてしまった。

　一方、1950年代以降の中国では、民族自治地域の設定を行い、民族政策を施行するためには、各民族の認定が必要であり、その工作は「民族識別工作」と呼ばれる。この認定作業を行うために、中国の人類学者の費孝通、林輝華、李安宅、格楽などが民族学的研究を行なった。李安宅と彼の夫人于式玉は甘粛省に位置するラプラン寺（bla brang, 中国語訳：拉卜楞寺）で民族学的な調査を行い、チベット族人類学者の格楽は、チベット高原の北部に位置するチャンタン高原（byang thang, 北・高原；漢訳で羌唐）などの地域で民族学的な調査を行なった。

　このように、「1959年以来チベット社会に起こった変化は、人類学者がチベットの過去の生活がどうだったか再構成することをまったく不可能にしたことは間違いない。1950年以前にチベット人の中で暮らした米国の人類学者で宣教師のロバート・イクヴァルや米国で学んだ中国人学者李安宅のような学者もいたが、大多数の学者はやむなくネパールやインドのチベット社会で得たチベット社会についての不正確な聞書きを研究の材料とせざるを得なかった」（八巻 1994：5）。例えば、1980年代初頭にも人類学者たちが西チベット、インド、ネパール領ヒマラヤ地帯に居住するチベット系諸民族に対して民族誌的に研究調査を行った（Brauen, M 1982, ヘレナ 2003, 棚瀬 2001, 2008, 山田 2009, 煎本 2014）。

　チベット本土では、李安宅はラプラン寺とその周辺の寺院社会を研

究対象として仏教以前の宗教及びチベット原始宗教のボン教、仏教の各宗派の教育、僧侶の学位などについて民族誌的に記録し、2005 年に『藏族宗教史之実地研究』という著書を出版した。

チベット族人類学者の格楽 (1993, 2006) は、チベット高原の北部に位置するチャンタン高原 (主に那曲地区を対象) で調査を行い、牧畜業生産、交易と狩猟、牧地と牧畜、婚姻と家庭、部落、民間宗教と神学宗教、生活などについて民族誌的に記録した。

1980 年代に、鄧小平政権の支持を得て中国の人類学者たちは社会学と人類学を徐々に復興させた。「やがて、経済改革・対外開放へ政策が転換され、本土における社会学、人類学、民族学の教育研究およびフィールド調査も再開された。その後、再び先進諸国との学術交流を深めながら、社会主義的かつ中国的な特色をもつ学問として発展しつつある (秦兆雄 2007：118)。故に、外国人も政府の許可を得た上で、政策に従ってチベット族地域でもフィールド調査することが可能となった。

改革開放後、初めて政府の許可を得て中央チベットで現地調査を行った海外チベット学者は Goldstein であり、1985 年 5 月に Goldstein は初めて入蔵した。当時の研究課題はラサにおけるチベット語彙の収集であったが、そのかたわらで『西藏現代史－喇嘛王国覆滅』についての資料を収集し始めた。1986 年 6 月 3 日に、Goldstein とアメリカの形質人類学者 Beall の二人は、西藏社会科学院と 17 ヶ月西チベットチャンタン高原で現地調査することを契約した」(戈尔茨坦 2005：2-3)。その研究結果は 1991 年に出版された『今日西藏牧民』(『西藏西部牧民』ともいう) であり、「1980 年代西藏で北京政府が経済文化政策を実施した後、西チベットチャンタン高原が激しく変化したことや、公社解体後、牧民経済は伝統的家庭生産や管理体系を取り戻したこと、牧民の総体生活水平が向上したこと」(戈尔茨坦 1991：124) について民族誌的に記録した。また、牧民の経済、牧場の分配と再分配、日々の放牧と牧民の食事、隣国するネパール、ブータ

序　章　13

ン、シッキム国とのヤギ・羊と塩との交易、1959 年以降の牧民の生活、その後の北京の西藏政策、新政策による経済と社会の変化、環境保護と西藏牧民などについて記録した。

　一方、1980 年代以降の政策転換において、中央チベット地域はまだ制限されているものの、アムド地域では短期的に調査することが可能となった。漢語・チベット語資料を用いて現代チベット情勢を民族問題という観点から分析した論文・雑誌がある。例えば、中国藏学研究センターが発行する季刊『krung go bod rig pa』（中国語版の季刊も発行しており、雑誌名は『中国藏学』）や、西藏社会科学院が発行する季刊『bod ljong zhib ’jug』（中国語版の季刊も発行しており、雑誌名は『西藏研究』）、青海省政府が発行する季刊『bod kyi dmangs srol rig gnas』などがある。それらの社会科学に関する学術雑誌が出現して以来、チベット語と漢語によって、チベットに関する民俗学的・民族学的な論文が増加しつつある。

　日本でも、上述した 1990 年代以前に南アジア経由で入蔵した人類学者たちと異なり、直接北京経由で入蔵した人類学者は少ないが見られる。中根もその中の一人であるが、他に別所と小西、川田なども取り上げられる。中根 (1997b) は青海省政府が管轄する果洛チベット自治州の社会形成及び発展の系譜とその集団関係、僧侶の活動・寺院をとおしたネットワークについて論じている。

　別所と小西、川田、橋旦などは、主に改革開放後・宗教復興後の宗教的・儀礼的実践及び宗教政策などを対象として研究を行った (別所 2007, 2016, 2017；小西 2015, 橋旦 2017)。別所は、近代化にまきこまれた聖地・場を題材として、改革開放以降のチベット社会に見られる宗教復興の現状や社会主義近代化を標榜する中国の周縁部で再形成される民衆的な宗教実践領域、その宗教実践の空間自体の商業主義的な変化について着目している (別所 2016, 2017)。小西は長期調査によって、四川チベット地域におけるチベットの伝統宗教として位置付けられるボン教の寺院を研究対象とし、改革開放後中国のチベット

社会における宗教復興と存続の実態、その動因について民族誌的に描いている。さらに、四川省のチベット社会におけるボン教の寺院と僧侶たちに着目して、宗教の復興過程における寺院同士が形成する様々なネットワークの動態及び僧侶の移動が生み出すネットワークとそれに伴う宗教実践の変容、そして現代を生きるボン教僧侶の多様な生き方について論じている（小西 2010, 2015a, 2015b, 2015c, 2018）。川田（2015）は、東チベットの宗教ネットワーク、チベット寺院社会に対する宗教政策の変遷などについて盛んに論じている。

　本書は上述のような近年の研究動向に位置付けられ、青海省の特定の一つの村において人類学的フィールド調査を行い、これまで研究の蓄積がなかったチベット族の死生観を民族誌的に描いたものである。

3　チベットの葬儀及び死生観に関する先行研究とその問題

　チベット歴史学者や宗教学者などの手によって、古代チベットの葬儀及びチベット仏教理論に関する研究には一定の蓄積がある。歴史学者たちは外来仏教文化がチベット本土に流布する前、つまり仏教伝来以前の古代チベットの葬儀と古代チベット葬儀の仏教化に関しても関心を示してきた（Stein 1970；褚俊杰 1989a, 1989b, 1990；石川 2001, 2010；今枝 2006）。古代チベット人は、死とは心と身体の分離であると見なしていたので、その葬儀は死後の再生を目的としていたのであろうと褚俊杰（1989b）はすでに指摘していた。石川（2008：179）によると、古代資料に見られる古代ボン教の葬儀において、羊は死者のために道を作り、死者を冥界へ誘うガイド、馬は死者の乗り物、ヤクは死者の護衛とされていたことが読み取れると述べており、古代チベットの宗教で仏教徒かがもっとも是認しなかったのは、ヤク、羊、馬といった動物が死者の道案内として犠牲にされることであったという。

　7世紀以降から徐々にこのような畜獣の供儀は仏教化した。歴史学者・宗教学者たちがその仏教化がどのように形成されたかについて

注目してきた。例えば、今枝（2006：117）は古代チベット人の死後の世界とインド起源の仏教の死後世界を二つずつに分けており、古代チベット人の死後の世界の一つは避けるべき国、すなわち「悲惨と苦しみの国」であり、もう一つは到達すべき国、すなわち「喜びと幸せの国」であると述べている。後者が天界の「死者の国」で、宗教を実践した人々が死後到達し、新しい周期の始まりまで蘇生を待つところである。当然のこととして、古代チベット人が死に際して願ったのは、後者に辿り着くことであったが、これに対し、インド起源の仏教の死後世界の一つは三悪趣（餓鬼、畜生、地獄）であり、もう一つは三善趣（天、人、阿修羅）であった。今枝（2006）は初期の仏教伝道者である『生死法物語』の著者が古代チベット人の死後の世界とインド起源の仏教の死後世界の類似点に着目し、そこにチベット人向けの仏教紹介、そして仏教への改宗の切り口を見いだしたと指摘している。

　以上のように、古代チベットの葬儀は仏教化してきたとともに、チベットの人々の死生観も変容した。しかし、2000年代まで、「チベット人の死後世界観に対するこうした関心の高さとは対照的に、チベット人の『生命』に対する考え方や、『死』に至るまでの過程については、現在まであまり注目を浴びてこなかった。また、チベットに対する世界の眼差しは、主にチベット仏教に向けられたものであり、彼らの民間信仰や土着信仰に見られる死生観については、現在まで殆ど顧みられることはなく、研究の俎上にもあがってこなかった」（津曲 2003：56）。

　津曲（2003）は、チベット仏教の祖聖であるパドマサンバヴァによって記され、14世紀中葉の僧侶であるカルマリンパがセルデン河畔のガムポダルの山中から「発掘」したとされる所謂『チベットの死者の書』と民間信仰の生命観に着目して、チベット人の死生観について論述した。津曲（2014）が指摘するように『チベットの死者の書』を通して、死後世界を叙述し、その死後世界の影響で生者と死者の関係も僅かに論述している。

さらに、民間信仰については、英国のチベット史家D. スネルグローヴとH. リチャードソン（1998：34）によると、「仏教以前のチベットの宗教は、もっぱら現世のことにかかわっていたらしい。その目的は、人間の病気と不幸の原因を、普通は籤占い、または占星術の計算法によって発見し、適切な治療法を指示することにある。人間に災いをもたらす主な原因は、その土地に棲むありとあらゆる神々と悪魔と精霊であり、その攻撃に対抗する手段は、普通、身代わりを捧げることである」と述べた。一方、津曲（2003）はチィレ（'chi bslu, 死を欺く儀式）を取り上げて事例に、古代チベットの延命・治療の儀式が仏教儀礼の中に組み込まれたものであると指摘し、チベット人の伝統的な生命観の中の「ツェ（tshe, 寿）・ソク（srog, 命）・ラ（bla, 魂）」という三つの仏教以前の伝統の生命観の関係について述べた。

　チベットでは、この三つの生命観は生命の三つの側面を意味するもので、それぞれ「ツェは灯明の油、ソクは灯明の芯、ラは灯明の炎のようなものである」と言われる。「ラとソクは、命が継続する時間的長さを示すツェと合わせて、生命の三つの側面を表す重要な概念となっているが、ソクとラの関係を『生命の相対性』という観点から見ると、次のような違いがあることが分かる。即ち、ソクはそれが生命原理としての普遍性を備えているが故に、自ずと生命の『相対性』についての視野が排除されることになるのに対し、ラはそれが個体と外的事物の関係性の中に見出される場合であれ、集団や国家の生命力としての意味づけを持つ場合であれ、主体とラの関係が一対一の関係に保たれている限り、生命の相対性は失われることなく保持されるのである。このようにラは、生命の外部性と相対性に結びついているのであり、これは生命の内部性・普遍性を示すソクと重要な対比を示している」（津曲 2003：68）。だが、rgya ye bkra bho（2000）はツェ、ソク、ラとの三つの概念にリィ（lus, 身）、ナムシェも加えて、それらの関係について述べた。

　また、小野田（1993）は宗教学の視点から主に転生活仏について取

り上げており、活仏の転生をチベット仏教の教義の通りだと述べている。さらにチベット仏教文化の根底にある生命観や霊魂観には心と身体との別体感が強く存在していると主張している。だが、チベットの人々の死生観に対する一般的な考え方にはあまり触れていない。

　以上に述べた津曲の論説にせよ、小野田の論説にせよ、文献学及び宗教学の視点から論述した参考に値する研究であるが、いずれも人類学的手法を用いて特定の地方で長期間フィールド調査を行った結果ではない。

　仏教がチベット本土に普及して以来、その影響によって、チベット族の死生観は変容しており、功徳及び善業によって前世–現世–来世はつながっている。その功徳を積むという行為について、四川省のチベット地域で長期にわたって人類学的フィールド調査を行った小西（2013）が、ボン教徒の日常生活に見られる読経・巡拝などの行為及びチョルテン（mchod rten）という仏塔の建設の事例を研究対象にしてまとめている。彼は、1980年代から2000年代後半に至る宗教動態の中において、功徳の意味づけは主に現世利益へと傾斜していくが、実践の種類によっては来世の利益を指向した意味づけがなされる場合もあると主張している。

第4節　調査の概要

　本書で使用される一次資料は、中国青海省海南チベット族自治州貴徳県、チベット語でいうとチィカと呼ばれる地域のS村を中心にして、2014年から2017年の間の計7回にわたるフィールド調査によって収集した。また、比較のために周辺の仏教のみのD村などにも調査を行った。調査地の貴徳県は筆者の出身地であり、文字や言語的には母語であるゆえに全く問題はない。フィールド調査で使用した言語はチベット語・アムド方言、中国語（普通話・青海方言）である。

　調査期間中、S村のボン教徒のラツィ氏と彼の兄弟たちの住居に住

み込み、彼らの家族の一員として調査期間中、村の日常生活を送った。調査の方法としては、村の活動・儀礼についての参与観察やインタビュー、ビデオ、カメラなどによる記録を行った。貴徳県の地方史については県政府・宗教局などで資料を収集した。

　具体的な調査内容は以下の通りである。

●第一回目は2014年2月20日から3月11日まで（計21日間）：
　　この期間の調査は修士論文の予備調査であり、先ず、調査対象の村を探し、次回からの調査の際に滞在する家を決めた。そして、村全体の環境、村の歴史及び人口、一つの村に共存する三つの宗派、家族の中で三つ宗派者がいることなどについてインタビューを行い、S村の基本的な概要・資料を収集した。

●第二回目は2014年8月20日から9月22日まで（計32日間）：
　　この調査期間中に、S村の行政組織、家族構成、人間関係及び生業、ツォワという伝統社会集団の実態などについて調査を行った。

●第三回目は2015年2月10日から4月22日まで（計72日間）
　　S村の年配者をインフォーマントとして村の歴史、伝統的社会集団の形成などについてインタビューを行い、伝統的社会集団ごとの宗教的儀礼や死者儀礼、各宗派の年中宗教儀礼などについて調査を行った。また、宗教者をインフォーマントとして各宗派の寺院組織などについてインタビューを行った。そして、妊娠と出産の習俗とその変容、生死に対する村人の認識などについてインタビューを行い、県政府を通して貴徳県や海南蔵族自治州の歴史文献を収集した。

●第四回目は2016年の3月7日から4月18日まで（計41日間）
　　この調査期間中に、主に出産の儀礼、剃頭儀礼、結婚式、葬儀、家族構成などについて調査を行った。

●第五回目は2016年7月10日から8月17日まで（計37日間）
　　この調査期間中に、主にチベット族の山神崇拝・ラプツェ儀式について調査を行った。

序章　**19**

- 第六回目は 2017 年 2 月 16 日から 3 月 7 日まで（計 21 日間）

   主に村社会の日常生活と 80 歳を迎える祝祭について調査を行った。
- 第七回目は 2017 年 7 月 20 から 9 月 20 日まで（計 60 日間）

   博士論文執筆に向けて補充調査及び村社会の組織、ラプツェ儀式、死後世界に対する認識などについて再度フィールド調査を行った。

   以上のような日程で、博士論文完成のために計 9 ヶ月余り（284 日間）のフィールド調査を行った。

第5節　本書の構成

　本書は全九章から構成される。

　序章では、先行研究の整理とその問題について述べた。これまでの生と死に関する人類学的研究及びチベット族の社会と宗教に関する人類学的研究は本書の理論的背景に位置付けられ、チベット族の死生観に関する研究は文献資料を中心にする宗教学的研究の蓄積があるが、人類学的先行研究がない。宗教学的な先行研究は民間信仰や土着宗教に見られる生命観やチベット族社会における社会的・宗教的地位が高いラマの転生などに限られているため偏りがあるとの問題を提示し、本書の目的を述べた。

　第一章では、調査地の概要について述べる。1950 年代以前の青海省の歴史、1980 年代以降の改革開放政策によって、地域社会は安定し、民間信仰や宗教儀礼が徐々に復活してきたことが記述される。さらに、2000 年代の西部大開発以降の歴史について述べる。

　第二章では、研究対象である S 村の概要について述べる。村の行政組織、家族の構成と婚姻、親族範疇、その変容、という非日常的儀礼と筆者が宿泊した家を中心とした日常の生活空間、そして、社会的基盤となる村レベルの伝統的な生業とその変容について論述する。

　第三章では、青海省チベット族の村における伝統集団ツォワについて記述する。事例を取り上げながらツォワの現状について述べてか

ら、それぞれ年に一度行う菩薩を祭祀するチェソン儀礼と山の神を祭祀する山神崇拝という宗教実践からツォワの行動について記述する。そして、ツォワの役割と変容について考察する。

　第四章では、青海省チベット族の宗教と寺院社会について記述する。調査対象のＳ村に共存するボン教徒とチベット仏教のニンマ派、ゲルク派の信者はそれぞれの寺院を持っており、寺院社会とそこに生きている宗教者たちの行動、宗教者の日常生活の空間について述べる。このような社会的背景と宗教的背景についての記述の後、本書の中心内容である出生――死――再生のサイクルについて論述する。

　第五章では、妊娠・出産の語りと実践をめぐって生まれ変わりの観念及びその習俗文化について述べる。

　第六章は、死をめぐる儀礼的実践と観念についてである。葬儀に関する事例を取り上げながら、青海省チベット族地域における死者儀礼の構造、葬儀への準備作業と葬儀のプロセス、生者と死者を安寧する聖職者とその役割、死者儀礼を支える伝統集団の支援、葬送式、死者に対する親族の態度・感情について述べる。

　第七章は、再生をめぐる語りと実践である。バルドを彷徨う死者のナムシェについて村人が如何に認識し、そのナムシェの再生を如何に認定しているか、現世において罪を犯した人のナムシェはバルド期間に悪霊になる恐れがあり、その悪霊を調伏するデェ儀礼について述べる

　以上の内容に基づいて、終章では、まず各章の内容を要約・考察する。それから結論として提示する日常／非日常の善行及び悪行の心身的行為と出生・死・再生のつながりについて論じる。

【注】

1　葬送儀礼の心理的プロセスを機能論的に解釈する古典的な例はマリノフスキーのパロマである（マリノウスキー 1981[1974]）。

2　チョギャム・ドゥルンパ（chos kyi rgya mtsho drung pa, 1939–1987）

はカム出身で、スルマン僧院のトゥンパ転生の 11 世とされる。4 歳から20 歳までは伝統的な僧院教育を受ける。1959 年からはインドで過ごすが、1963 年に奨学金を得てイギリスのオックスフォード大学に留学し、哲学・宗教そして美学を専攻した。1967 年にはスコットランドにサムイェーリンという名の瞑想センターを設立している。1970 年にはアメリカ合衆国に身を移し、ヴァーモントやコロラドに瞑想センターを作り活動を始める。翌年からはコロラド大学で教鞭を執りながら、シャンバラ瞑想センターを設立する（小野田 2010：250-251）。

第一章　調査地の歴史的背景

はじめに

　チベット族の居住地は、幅広く拡大しており、伝統的な地域概念では、ウ・ツァン、カムとアムドという三つの地域に分けられ、ウ・ツァン地域は「法の地」(dbus gtsang chos kyi chol kha)、カム地域は「人の地」(mdo stod mi'i chol kha)、アムド地域は「馬の地」(mdo smad rta'i chol kha)と称されてきた。中央チベット地域はウ・ツァンと称せられるように、東部のウーと西部のツァンから成っている。東チベット地域はカムとアムドの二大地域に分けられる。カムはツァンポ河の大屈曲部と四川盆地のあいだ付近のことをいい、グルチュ河、ザチュ河、ディチュ河、ニャクチュ河の大河やその支流が険しい渓谷を形成している。アムドは現中国青海省から甘粛省西南部や四川省北西部にかけての地域をいう」(石川 2009：12-14)。

　チベット全地域の地勢は西のほうが高地、西から徐々に低い地勢になっている。地勢の高さによって上部、中部、下部と三つに分けられ、順番に西チベットのガリ (mnga' ris) は沢にたとえられ、ウ・ツァン (dbus gtsang) は灌漑用水路にたとえられ、ドカム (mdo khams) は水田にたとえられていると古代史料[1]に記載されていた。すなわち、上部のガリは三つの地区となり、中部のウ・ツァンは四つの地区となり、下部のドカムは六つの山地となる。それぞれの地域は高地から順に草食動物、肉食動物と鳥類の生存地である[2]と記している。

　筆者が調査対象にする現在の行政区画でいう青海省はアムド地域に属し、言葉もチベット・アムド方言である。以下より、青海省の歴史的概要は共同体の再生と破壊のアプローチから述べる。

第1節 歴史のなかのティカ (khri ka, 貴徳)

貴徳の地名には歴史的意味合いを含んでおり、チベット語の文献と漢語文献に記載していた名は一致しない。チベット語でティカと呼ばれ、アムド方言では、チュガ (khyi ka) と呼ばれる。チベット語の地名はチベットの歴史上の人物及びチベット族の伝承に由来したとよく言われている。チベット・アムド地域で知名度が高いムニャク・チョルテン (mi nyag mchod rten, 白仏塔)[3] がティカ地区に存在しており、古代チベット王朝の第四十一代目であるティ・レワチェン (khri ral ba can, 在位 815-836) 王の髪を舎利としてこのチョルテンに入っているという伝承に因んで王の最初の名を利用してティカと称したという。また、チベット語のティ khri という意味は台であり、ティカ地区の土神の宮 (khri k'i yul lh'i pho brang) の背山ハンブドンナ (sha abum gdong sna) は土神の台の形で聳えていると見えるため、ティカと名を付けたと述べている (drag dgon pa 1982:296)。伝統的にいうティカ地区は現代ティカの地理的範囲より幅広く、上方と下方の地区[4] と二つに分かれている (drag dgon pa 1982:295; zhabs drung mchog sprul 2014:309)。

ティカという地区の名が初めて出現した文献は、敦煌古代チベット文献 P.T.996 であり、その文献中に、「ティガ khri ga」と記載していたが、後にティカに変わったという。この文献を中心にして、zhabs drung mchog sprul (2014:309) 氏によると、古代チベット王朝時代からこの地区をティカと称し、名の由来は、アシャ (va zha, 吐谷渾)[5] の六つの千戸と万戸の宮[6] はこの地域に位置していたため、ティカと称されたと述べている。

一方、『貴徳県誌』(1995) や『貴徳県文史資料』(2014) などの漢語文献の記載によると、貴徳の意味は複雑であり、「貴徳」と「归(帰)徳」の文字が混用しているが、沿革としては、1370 年、貴徳州は归徳州に変換し、1375 年归徳州は归徳防御千戸所に変換した。1738 年、归徳

は貴徳に変換し、1792年、貴徳廳（局）に変換し、西寧府に所属した。1913年、貴徳廳は貴徳県に変換し、甘粛省西寧府に所属した。1929年に青海省を設立してから青海省に所属した。1949年9月18日貴徳県は解放し、10月1日に中華人民共和国が成立してから、青海省人民政府が管轄した。1953年12月海南チベット族自治区（後に州に変更）を成立後、自治州に所属した。

　貴徳地区の先住民は吐蕃（チベット族）及び羌族であると、多くの漢文献とチベット文献の説は一致している。現在の貴徳県を中心とする一帯は先零羌の根拠地であったことが決定できるのである（佐藤1978：269）。春秋戦国時代から魏晋南北朝時代に至るまで、吐蕃及び羌族はこの地帯の先住民であった。唐朝時代から、吐蕃管轄範囲となったため、吐蕃人と融合した。明朝時代から漢、回族などが遷移し始め、1949年前後、漢民族や他の民族が大量に遷移し、貴徳地区の民族の種類が増えた（賀爾加2012, 28）。

　明朝時代（1368-1644）に、西北地区を統治する一つの手法として、「移民実辺」という政策を実施し、漢族が徐々に移動してきた。貴徳県も漢族が移住する重要な場所の一つであった。「歴史記載と碑文伝承などで分かるように、1380年、貴徳地区を防衛するため、河州衛（現甘粛臨夏地区）から漢族の48軒（戸）を貴徳地区に派遣して安置し（者万奎 2014:131）、漢族的及び道教を中心に貴徳城を構築した。1406年、河州百戸の世襲である周劉、王猷、刘庆と三人の家族全員は軍隊として貴徳地区に移民し、貴徳城を守りながら、それぞれチベット族が居住する地区に屯田の仕事をしながら生活し定住した地区を統治した。このことを、貴徳三屯とも呼び、貴徳城を中心にして統治した。周氏族が定住した地区は周屯と呼び、二郎神（チベット語：アニ・ルラン, a myes ri glang）を祭祀している。王氏族が定住した地区は王屯と呼び、龍王神（チベット語：ルィジャブ, klu rgyal bo）を祭祀している。刘氏族が定住した地区は刘屯と呼び、文昌神（チベット語：アニ・ユゥラ, a myes yul lha）を祭祀している。それぞれの地区に定住してから

固定的にチベット族の一つの村が必ずそれぞれ三氏族の馬を放牧する役割を果たしていた。周氏族の馬はジャザ村が放牧し、王氏族の馬はムディ村、刘氏族の馬はサンジュ村が放牧する役割を果たした。現在は、チベット族の影響で、三氏族の各神・廟はチベット化している[7]。

　以上の簡略したティカ地区・貴徳の歴史で示したように、明朝時代に実施された「移民実辺」以降、徐々に漢族が移住し、ティカ地区において道教とチベット仏教の文化が融合し始めた。

　上述のような歴史の流れの中で、この地域には豊かな文化遺産が現在も多数残存しており、中でもチベット仏教文化に関する遺産が多く占めている。敦煌古代チベット文献 P.T.996 に記載しているように、チベット仏教は古代チベット王朝時代時から伝来していると述べている (zhabs drung mchog sprul 2014:310)。文化遺産所在地は、主にティキネチェンジェ（khri k'i gnas chen brgyad）という八大聖地であり、それらは、ジョジョ寺（jo jo lha khang, 漢語：珍珠寺）、ムニャク・チョルテン（mi nyag mchod rten, 漢語：白仏塔）、ボンボドンナ（bon po gdong sna, 漢語：南海殿）、ラカルポシャムパ（lha dkar po

出所：佐藤長『チベット歴史地理研究』(1978：3)
　　　所収の図を元に筆者作成

図1-1　黄河流域における貴徳県

byams pa rang skyes, 長佛寺）、チョルテンティセルマ（mchod rten dril gsil ma）、ムニャクグトウ（mi nyag dgu thog, 漢語：玉皇閣）、ユラポダン（khri k'i yul lh'i pho brang, 漢語：文昌廟）、タルマルドンクランション（brag dmar stong sku rang byon, 漢語：丹霞千佛）である。現在は世界中で一番大きい水で廻すマニ（法）車は貴徳に設置しているため、観光客は著しく増加している。現地語でマニ・チェコル（ma ni'i chos 'khor, 漢語：中華福運輪）と呼ぶ。

　以上の宗教的な文化遺産の所在地は、現在、観光地になっており、近年、青海省都である西寧市から貴徳県まで高速道路ができてから、観光客も増加し、チベット族及び貴徳県以外の観光客はチケットを購入する必要がある。

第 2 節　1950 年代以降の貴徳県

2.1　貴徳県

　1913 年に、貴徳県と地名をつけ、1929 年青海省を成立するまで、甘粛省西寧府が管轄した。1949 年 9 月 18 日に貴徳が解放され、同年の 10 月に貴徳県人民政府が成立した。1950 年 2 月各級地方人民政権を設立した。当時、全県に 6 つの区、1 つの鎮、18 の郷、50 の行政村がある。1953 年に海南チベット族自治州が成立して以来、貴徳県は海南チベット族自治州政府が管轄した。

　1984 年に、貴徳県に 1 つの鎮（河陰）、7 つ郷、102 の村民委員会、6 つの牧民委員会、4 つの居民委員会がある。2006 年に、S 村が所属する東溝郷は常牧郷と合併して常牧鎮となった。現在の行政区画は、4 鎮と 3 郷となり、県政府は河陰鎮に位置する。

⑴　地理環境

　　貴徳県は青海省の省都である西寧市から 114km 離れた西南地に、海南チベット自治州政府所在地から 154km 離れた東北地に位置する。貴徳県の南北の長さは 90.6km であり、東西の幅は 60.4km であ

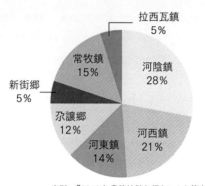

出所:『2013年貴徳統計年鑑』により筆者作成
図1-2　2013年貴徳県各鎮・郷の総戸数

る。『貴徳風情』(2010) の記載によると、総面積は 3,700 平方kmであり、2007 年に、全県が管轄する行政区画は 4 鎮と 3 郷となる。全県に農牧民委員会が 119 あり (その中で牧民委員会は 6)、生産合作社が 446 あり (その中で牧業合作社 33)、居民委員会が 4 ある。地理的位置は東経 100°58′8″ ～ 101°47′50″、北緯 35°29′45″ ～ 36°23′35″ までである。この地域の生業としては、農業、牧業、商業、出稼ぎなどであり、農業については、地勢によって異なるが、一般には 1 月から 4 月 (旧暦) の間に田畑を作り、6 月から 8 月 (旧暦) までの間に収穫する。

(2) **自然環境**

貴徳県の気候は高原大陸性気候である。北部は温涼半干旱気候であり、南部は温冷半干旱気候である。春は干旱風が強く、夏は涼しい、秋は雨が多く、冬は寒冷であり、全県大部分地区の年平均気温は 2.2 ～ 7.2℃である。一番暑い季節は 7 月であり、平均気温は 6.8 ～ 18.3℃である。一番寒い時期は 1 月であり、平均気温は −6.6 ～ 15.7℃である。昼夜の気温差は大きい (李 2010：2)。

県内の年平均降水量は 250mm であり、高地では、300 ～ 400mmである。月ごとの降水量の差は大きく、主に 6 月から 9 月に集中し

ている。

　貴徳県の地勢は南北が高く、中央部が低い。全体の地形は、山地、
高原平地、河谷盆地で構成されている。

⑶　人口・民族

　貴徳県は青海省の海南チベット族自治州に属し、民族種類は、『海
南蔵族自治州概況』（2009：57）によると、1953年、全州に7民族
がおり、その中で、チベット族68.53%、漢族25.07%、回族5.18%
などとなった。1964年、全州に19民族となり、その中で、チベッ
ト族49.25%、漢族43.48%、回族5.84%などとなった。1985年に
なると、全州に20民族となり、その中で、チベット族48.47%、漢
族44.20%、回族5.67%などとなった。2005年になると、全州に
23民族となり、その中で、チベット族259,395人、漢族120,718人、
回族27,201人などとなった。

　『貴徳蔵族簡史』（2012：3）によると、貴徳県は多民族の居住地方
であり、主に、漢、チベット、回、土、サラ（撒拉）族などが居住して
いる。1949年に、全県総戸数は8,071戸、総人口は35,235人が存
在した。

　2010年、全県人口の総人口は108,748人であった。その中で、漢

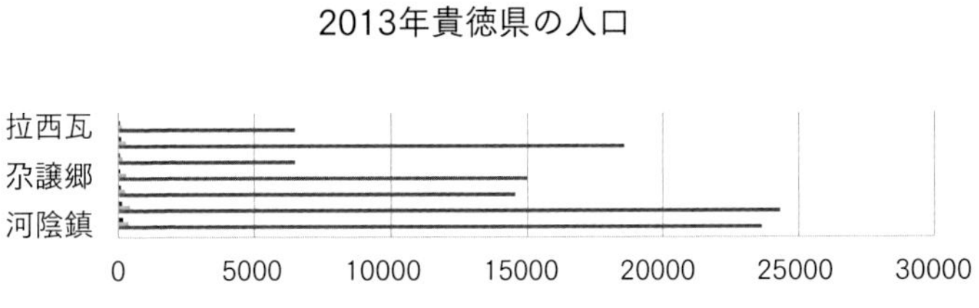

2013年貴徳県の人口

	河陰鎮	河西鎮	河東郷	尕譲郷	新街郷	常牧鎮	拉西瓦
■ 死亡	161	135	96	56	26	71	21
▨ 出生	333	402	212	255	118	256	99
■ 総人口	23,709	24,377	14,574	15,011	6,518	18,614	6,519

出所：『2013年貴徳統計年鑑』により筆者作成

図1-3　2013年貴徳県の人口（出生、死亡を含む）

族は 59,490 人、チベット族は 40,689 人、回族は 13,248 人、土族は 1,723 人、サラ族は 467 人、モンゴル族は 67 人、満族は 28 人、ヤオ族 (瑶) は 1 人、シボ族 (錫伯) は 2 人、ミャオ族 (苗) は 3 人であり、総人口は 1949 年と比べると、73,513 人増加した。

『海南統計年鑑』(2009：50-51) の記載によると、貴徳県に 16 民族がいた。それらの人口はチベット族 38,665 人、漢族 51,330 人、回族 14,471 人、土族 1,735 人、サラ族 424 人、モンゴル族 80 人、満族 28 人、チワン族 (壮) 5 人、トンシャン族 (东乡) 11 人、ミャオ族 3 人、トゥチャ族 (土家) 2 人、カザフ族 (哈薩克) 1 人、ヤオ族 1 人、シボ族 2 人、ボウナン族 (保安) 7 人、ウイグル族 (维吾尔) 1 人であった。

⑷ **宗教**

貴徳県では、仏教、ボン教、シャーマニズム、道教、イスラム教、キリスト教などが存在しており、仏教とボン教の信仰者は主にチベット人であり、『貴徳蔵族簡史』(2012：203) によると、1950 年に貴徳県でチベット仏教寺院 (ボン教寺院も含めて) は 90 あり、1958 年に貴徳県でチベット仏教寺院 (ボン教寺院も含めて) は 57 あった。現在は、貴徳県に仏教・ゲルク派の寺院は 34、ニンマ派の寺院は 20、ボン教は 3 である。主な廟は 9 である。

2.2 常牧鎮

2006 年 8 月に、青海省政府の許可を得た上で、常牧郷と東溝郷は合併して常牧鎮となり、「鎮」という行政単位になった。鎮政府所在地は東溝郷の場所である。その以前、常牧郷と東溝郷はそれぞれ「郷」という行政単位で構成されていた。常牧郷の住民は牧民であり、1959 年に常牧公社に変換し、チベット族のみで構成されていた。東溝郷は農業、商業、半農半牧業であり、多民族が混住していた。1956 年に東溝郷が成立し、1961 年に東溝、周屯公社に変換し、1965 年に東溝、周屯公社が合併して東溝公社を形成した。1984 年に公社を「郷」という行政の単位に変換した。

常牧鎮は貴徳県の東北に位置し、県と 20km離れている。『2011 年貴徳統計年鑑』によると、常牧鎮の総戸数は 5,142、総人口は 18,614 人であり、男性は 9,338 人、女性は 9,276 人が存在していた。出産合計は 256 人、死亡合計は 71 人であった。

表1-1　2013年常牧鎮牧草地面積

単位：畝、kg、日、羊

| 土地総面積 | 牧草地 | | | 草食可能の畝産 | 一日の草食 | 放牧日数 | 一頭羊に必要な草量 |
	小計	利用可	利用不可				
1,878,485	1,535,875	1,404,951	130,924	178.61	4	365	1,460

出所：『2013年貴徳統計年鑑』により筆者作成

　常牧鎮に居住する民族は、チベット族、漢族、回族、土族であり、以下に各民族の人口を比較し表 1-2 で表示する。生業については、主に牧業、農業、半農半牧業、出稼ぎ、商業などである。年ごとに異なるが、一般的には、2 月初頭頃に畑が始まり、6 月末〜 7 月初頭頃に収穫する。4 月半ば頃〜 6 月(旧暦)半ばまでと、8 月半ば〜 10 月(旧暦)までの時期に、各村の若者たちが年に二回出稼ぎを行っている。

　常牧鎮の宗教については、仏教、ボン教、シャーマニズムなどが共存しており、民族も蔵族のみではなく、他に 4 民族が共存している。以下に各民族の人口は表 1-2 で表示する。

表1-2　2011年常牧鎮各民族の人口統計表

単位：人

	総人口	チベット族	漢族	回族	土族
男	9,058	7,509	1,466	65	18
女	9,027	7,633	1,314	64	16
合計	18,085	15,142	2,780	129	34

出所：『2011年貴徳統計年鑑』により筆者作成

小括

　本章では、調査地貴徳県の歴史について述べた。貴徳県は図1-1でも示したように、黄河流域において第四段に位置しており、原住民は羌族と吐蕃であったが、明朝時代に、西北地区を統治する一つの手法として、「移民実辺」という政策を実施し、漢族が徐々に移動してきた。貴徳県も漢族が移住する重要な場所の一つであった。1406年、河州百戸の世襲である周劉、王猷、刘庆と三人の家族全員は軍隊として貴徳地区に移民し、貴徳城を守りながら、チベット族が居住する地区に屯田の仕事をしながら生活し、それぞれ定住した地区を統治した。

　1950年代以降、貴徳県で県人民政府を設けて、青海省海南チベット族自治州に所属した。以上は本章の簡単なまとめである。

【注】

1　dpa' bo gtsug lag（2005：81）による。原文："stod mnga' ris skor gsum rdzing gi tshul// bar du dbus gtsang ru bzhi yur ba 'dra// smad du mdo khams sgang（drug）gsum zhing lta bu".

2　dpa' bo gtsug lag（2005：81）による原文："mnga' ris skor gsum sha rkyang gling// bar gyi ru bzhi stag gzig gcan gzan gling// smad kyi sgang drug 'dab chags bya yi gling."

3　ムニャク・チョルテンは、古代チベット王朝時代の時、漢族とチベットの境界線であると drag dgon pa（1982：296）氏が述べている。

4　zhabs drung mchog spru（l2014：309）氏によると、ティカ上方地区は、"sngon rabs su khi ka 'di la'ng khri ka gong 'og gnyis su phyes yod de/ khri ka gong ma ni rdza rgan a myes srin po nas yar bcad de mang ra'i bye ma'i bar du brjod la" ティカ下方地区は、"khri ka 'og ma'm zhol ma ni rdza rgan a myes srin po ns mar bcad de gcan tsha'i dgu rong bar du brjod par grags so " と述べている。

5　石泰安（R.A.Stein, 2013：35）によると、古代チベットの四大氏族のセ（se）氏族に属し、663年に、吐蕃人が吐谷渾を征服した後、政治実体として、青海湖一帯で消滅したが、吐蕃人にとっては、吐谷渾はただ一つの氏族及び家族集団の名称であると考え、後に、va zha は漢語文献に吐谷渾と記載していた。

6　チベット語の原文：don dngos su khri ka zhes pa ni bod btsan po'i
skabs der/ mdo smad 'di ru va zha stong sde drug dang mthong khyab
khri sde'i khri dpon gyi gzhis ka zhig gnas 'di ru chags te/ bod rgay'i
rig gnas dang chab srid sogs kyi 'brel lam gtso gnyer gyi lte gnas shig
btsugs pas na khri ka zhes thogs par bshad pa 'di ni lo rgyus kyi rkang
dang 'grigs pa'i bden gtam zhig go//

7　2005 年に現地調査を行った先巴らが貴徳三屯の廟や年間行事などについ
て報告している（先巴　他 2006）

第二章　青海省チベット族の婚姻・家族と日常の生活空間

第1節　調査地S村とその人々の暮らし

1.1　S村とその行政組織

　S村は、常牧鎮政府所在地から東北約7kmに位置し、組織上、三つのルコル（ru skor, 自然村又は社[1]）という行政組織で成り立っている。『貴徳県誌』（1995：65）によると、1985年には100戸があり、人口は520人いた。耕地面積は2,571畝、水田面積は600畝であった。2014年[2]では173世帯、650人（男：325人、女：325人）を有し、全員チベット族である。宗派別の人口構成は、70%以上の世帯がボン教徒であり、残りの世帯はチベット仏教ニンマ派の信者である。S村には、チベット仏教ゲルク派信者の世帯がないにもかかわらず、ゲルク派寺院と僧侶が存在している。このゲルク派寺院にはボン教とニンマ派の世帯から出家した僧侶が、一生、性行為を禁じられた僧侶として修行しながら暮らしている。

　S村は、北緯35°95′03″、東経101°51′76″に位置する。村の東方にアニ・スンボ山（a myes srin po, 祖父・山の名前。ジェル skyes ri という村の神の住まい）とその山の弟子と認められているアニ・シェマル山（a myes bye ma, 祖父・山の名前。ジェラ skyes bla 及びジダク gzhi bdag という山神・土神の住まい）が聳えている。村の背後にはアニ・ゴツァン山（a myes go tshang, 祖父・山の名前）が聳えている。村人によると、「村の地形はチョルテン（mchod rten, 仏塔）の形に似ている。村の下手は幅広く、両側には高い山が聳え、仏塔頂にあたる東方の一番奥にはアニ・スンボ山が聳えている。チョルテンの中心にS村が在る。アニ・スンボ山がいつもこの村を見守ってくれ

ているおかげで、村人は良き日常生活を送ることができ、村を離れた学生たちも優秀な成績を修めることができる」と言う。

　S村は、豊かな自然環境に恵まれている。村の下手にボン教のチョルテンとチベット仏教のチョルテンが一基ずつ建てられており、村の出入り口は左下手となっている。左下手にチベット仏教のチョルテンが建てられており、このチョルテンを通り村に入ることになるが、ボン教のチョルテンは右下手に建てられているため、あまり目立たない。

　S村の伝統的社会組織は、1950年代以前、血縁的関係で結ばれている伝統集団ツォワ（tsho ba, 第三章を参照）により「デワ（sde ba）」という自然村を構成し、宗教儀礼や死者儀礼などの盛大な活動を行う際、労力や経済的にツォワ間の互いに助け合うためのツォテン（tshomthun, 第三章を参照）という社会的互助集団も形成されている。

　以上のような幾つかの伝統的社会集団は1950年代より実施された民主改革などを経て緩やかな状態になり、1980年代の改革開放が実施される時期に一時消滅したが、宗教回復運動期に各ツォワの山神崇拝などが復活し、再び伝統的社会集団の力が発揮されるように

2014年8月筆者撮影

写真2-1　S村の全景

なった。

　1950年以前、青海省チベット族の村社会は、男系出自の父系社会であり、「骨」(rus pa)と「血」(khrag)という親族関係の単位で、小社会ネットワークを形成していた。しかし、1950年代はチベット族の村社会にとって重要な転換点となり、チベットが解放されてからは、「行政村」という単位で村社会が管理された。村社会には、村民管理委員会という行政組織が置かれた。1958年の民主主義の影響により、「公社」(1980年代以降の「郷」と「鎮」の単位に相当)、行政村の下にルコル(ru skor 又は ru khag, グループ或いは小組の意味)という行政単位が組織化された。

　以下、現在の村社会の行政組織を図2-1で示す。

　村長の指揮下には各ルコルから選出した6人の年配者と各ルホン(ru dpon, 小組長に相当する、社長と呼ばれることもある)がおり、これらを「高位」[3]と呼ぶ。村長は村人の投票によって選出される。村長の指揮下の「高位」身分の者たちは、村長の相談係の年配者を選出する。各ルホンはルコルの人々の投票により選ばれる。各ルコルの下に

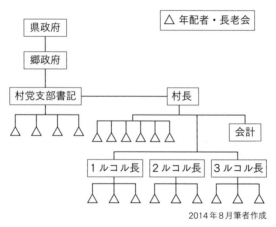

図2-1　調査村の行政組織

も 3 人ずつ年配者がおり、「高位」と呼ばれている。「高位」はルホンの経験者、あるいは豊富な人生経験を持つ人を選ぶ。

三年ごとに各村の書記が政府によって選ばれる。過去の貢献により連続して選ばれる書記もいる。村長は三年ごとに村の公民館で村民の投票によって選挙するが、各ルホンは一年ごとに交代する。

役割は、それぞれ異なっている。書記の主な役割は郷（鎮）政府の政策を村人へ伝達し、貧困家庭に対する経済援助を配分することである。

村長の役割は、自村と周辺の村々との関係を調整し、村に属する草地や林地、村の経済面を管理することである。

各ルホンの役割は、ルコルの全ての生産活動の主導者の責任を担うことである。

1.2 婚姻・家族の形態と親族名称
1.2.1 チベット族の婚姻に関する先行研究

チベットの婚姻に関する先行研究を見ると、チベット文化圏において複数婚姻（複婚）が行われる原因としては、大きく分けて二種類の系統の説明がある。それらは、Melvyn C.Goldstein などが指摘する経済的な理由と Nancy E.Levine が指摘する精神的な理由の二種類である（大川 2007b；六鹿 2011）。外国人はチベットの複婚に特に関心をもつようであるが、アムド地域では、青海省ゴロク（果洛・チベット族自治州の一部の地区）を除いて複婚は習俗的、伝統的に厳しく禁じられている。

「現在、錯那村（チベット自治区那曲地区安多県に属する）では、一夫一妻の婚姻制度が行われている。1959 年以前には、チベット牧畜地区では、「一妻多夫」の婚姻がかなり多かった。今、錯那村では、「一妻多夫」婚姻は 1 例もない」（包智明 1992：55）。雲南省迪慶藏族自治州に属する j 村で調査を行った六鹿桂子氏によると、「j 村には現在一妻多夫婚や一夫多妻婚をしている夫婦はいない。ただ兄弟型一妻多夫

第二章　青海省チベット族の婚姻・家族と日常の生活空間　**37**

は1900年代初め頃に1組だけあった。姉妹型一夫多妻婚も1980年頃にしていた村民はいたが、現在その村民は、その姉妹の中の一人と一夫一婦婚の形で結婚している。つまりj村では以前から一妻多夫や一夫多妻婚という婚姻形態がおこなわれてこなかったわけである」(六鹿 2007：49)。このような民族誌的な事例から現在チベットの婚姻形態は主に一夫一妻制であることが窺える。

　しかし、WuQi氏が行った2012年のインタビューによると、四川省松藩県の一部の地区で一妻多夫婚の例が少ないながらも見られる。「松藩県川主寺鎮伝子溝村のンガワンツェランタシ (Ngag dbang tshe ring bkra zhis) 氏によると、我が村 (伝子溝村) には50世帯があり、その中で一妻多夫婚は3世帯だけ存在している。我がツォワ (氏族) は12世帯あるが、一妻多夫の例はない。40歳以下の村人の中には一妻多夫婚の例はない」(WuQi 2013：108)。

　婚姻は夫婦により構成され、生育団体を形成し、世帯を継承するためのものである。チベット文化圏には、「骨系」(チベット語：リュパ rus pa) という概念がある。「チベット系社会の多くには、男系出自を表現する〈骨〉の観念が存在し、父親からその子供達には同一の〈骨〉が引き継がれるとされる。〈骨〉を共有する者は、たとえ明確な血縁関係が存在しない場合にも共通の先祖から分かれてきたとされ、彼等同士での結婚はインセストを犯すものとして厳しく禁じられる」(棚瀬 1991：160)。「『あなたのリュパはなにですか』と聞くと、『父のは××、母のは××です』と父と母両方の骨系をともに答える」(包智明 1992：56)。「これらの父系血縁グループを ruiba すなわちチベット語で『骨』を意味する語で呼ぶときには、これはまず父系そのものを指す。たとえある家族に息子がなく娘ばかりがあり、そのため婿養子をとっても、婿の骨は決して養家の父の骨に変えられることはない。(中略) 娘ばかりなら、その家系の骨は、まぎれもなくその次の世代で断絶する。しかしこの場合、『家系相続』とは何を意味するのかを明確に示した論者は殆どない。(中略) 家産の相続とい

う意味での家系相続のためなら婿養子は役立つが、父系の血統を相続するという意味での家系相続なら、婿養子は完全に無意味である。（中略）このように、父系と母方の父系とを『骨と肉』あるいは『骨と血』というような組み合わせで表現し、人間がこの双方を備えねば不完全であるとするような観念は、チベット人のみならず幾つもの北方ユーラシアの民族に見られる」（川喜田 1966：13）。しかし、ウ・ツァン地域（西藏自治区ラサ市を中心した周辺地域）又は西チベットにおいて結婚する際に、「同じ骨の者同士は、絶対に結婚できない。すれば近親相姦である。実際そんな例はひとつも現存していない。しかし同じ肉の者同士の結婚は許される。そして少数例ではあるが現存している」（川喜田 1966：13）。

I. デシデリ氏によると、「同じ骨の２つの親族の間の性交は、近親相姦とみなされ、すべての人が忌避し、ひどく嫌う。同じ血もまた、結婚に対して親族関係の中では最高の障害となる。したがって、おじとその姪の結婚は許されない。しかし、母方の実のいとことの結婚は許され、それはよく見られるところである」（デシデリ 1991：296-297）。

以上のように、「チベット人は２つの親族関係を認めている。その１つはリュパ・チク、つまり『同じ骨』の親族関係と呼ばれ、もう１つはシャ・チク、『同じ血』の親族関係である。彼らはリュパ・チク、同じ骨の親族関係として、たとえ、いく世代にもわたっていろいろの分家にわかれてきたとしても、そしてどれほど遠くても、共通の祖先から系統を同じくする人たちを認めている。シャ・チク、同じ血の親族関係は正規の婚姻によってつくられた人たちである」（デシデリ 1991：296）。

上述の資料のように、アムド地域でも、「近親結婚は禁止であり、厳密な外婚制がある。同じ『骨系』は絶対に通婚してはいけない」（金晶 2009：162）。

1.2.2 青海省チベット族の地域における婚姻

　チベット文化圏では、結婚する際に、結婚相手の「骨系或いは家系」を調べるのは一般的である。そのことを、青海省チベット族の地域で「ムジェ、ティムジェ」(mi rgyud, 人・系 ; khyim rgyud, 家・系) と呼ぶ。家系をよく調べた上で、村単位のコミュニティ内において恋愛、見合い結婚するのが一般的である。しかし、21世紀に入ってから、西部大開発以降のインフラ開発の進展、市場経済化などの影響を受けて、村単位の地域コミュニティを超えて恋愛し、自由に恋愛結婚するのが主流になりつつある (ガザン a 2017：2)。

　「骨系或いは家系」を調べる際、地域の人々は大きく二つの要素について考慮する。第一の要素は「骨」であり、村人達の話によると、「骨」には清浄な家系と不浄な家系があると言う。不浄な家系の成員の身体は変な匂いがする。その匂いの名は現地語で「セウル」と呼ぶ。清浄な家系の成員は匂いがない。不浄な家系は現地語で「ムザンワ, mi gtsang ba」と呼ばれている。第二の要素は家の守護神であり、調査村内には、守護神の異なる家が存在する。異なる宗派の家には別々の守護神を祀っている。仏教徒の多くは守護神ハデンラモ (dpal ldan lha mo) [4] を祀り、わずかながらチィラン (the'u ring, 猫の姿) [5] を祀っている家もある。

　そのような清浄な家系と不浄な家系、異なる守護神の存在があるため結婚する際に、清浄な家系と不浄な家系の成員同士は結婚できず、異なる守護神の家の成員同士も結婚できない。

　2000年以前には結婚する際に、一般的に不浄な家系の成員は不浄な家系の成員同士と結婚し、清浄な家系の成員は清浄な家系の成員とだけ結婚していた。異なる守護神の家も異なる守護神の家の成員同士と結婚できず、同じ守護神の家の成員同士と結婚を行っていた。

　清浄な家系の息子 (又は娘) が不浄な家系の成員と結婚すると、子供の世代から身体にセウルの匂いがし、不浄な家系となるため結婚ができない。しかし、2000年以降は、村の若者達は村を離れて出稼ぎに

出かけ、その影響や市場経済の発展と共に、恋愛結婚が自由になり、清浄な家系と不浄な家系の間で結婚している例も少なからず見られるようになった。

事例2-1：

　2005年、S村のある男性（2016年時点32歳）とS村の女性が自由恋愛をし、結婚するつもりだったが、男性の方が不浄な家系であったので、女性の家族が結婚に反対した。しかし、2年後、子供ができたため、女性の家族も仕方なく、結婚することを許した。

事例2-2：

　2009年、S村のある男性（2016年時点27歳）とS村の女性が自由恋愛をし、結婚するつもりだったが、男性の方が不浄な家系であったので、女性の家族が結婚に反対した。1年半後、女性の家族も仕方なく、結婚することを許した。

事例2-3：

　2001年、S村のある男性（2016年時点35歳）とS村の女性が自由恋愛をし、結婚するつもりだったが、女性の方が不浄な家系であったので、男性の家族が結婚に反対した。半年後、男性の家族も仕方なく、結婚することを許した。

　以上の3つの事例でわかるように、2000年以降、清浄な家系と不浄な家系の間でも、通婚できるようになった。しかし、2000年以前でも、S村には清浄と不浄な家系の間で結婚する習俗が一切なかったわけではなく、通婚している例もわずかにあった。

事例2-4：

　1987年、S村のある男性（2016年時点49歳）とS村の女性が結婚した。男性は不浄な家系であり、女性は清浄な家系である。現在、28歳の女の子と25歳の男の子がいる。子どもは2人とも不浄な家系の人と結婚している。

　2000年に実施した西部大開発以前は、通婚範囲はほとんど村内に限られ、村内の異性と結婚する場合、結婚の手続きは非常に簡単で

第二章　青海省チベット族の婚姻・家族と日常の生活空間　41

あった。しかし、親族同士やツォワ内（氏族）では通婚できないという外婚制がある。一方、青海省チベット族の地域では、親戚であっても、同じ肉の者同士の結婚が許される例がわずかだが存在する。

事例2-5：

2007年、S村のある男性（2016年時点28歳）とS村の女性が自由恋愛で結婚した。男性の祖母と女性の祖母は姉妹であった。最初は、女性の家族が結婚に反対したが、2年後に子どもができたため、女性の家族は仕方なく、結婚することを許した。

事例2-6：

1998年、S村のある男性（2016年時点34歳）とS村の女性が見合い結婚した。男性の祖母と女の祖母は姉妹であった。

以上のように青海省チベット族の地域では、同じ肉の者同士の結婚が許されている例がわずかながら存在した。

青海省チベット族の地域において、1983年以降、政府は結婚の登記を行うように要求していたが、2000年までは、実際に登記していた例は少なかった。2000年代初めから、子どもを戸籍に記載するのに、子どもの両親の結婚証が必要になった。それ以来、結婚後すぐ政府に登記する傾向が現れた。現在でも、S村において、50歳以上の夫婦では結婚証がない人が多い。2000年に入るまで、チベット族の婚姻形式は伝統的であり、結婚の手続きも非常に簡単であったと同時に離婚の手続きも簡単であった。

西部大開発が実施されるまで、通婚範囲は村内に限られており、村内で結婚し、離婚率は低かった。しかし、西部大開発以降、以下の表2-1で示しているように、村内の村人同士で結婚する例は少なくなってきている。

表2-1　現在のS村の結婚状況

夫	妻	結婚の年	形態	村内/外
A(29歳)	a	2006	嫁入り	外
B(32歳)	b	2008	嫁入り	外
C(28歳)	c	2010	嫁入り	外
D(29歳)	d	2013	嫁入り	外
E(29歳)	e	2014	嫁入り	外
F(27歳)	f	2008	嫁入り	内
J(34歳)	j	2006	婿取り	外
H(31歳)	h	2010	婿取り	外
I(26歳)	i	2014	婿取り	外

※　この表の中の妻の詳細な年齢は不明である。

2016年7月筆者作成

　青海省チベット族の地域において、清浄な家系の男性（又は女性）は守護神にチィランを祀っている世帯の成員とは結婚しない。チィランを祀っている世帯と結婚すると、子供の世代から不浄な家系となってしまうため、青海省チベット族の習俗として警戒されている。

事例2-7：

　インフォーマント（56歳の男性、仏教徒）は、守護神がチィランである世帯とはあまり喧嘩もしない方がいいと言う。チィランの人が怒ったら、思わね出来事が必ず起こると話してくれた[6]。

　しかし、現在では、西部大開発のインフラ開発と市場経済化の発展と共に、嫁不足や村人の出稼ぎが増えた影響で、異なる守護神を祀っている世帯であっても、あるいは、不浄な家系の人であっても、結婚する例は増加している。

第二章　青海省チベット族の婚姻・家族と日常の生活空間　43

表2-2　D村の異なる守護神の間の婚姻

夫	妻	守護神	結婚の年	形態
A	a	夫はチィラン 妻はハデンラモ	1984	嫁入り
B	b	夫はハデンラモ 妻はチィラン	2006	嫁入り
C	c	夫は不浄の世帯・ハデンラモ 妻はチィラン	2008	嫁入り
D	d	夫はチィラン 妻はハデンラモ	2011	婿取り
E	e	夫はチィラン 妻はハデンラモ	2014	嫁入り
※　この表の中の夫婦の詳細な年齢は不明である。				

2016年7月筆者作成

　以上のように青海省チベット族の地域の伝統社会においては、結婚する場合、結婚相手の家系あるいは骨系を調べた上で、通婚するのが一般的であるが、表2-2で示すように、西部大開発以降から、異なる守護神であっても、また不浄な家系の人であっても嫁不足などの原因で通婚する例が見られるようになった。

　結婚後の居住場所については、夫の家族と住む夫方居住婚を原則とする。青海省に属する黄南チベット族自治州同仁県の婚姻居住制に関する先行資料によると、「ランジャ村（Gling rgya, 同仁県シュンポンシ郷政府に属する）において、ほぼ82.1％の婚姻は夫方居住婚であり、一方、17.9％の婚姻は妻方居住婚である」（Jixiancairang 2012:10）。調査対象のS村でも、一般的なのは夫方居住婚である。

1.2.3　S村における家族の成り立ちと親族範疇

1.2.3.1　家族の成り立ち

　チベット・アムド地域社会の「チム（khyim）」（家）の概念は共住、共食、共財の生活共同集団の親族単位を意味する。現在の青海省チベット族の地域における家族形態は、大家族と直系家族、核家族、単身世帯であり、中でも、大家族と直系家族は一般的な家族形態である

が、2000年以降の西部大開発の影響やインフラ整備などの近代化、市場経済化などの影響で、若者達は出稼ぎに出る傾向にある。また、1985年に決定された教育体制改革、1986年に実施された九年制義務教育の政策などの影響で、子供達の進学率が高くなった。それらの影響を受け、徐々に核家族が増加した。

S村の世帯規模は、ほぼ1～7人家族で構成されている。2016年3月に聞き取り調査をした20軒の世帯規模を以下の表2-3で示す。

表2-3　S村の世帯規模

世帯号	世代数	世帯人口	世帯号	世代数	世帯人口
①	3	5	⑫	3	7
②	2	3	⑬	3	4
③	3	7	⑭	3	6
④	2	5	⑮	3	7
⑤	2	4	⑯	2	3
⑥	2	4	⑰	3	7
⑦	2	3	⑱	3	4
⑧	3	5	⑲	4	6
⑨	3	5	⑳	3	5
⑩	3	5			
⑪	1	1			

2016年7月筆者作成

表2-3で示すように、S村では各世帯が1～4世代から成り立っており、2～3世代の人が一つの世帯として生活しているのが一般的である。

アムド地域における大家族は、「例えば、子供2人が結婚しても労働力を保持するため分家せず、1人が草原で牧畜業を行い、1人が村で農業を行いながら両親や祖父や祖母の面倒を見ている形である」(ガザンジェ 2015：92)。

図2-2で示すように、A世帯は6人で構成されており、64歳A氏

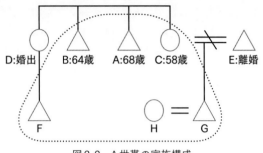

図2-2　A世帯の家族構成

の弟（64歳のB）と妹（58歳のC）、その妹（C）の息子（C）と妻（H）、婚出した妹（D）の息子（F）と6人である。58歳の妹（C）は婚出したが、離婚して息子（G）を連れて実家に戻ってきた。64歳弟も婿に行ったが、離婚して実家に戻ってきた。68歳A氏は結婚できなかった。婚出した妹（D）の息子は中学校に進学している。そのため、6人は大家族として食事や生計などを共にし、生活基盤である畑や家畜を共有して共同生活を送っている。

中根は「大家族形成の構造原理が兄弟（姉妹）の連帯にあったのに対し、直系家族のそれは、父-息子の継承線にあるということができる」と主張する（中根 1973：101）。調査対象のS村では、直系家族が一般的な家族形態である。例を以下に取り上げる。

図2-3で示すように、B世帯は6人で構成されており、B氏の父母とB氏夫婦、娘と息子2人である。B氏は37歳であり、b氏は32歳である。父母は70歳代である。b氏は2010年まで

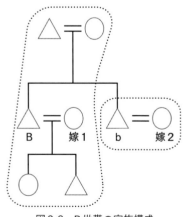

図2-3　B世帯の家族構成

未婚であったため、大家族として食事や生計などを共にし、生活基盤である畑や家畜を共有して共同生活を送ってきた。その後 2010 年に結婚し、家の財産を分けてもらい分家した。長男の B 氏が父母の面倒をみている。つまり、長男の B 氏が家長の後継者であるが、上に述べた"骨系又は家系"としては B 氏と b 氏の家の家系が同じである。

B と b 家はボン教徒の家であり、嫁 1 と嫁 2 は村外の仏教ゲルク派の家の出身である。嫁入り後にボン教に改宗したというが、日常唱えているのは仏教のターラー讃や六字真言などであった。

図 2-4 で示すように、C 世帯は 4 人で構成されており、C 氏夫婦と娘と婿との 4 人である。C 氏は 81 歳、妻は 85 歳、娘は 38 歳、婿は 40 歳である。1958 年以前、C 氏は仏教ゲルク派の僧侶であったが、民主改革などの政策によって還俗させられて以降、俗人として働いた。妻はボン教徒の家出身であるため、ボン教を信仰している。妻が日常唱えているのは仏教のマントラであったが、自らはボン教徒であると認識している。婿は村外の仏教徒である。家の仏間には両宗教の神仏像が置かれていた。

調査対象の村に、夫婦と子供からなる小家族或いは核家族の例も少数見られる。以下に取り上げる。

図 2-5 で示すように、D 氏の世帯は 3 人で構成されており、D 氏夫婦と子供との 3 人である。夫婦 2 人とも 40 歳代であり、宗派はニンマ派である。2004 年に、農業をやめて、青海省ゴロク（果洛）チベット族自治州で商店を開業している。子供は進学している。

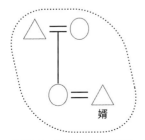 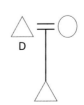

図2-4　C世帯の家族構成　　　図2-5　D世帯の家族構成

第二章　青海省チベット族の婚姻・家族と日常の生活空間

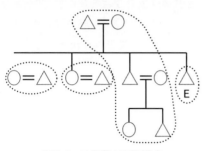
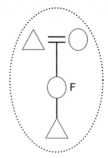

図2-6　E世帯の家族構成　　　　図2-7　F世帯の家族構成

　図2-6で示すように、E氏の世帯は1人で構成され、単身世帯である。40代であるが、未婚である。1人で畑作業をしている。このS村には、単身世帯は3戸しかない。

　図2-7で示すように、F世帯は4人で構成されており、F氏の両親と5歳の子供である。F氏は33歳である。

　以上のように、青海省チベット族の地域の家族形態は一夫一妻婚が基本にあり、大家族と直系家族、核家族、単身世帯などがある。

1.2.3.2　親族範疇

　2000年代まで、青海省チベット族の地域では、第三章で述べるように、「ツォワ」(stho ba, 氏族) は大体親族範囲となっていたが、地域社会の変化と共に「ツォワ」は緩やかになり、親族の範囲も縮小してきた。空間的に遥か遠いが、「骨」と「肉」の概念が表すチベットの父系出自のみを重視する研究に対して、ネパールと中国の境界付近に住んでいるチベットの人々を調査したアジズ (Aziz 1978:117-122) は既に指摘したように、チベット地域社会では、世帯の連帯性が重要性であり、世帯より広い範囲の親族範疇については、父系出自集団のみならず、自己を起点として父方と母方を平等に辿る双系出自集団が存在していると述べている。

　青海省チベット族の地域では、親族を「シャニ」(sha nye, 肉・近い)

あるいは「シャチャク」(sha khrag, 肉・血)、ニィウ (nye bo) と呼ぶ。しかし、自分の父系出自を表す時、「リュパ・チュ」(rus pa gcig, 骨・同じ) と呼ぶが、現在は、「リュパ・チュ」と「シャ・チュ」(sha gcig, 肉・同じ) という概念も父系出自のみを表す訳ではなく、双系出自を表している。例えば、父方の伯母といとこに対しても、母方のいとこに対しても、自分たちの「骨と肉・血は同じ」であると認識している。

しかし、2000年代から村の生活リズムは変化し、中でも2006年に社会主義新農村建設政策が実施されてから、村内道路の設備や電気、通信、光ファイバーのテレビ回線の敷設、伝統的な部屋などの建設が進み、村人は生活リズムのスピードが急速になり、2000年代まで日常生活にまで影響を及ぼした伝統集団「ツォワ」の人々の関係が希薄化した。2000年代以降、村の出自以外の日常生活を支えてくれるのが血縁関係と婚姻関係の親族集団となった。以下に、S村の親族範囲を示す。

第三章でも述べるが、盛大な死者儀礼などを行う際に「ツォワ」が

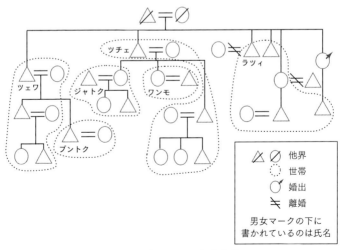

図2-8　S村における親族範囲

率先して活躍する。日常生活の場では、例えば、図 2-8 の中の各世帯のように常に相互関係を持っている。各世帯が小規模な土木工事や儀式を行う時に、「ツォワ」は率先して手伝いに来てくれる間柄である。図 2-8 の場合、日常生活は、図 2-8 の中の 6 つの世帯の間の連帯性によって営まれている。

　図 2-8 の家系図の中では、ツェワの家が本家である。ツェワの弟ツチェは 1958 年までチベット仏教ゲルク派の僧侶であったが、混乱期に還俗した。1980 年代にボン教の在家のホウン (dpon) [7] となり婿入りした。ツチェの息子・娘と孫たちに尋ねると、ツェワとラツィの世帯は親族であるという。ラツィの世帯も同じく親族であるという。特にラツィの世帯はツェワの世帯に対して同じ世帯であるとよくいう。

　しかし、S 村においては、三つの宗派の信徒が共存しており、2000 年代初頭に、S 村のボン教寺院は独立し、信徒の力も徐々に強くなってきた。2016 年 8 月に行った筆者の現地調査によると、ボン教信徒の世帯とニンマ派信徒の世帯の関係が弱化していることがわかった。以下の C 世帯と D 世帯の成員は A、B、D 世帯に対して、血縁的親族であると認識しているにもかかわらず、宗派が異なるため、日常生活の中で、図 2-8 で示した親族集団のような強い連帯感はなかった。特に、A と B 世帯はボン教徒の中で強い勢力を持ち、C 世帯とはあまり関わっていない。そのため、以下の図 2-9 で示す血縁的親族範囲の 5 つの世帯間の関係は弱まっている。

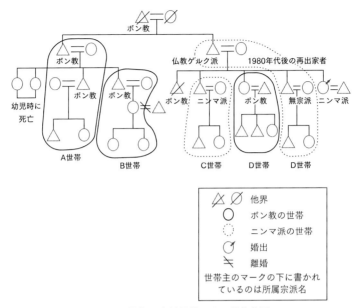

図2-9　異なる宗派信徒による親族集団

1.2.4　S村及び周辺村における親族名称

以下に人類学の基本的親族名称を取り上げ、それに従って「自分」と関係する青海省チベット族の地域の基本親族名称について述べる。

表2-4　人類学の基本的親族名称

E（Ego）＝自分	B（Brother）＝兄弟
F（Father）＝父	Z（Sister）＝姉妹
M（Mother）＝母	H（Husband）＝夫
S（Son）＝息子	W（Wife）＝妻
D（Daughter）＝娘	

以上の8種の基本親族を中心にしながら、青海省貴徳県S村とその周辺の村で収集した調査材料を分析して地域の親族名称を表2-5にして記述する。

第二章　青海省チベット族の婚姻・家族と日常の生活空間　51

表2-5 S村とその周辺の村の親族名称

世代	チベット語		日本語読み		親族関係
	S村	周辺の村	S村	周辺の村	
2	pa po	a mya	パボ	アニャ	FF, MF,
2	a ne	rga rga	アニィ	ガガ	FM, MM
1	a rgya	a pha	アジャ	アパ	F
1	a ma	a ma	アマ	アマ	M
1	a khu	a khu	アク	アク	FB
1	a ne	a ne	アニィ	アニィ	FZ, WM,
1	a zhang	a zhang	アシャン	アシャン	MB, WF,
1	ma ma	ma ma	ママ	ママ	MBW
1	a rgya mag pa	a rgya mag pa	アジャ・マウバ	アジャ・マウバ	E <E<ZH,FBDH,FZDH, MBDH, MZDH
1	a ce mna' ma	a ce mna' ma	アジ・ナマ	アジ・ナマ	E<BW, FBSW, FZSW, MBSW, MZSW,
0	a pha	a rgya	アパ	アジャ	E<B（兄）
0	nu bo	nu bo	ヌウ	ヌウ	E>B（弟）
0	a ce	a ce	アジ	アジ	E<Z（姉）
0	sring mo	sring mo	サァンモ	サァンモ	E>Z（妹）
0	mag pa	mag pa	マウバ	マウバ	H, E>ZH
0	mna' ma	mna' ma	ナマ	ナマ	W, E>BW
0	bu, zhi lu	bu, zhi lu	ヴ。シル	ヴ。シモ	S
0	bu mo, zhi mo	bu mo, zhi mo	ヴモ。シモ	ヴモ。シモ	D
0	tsha bo	tsha bo	ツァオ	ツァオ	BS, ZS,
0	tsha mo	tsha mo	ツァモ	ツァモ	BD, ZD,

2016年7月筆者作成

　青海省チベット族の地域の親族名称を見ると、年上の者にはほとんど「ア」がついており、年下の者と区別しているのがわかる。

　チベットの親族名称は地域ごとによって異なるが、共通点は、年齢の序列が厳密なことである。「チベット人は、父（アヤ）母（アマ）兄（アジョ）姉（アジェ）弟（ノー）妹（ヌモ）のように、年上の者にはすべて「ア」をつけ、年下の者と区別している。彼等の呼び方に気をつけてみると「親等の序列」よりも「年齢の序列」をより厳密に考えている。だから兄と弟、叔父と甥という関係は、ともに年上と年下の関係という

ことになってしまう（長沢 1964：33）と述べており、上の表 2-5 でも
示したようにアムド地域においても、年上の者にはほとんど「ア a」が
ついている。

第 2 節　日常生活の空間

　S 村において、料理の準備は女性の仕事であり、男性は外回りの仕
事や肉体労働を担っている。例として、毎朝、各家の女性（嫁、母、娘）
が早めに起きて、女性 1 人（一般的に嫁）が朝食の準備をし、母親か娘
が家畜の世話、家の周りを掃除する。女性たちは朝起きて、仕事をし
ながら「ターラー尊」（ボン教徒の女性はボン教用語での「シャンマ」
byams ma）のマントラを唱えている。毎日かかさず食前に、家の中心
に位置するサンコン（bsang khung, 炉, 写真 2-3）でサン（bsang）を
焚いた後、「チャウ chab」という水（一般的に朝誰も口をつけていない
沸かせたお茶を少し）を供え、家の下手の隅でツァスル（tsh gsur）を
焚く。(写真 2-3)、その後、家族全員で食事を摂る。

　S 村の村人の朝食の内容は、牧畜民の朝食と異なり、通常は磚茶を
沸かしたお茶とコレ（小麦製のチベット式パン）である。

　70 代の女性によると、現在の若者たちはお茶とコレだけの食事で
は満足せず、箸で挟むおかずなどがないと朝食を食べないとのことで
あった。筆者が滞在した家では、滞在期間中では、ほぼ毎朝、お茶とコ
レ、おかずであった。昼食も朝食とほとんど同じである。夕食は、一般
的に、テントウ（麺類；漢語：面片^{メンペイン}）であり、時間の余裕がある時、肉、
餃子やラーメンを作って食べる。

　S 村のほとんどの家庭には在家の宗教者ホウンがおり、年配のホウ
ンたちは毎朝多くの経典を読経する。数種類の経を唱えるため、朝早
く起きてから朝食を摂るまでの間、長時間にわたり読経し、夕食にも
読経する。毎日朝晩読経するホウンの姿は、S 村の日常風景である。

　ボン教徒の 70 代の在家のホウン夫婦を訪れると、夫はホウンであ

第二章　青海省チベット族の婚姻・家族と日常の生活空間　**53**

るので、毎日時間の余裕があれば、一日中家で『Khro bo rol ba 経』を唱えている。妻も毎日数珠を首にかけており、ボン教のマントラを唱えている。彼らによると、人が亡くなった後ではお経しか役に立つものがない。熱心に読経しないと、動物に生まれ変わる可能性もあるという。このような考え方はS村の人々にとって、一般的であり、もし家畜や鳥、虫などを殺してしまったら、ナムシェの再生に影響を与えるとする考え方は普遍的なものである。2000年代以前、村人の生活は宗教色が極めて濃いものであった。年齢を問わず数珠を持たぬ人は少なく、暇な時は六字真言をよく唱えていた。年配者は、村の下手のチョルテンを巡拝するのが日常の慣習となっていた。しかし、今では、出稼ぎや進学などの影響により、村の過疎化と共に若者は多忙になり、年配者のチョルテンを巡拝する姿も減ってきた。しかし、自宅では多くの年配者は、存命中にツォサク（tshogs bsags, 積徳）をすることを念頭に置いている。それは日々の心身行為によって来世・再生が決まると考えているからである。

　筆者が訪問したS村のチベット仏教ニンマ派（後述する第四章参照）信者の家の70代の女性は、足が痛くて歩行が困難である。彼女の話によると、もうすぐ死を迎えるので、中有に役に立つのは経の力だけであるから、マニ車[8]を回しながら読経している。3人の息子がおり、息子たちが読経させると語った。また、数年前まで年配者たちは村の1箇所に集まり会話をし、村の下手のチョルテンを巡拝する習慣が日常であったが、最近では、チョルテンを巡拝する年配者は少なくなったという。

　一方、村人は村のために毎朝、村の山神のところでサンを焚いている。各世帯がその役を務めており、村の上手の世帯から順番に廻ってくるので、サンを焚きに行かない世帯はほとんどない。

　以下に、前節で取り上げた図2-8を例にし、親族関係に触れながら日々の行動について述べる。ラツィ（lha rtse）の家族はボン教に属し、新たに建てられた部屋に居住している。ラツィ自身は在家ボン教のホ

54

ウンであり、チャムダク（khyim bdag, 家長）でもある。毎朝夜明け頃から朝食までの間、オンドルの上で読経し、時間の余裕がある時には、朝食後も引き続き読経している。

ラツィの妹は毎朝早起きして家畜や朝ごはんの準備をしたり、食事をする前に、必ず家の中央にあるサンコンでサン[9]を焚くことと、家の下手の隅でツァスル[10]を焚く役を務めている。朝ごはんを食べるまで働きながら暗記してあるボン教用語の「シャンマ尊」を唱えている。いくら忙しくても、毎日午前中に、家のチョカン（mchod khang, 仏間, 写真 2-4）で水入れたトンウル（祭祀用具、碗に相当する）を供物として並べる。この行為は日々家に宿る仏・ラ（lha, 神）に水を捧げるためである。夕方になると、トンウルに入った水を捨ててからトンウルを片付ける。夜、バターランプを一つか二つほど点けることが毎日の習慣になっている。ラツィの妹の息子は家には欠かせない働き手で、日帰りで家畜の放牧をしている。息子の妻は、2015 年から県立の中学校の食堂で働いているため、学校の夏休みと冬休み以外、あまり家に滞在していない。ラツィの婚出した妹が実家に残した子は、町の中の学校に通っており、月に一度しか帰って来ない。夏休みや冬休みの期間中に、放牧の手伝いをしている。

ラツィによると、S 村では年末年始に宗教儀礼を行うことが一般的である。年越し及び年末に、ほとんどの家庭はロチィ（lo chos, 年・法）を行って年を送る。ロチィを行わない世帯は僅かである。年始にはジチィ儀式（gzhis chos, 家・法）を行う。年毎にジチィ儀礼の内容は異なっている。年明けの新年に、村に所属する寺院の活仏及び地域の高名な活仏に挨拶に行った時、家族の健康・出稼ぎ労働の収入増加を願い、活仏に依頼して占ってもらった通りの儀礼を行う。

親族関係から日常生活を見ると、例えば、図 2-8 中の兄であるツェワとその世帯員は、毎日のようにラツィの家に来ては、世間話をしたり昼ご飯を一緒に食べたりする。ツェワ世帯では忙しい時に、ツェワの孫・息子の子供（4 歳）の面倒を見てもらうこともよくある。ツェワ

の家の近くに弟であるラツィの家がある。日常的にラツィの世帯員は
ツェワの家に行き来しており、人手が足りない時には手伝いを頼んで
いる。時には野菜やお菓子、牛乳などを持参する。ラツィの妹による
と、図2-8の6つの世帯は、財産の他、同じ世帯であるとよくいう。ラ
ツィの兄であるツチェの妻は、ツェワとラツィの家と関係が悪いとい
うわけではないが、あまり行き来しない。ツチェの家から分家した各
世帯員はラツィとツェワの家を行き来する。2017年、ツチェの家で
新年のジチィ儀式を行う時に、ツチェの家から分家した各世帯はもち
ろん、ラツィとツェワの世帯員も率先して手伝いに来た。この6つの
世帯の間で労働交換しながら日常生活の生計を立てている。

表2-6　一年間の活動

旧暦	10月	11月	12月	1月	2月	3月	4月	5月	6月	7月	8月	9月
TBP	冬					春		夏		秋		
年配者	読経は中心					読経・仕事の手伝い・家を守る				読経・収穫の手伝い		
	殆どの人は数珠を持ち、仏教・ボン教のマントラを唱え、仏塔などを巡礼											
若者	男：冬食べる肉の準備	ロチィ儀式年越し儀式を行う。新年の準備		1日から15日までは正月	畑の仕事	主に山地へ行き、土虫夏草の採取 都市へ建設などの出稼ぎ				収穫	主に都市へ建設などの出稼ぎ	

2017年3月筆者作成

写真 2-2　　　　　　　写真 2-3　　　　　　　写真 2-4

2017年3月筆者撮影

※写真 2-2　台所であり、家長或いは在家の宗教者ホウンの寝室でもある。壁にかけているものは宗教用具である。
※写真 2-3　中庭の中央にあるサンコン（炉）。ここで毎朝サンを焚く。
※写真 2-4　ボン教徒の家のチョカン（仏間）。毎日水を捧げる。

第3節　伝統生業とその変容

　青海省チベット族村社会の伝統的な生業形態は、一般的に牧畜業、農業、半農半牧業と三つに分けられ、牧地で生計を営んでいる人々は「ドゥクバ」('brog pa) と呼ばれ、黄河流域をはじめとする主要河川流域で灌漑農耕に従事する人々は「ロンバ」(rong pa) と呼ばれる。農業と牧畜業の両方を行っている人々は調査地域では「ジャムバ」('jam pa) [11] と呼ばれている。筆者が調査対象としたS村の人々は、「ジャムバ」系に属し、農業と牧畜業を共に行っているが、牧畜業を行ってない世帯も比較的多く、農業だけを生計の基盤にしている。

　S村の日常生計を経営する場所は、放牧地と農地の二つの地区に分かれる。農地の世帯数の方が大多数である。放牧地で日常生活を営んでいる世帯数は28戸であり、彼らは農業も行っている。

　『貴徳県志』(1995：65) によると、1985年当時S村には100戸があり、人口は520人であった。耕地面積は2,571畝、水田面積は600畝であった。

第二章　青海省チベット族の婚姻・家族と日常の生活空間　　57

2000 年に西部大開発の政策が実施されてから、青海省チベット族の地域住民の生活は激変した。チベット族の牧畜社会を対象とした都市移住政策などにより早期の社会適応と生業転換を迫ることになっており（別所 2014）、前章（第一章の第 1 節）でも述べたように、2001 年からの第 10 次 5 カ年計画や 2006 年から始まった第 11 次 5 カ年計画などの影響により、村の若者たちは村を出て出稼ぎに行き、村は過疎化しつつある。

　一方、2000 年以前、S 村の人々は、出稼ぎに対してあまり良い印象を持っていなかった。出稼ぎに行く人は貧乏であり、出稼ぎに頼らないと生活が成り立たないからだと考えられていた。その為、出稼ぎに行く村人はいなかった。農耕が生計の基盤であるにもかかわらず、貧困の差はほとんど家畜の数で判断されていた。ヤクを所有する家庭は極めて少なく、羊を所有する家庭は多かった。牛とロバ、豚はほとんどの家庭が所有していた。

　2000 年代以降、転換期としての西部大開発の影響を受け、地域の経済発展を迫られてきたため、家畜を所有していない家庭は、夏は山地へ冬虫夏草を採取に出かけ、秋は建築や道路修復などの出稼ぎに行ったため、以前よりも収入が増加した。最近、村と町をつなぐ道路が出来て交通が便利になった為、放牧する人は少なくなり、出稼ぎに行く人が増えた。さらに、S 村でも 2012 年からインタネットやソーシャル・ネットワーキング・サービス（SNS）などが流行したため、出稼ぎに行き、商売を行う若者が増加した。村人の交流範囲も以前の村空間を超えて、直接的間接的に村外の人々との交流の機会が増えた。

　出稼ぎは年に二回行っており、一回目は大体 3 月から 6 月半ばまで（旧暦）であり、この時期には、多くの若者は州外や県外の山地へ冬虫夏草を採取に出かける。建築の出稼ぎや、道路修復の出稼ぎなどの例はこの時期に少ない。二回目は大体 8 月から 10 月まで（旧暦）であり、この時期に建築の出稼ぎや道路修復の出稼ぎ作業が多い。

　農業は、毎年、2 月の初頭から 4 月まで（旧暦）の間に畑仕事が始ま

り、6月末から7月半ばまで（旧暦）の間に収穫する。

　以下に、農地及び本村の10カ戸を訪問し記録した資料を表2-7で示す。

表2-7　S村の経済状況（耕地のみ）

世帯名	家族人数	羊	山羊	ロバ	牛	ヤク	畑の畝数	世代数
Gd	5	300	6	4	4		11	2
Yb	3	110					8	1
Kz	7	120		3	4		6	2
Cbj	5	20			1		4	1
Sng	4	115			6		10	2
Tbg	4	70					6	1
Tb	3						4	1
Lz	5	200			4		7	2
Ch	5	15		1	1		7	2
Xb	5	130			5		7	2

2015年3月筆者作成

　上述したように、出稼ぎなどの影響で、伝統的な生業である放牧を行う人は減少したが、依然として伝統的な放牧業に依存する家庭も存在している。

Gdさん：（30代、5人家族、ボン教徒）

　Gdさんの家は、2014年に他の家や村外から家畜用のトウモロコシを6,000元で購入した。収穫の時に、働き手が足りず放牧に行く人がいないため、一ヶ月ほど家畜を全部牧民に預け、月額羊一頭あたり10元として換算し、合計で3,000元の謝礼を支払った。また、日照りのため小麦の収穫はあまり良くなかったが、1畝あたり年間で600kgほど収穫できた。そのうち、小麦の約半分を家畜用のエサに充てた。栄養を取るため、夏期に羊一頭を、秋の収穫期にも羊一頭を殺して、家族で食べた。冬期には正月の分も含めて、5～6頭羊を殺した。年末、

ヤクの肉は、町から 3,000 元余りで購入した。

小括

　本章は本書が調査対象とした調査地 S 村の概要であり、S 村はどのように構成され、そこに住んでいる人々はどのように日常生活を営んでいるかについて記述した。

　第 1 節では、S 村とその組織及び婚姻と家族について述べた。1950 年代まで、青海省チベット族の村はツォワという伝統的社会集団によって構成されていたが、1950 年代に、青海省チベット族は解放され、各村に村民委員会が設置されたため、今日に至るまで行政組織と伝統的なチベット式な組織によって村社会が構成されている。このような二重的組織で構成された村社会における家族形態は多様であり、核家族、大家族、直系家族、単身家族などがある。S 村では直系家族が一般的な世帯の形態である。婚姻に関して、2000 年代の西部大開発まで、結婚相手の範囲は村社会であった。当時はだれも出稼ぎに行っておらず、村外の人々と付き合う機会が少なかったためである。2000 年代以降、村人は出稼ぎに行き、村外の異性と出会う機会が増え、村外の人と結婚する例が現れた。特に、2006 年に打ち出された新農村改革後、同じ村の男女が結婚する例は少なくなってきており、現在ではほとんど見られなくなった。

　第 2 節では、図 2-8 を事例にしながら、S 村の人々がどのような日常生活を送っているかについて述べた。そして、第 3 節では、伝統生業とその変容について述べた。S 村の人々は、農業と牧畜業の両業を共に行っているが、農業が基盤生計である牧畜業を行ってない世帯が比較的多く占めている。2000 年代以降、地域の経済発展を迫られてきたことで、家畜を所有しない家庭は、夏は山地へ冬虫夏草を採取に出かけ、秋は建築や道路修復などの出稼ぎに行っている。以前より収入が増加し、最近では、商売を行っている若者も現れてきた。

【注】

1 社とは、人民公社の時代に自然村を「社」と呼び、その影響で現在も青海省チベット族の村に自然村を「社」と称されており、チベット・アムド方言でルコル（ru skor 又は ru khag）と呼ばれている。

2 2013 年 8 月 3 日に公布された「2014 年度貴徳県新型農村合作医療参号金収繳登記表（常牧鎮 S 村）に基づいて筆者がまとめた。

3 高位は、高い地位、村長より経験が豊富な年配者たちの地位が高いという意味である。チベット社会の人間関係は、主に年齢の上下関係及びタテ社会関係であり、自分の近くを年配者が歩いてきた時には、すぐに立ちあがり挨拶する。座ったままで年配者を無視するのは、無礼であるとされる。一般的に年配者の指示にはよく従う。S 村で、「年配者の指示に従わないと、世の中の仕事がうまくいかなくなる」と言われている。例えば、集会場で座るときは、中心及び上座が年配者の座るところであるのが慣例である。以上のような文化状況に応じ、村を管理するため、村長と各ルホンが自分の補佐役として「高位」身分という長老会を設けたのではないかと考えられる。

4 ハデンラモについて、沃杰科維茨（1993：27）は、「チベット仏教ゲルク派の主要な女守護神であり、彼女の化身であるマジュハデンラモは西藏ラサ地域の主要な女守護神である」と記述している。

5 チランの語彙について、歴史文献の中で te'u rang, the'u rang, theb rang, the bu rang, the'u rangs など違う文字で記載しており、チランの由来、各地域への伝播、特にアムド地域の民間習俗では、チランに注意することやその原因について『中国藏学』に記載されている「sha bo mkha'byams 2011」。

6 筆者が調査村に滞在中、驚くべきことが起こった。それはハデンラモ守護神を祀る家の人がチランの家の知り合いに金を貸して、返済期限が過ぎ 2 年経ったが、返してくれなかった。チランの家は保証人であるため、ハデンラモ守護神を祀る家の家長が保証人であるチランの家所有のトラクターを縛って自分の家に持ってきた。その翌日、トラクターを使う時、家長の手が機械に挟まり指を切断しまった。その時、チランの家の者が怒ったせいであると考えた。また、40 代の男性から聞いた話では、数年前、同じこのチランの家の家長と放牧に行った。夜、一つのベットに寝ていると、夢の中で身体に猫が這ってきた。怖かったのでゼルーウ（現地語で猫に対する叱る言葉）と唸ってすぐ起きたら、隣に寝ている家長も同時に起きた。その家長にどうしたと聞かれた時、その猫が彼であることが私は分かった。彼自身は自覚していないようだったが、そのことを指摘するとよくないと思い、夢を見ただけだと返事した。

7 ホウンとは、半僧半俗の姿をしている在家のボン教者とニンマ派の在家の

密教行者の呼称である。ニンマ派の在家の密教者にホウン以外に、ンガッパ（sngags pa）とも一般に呼ぶ。彼らは宗教儀礼などを行う時に寺院やンガォカン（集会堂）で儀礼の役人であるが、日常生活において一般人と同じように働いており、結婚もできる。

8　渡辺（2000：193）による注釈：「中に経文が巻紙になって入っている。これを右回りに回転させると。一回まわせばお経を一回読んだことになる。」

9　サンの素材は小麦粉などであり、専ら神（主にジュクテン・ビ・ラ「'jig rten p'i lha, 世間の神）に捧げるために行う。

10　ツァスルは、サンを焚くことと異なり、ツァスルの素材は裸麦粉、つまりツァンパであり、専ら悪霊に捧げるために行う。

11　筆者が調査対象とした貴徳県では、半農半牧業者を「ジャムパ」と呼ぶが、青海省チベット族の他の地域では、あまり「ジャムパ」と呼ばず、半農半牧業も農業と同じく、「ロンパ」と呼んでいる。

第三章　宗教的儀礼により継承される現代の伝統的社会集団
——ツォワ（tsho ba）

はじめに

　青海省チベット族の村社会には、ツォワ（tsho ba, 詳細は以下の1.2節）と呼ばれる古代から続いてきた伝統的な社会集団が存在する。ツォワは「カンパ（khang pa）とパスプン（pha spun）」という西チベット・ラダックの伝統的社会集団の概念（山田 2009：55–64）と類似している。

　青海省チベット族の村社会のメカニズムを明確に理解するためには、ツォワという伝統的社会集団を把握することが欠かせない。ツォワの現状を明らかにしない限り、青海省チベット族の村社会の構成を網羅的に捉えることはできない。西チベットの伝統的社会の仕組みに関する先行研究はいくつかあるが（棚瀬 2008：93–94; 山田 2009：55–68）、青海省チベット族の地域については、フィールド調査に基づく村社会の実態に関する先行研究は少ない。青海省に隣接する甘粛省甘南チベット族自治州に関しては、氏族とその由来、甘南チベット族自治州の部落の分布と社会形態、宗教信仰、軍事と法律、文化と教育などの歴史学的記述（洲塔 1996）がある。そして、青海省社会科学院藏学研究所は1986年以降、従来のチベットの部落に関するチベット語、漢語文献を収集し、各チベット人居住地域で聞き取り調査を行った。その成果として、チベットの部落の組織と政治制度、軍事制度、部落の経済、宗教信仰と社会文化などについての歴史学的な記述（陳慶英 2002）や貴徳県の幾つかの百戸制度と千戸制度の概要に関する記述が

行われた (陳慶英 2003)。その一方で、青海省チベット地域に見られる
ツォワという伝統的社会集団に関しては、参与観察や聞き取り調査に
基づく人類学的フィールドワークによる調査研究は存在していない。

　ツォワの実態を把握しない限り、本研究の中心内容に位置付けてい
る死者儀礼などを適切に解釈することができないため、本章では、青
海省チベット族村におけるツォワの概念と現状、宗教的実践・行動・
機能について述べる。

第1節　ツォワという伝統集団

1.1　歴史の中のツォワ

　ツォワは骨と血で結ばれた家族と親族間の繋がりによる伝統的社
会集団の名称であり、チベット古代史料上でもツォワの語彙と似て
いる言葉は多く記されている。例えば、rigs, gdung, rus などである。
何れも多くの史料にツォワと一括して混用している例は見られるが、
それに対して R. A. スタンが指摘したように rigs は家族又は族・類
gdung は家系、rus は氏族である (石泰安 2013：1)。その中で rus
は rus chen bzhi, rus rgyud tsho ba などの呼び名も存在し、『chos
'byung me tog snying po sbrang rtsi'i bcud』(1988) の記載のよう
に、いわゆるチベットのセ (se)、ム (smu)、ドン (ldong)、トン (stong)
という四大氏族 (六、七説もある) に由来する。

　神話時代の伝承あるいは古代チベットの文献に基づくと、これらの
四大氏族はチベット族の由来に関する伝承あるいは神話と密接な関係
があり、チベット人の由来については仏教的な伝承、ボン教的な伝承
(ta si byang chub rgyal mtshan 1986：4)、神話などがある。しかし、
仏教的な伝承は現在に至るまでチベット文化圏に重要な位置を占めて
いるため以下に述べる。

　『chos 'byung me tog snying po sbrang rtsi'i bcud』によると、「チ
ベット族の父は観音菩薩の化身である猿であり、母は岩女である。猿

の修行している中にいつも岩女が数回ほど来て求婚したが、猿は修行者であるため合意は得られなかった。猿がどんなに逃げても岩女は追いかけ、ある日、岩女が猿に、『私と結婚してくれなければ私は岩男と付き合って、たくさんの生き物を殺すだろう』と話した。その時、猿は修行中だったため、迷いながらお釈迦様にそのまま報告したところ、お釈迦様から岩女と結婚することを許された。また、ターラー尊にも許され（この岩女はターラー尊の化身であると多くの文献に記載されている）結婚すると、地上に衆生のために生きる宗教者が増えると祝福の言葉を語った。」

　猿と岩女が結婚して 9 ヶ月ほど経ち、六道輪廻からそれぞれ生まれ変わった子供が 6 人できた。それら 6 人の子供の増加によりチベット族が増えたといい、チベット族の性格も 6 人の子供の性格で表すことができると『chos 'byung me tog snying po sbrang rtsi'i bcud』に明記されている。猿たちが各地に散らばり、4 つのグループ、あるいは、チベット人の祖先である "rus chen bzhi"「四大氏族」となった。それらの「四大氏族」は前記のセ (se)、ム (smu)、ドン (ldong)、トン (stong) である。

　上述した神話の rus chen bzhi あるいは rus rgyud tsho ba については、近代のチベット学者によって、四大氏族の分類概要と地理的位置、歴史、ヤルルン王国と "rus chen bzhi"「四大氏族」の 1 つに数えられるム (smu) 氏族との関連性、またはピャー (phyva) 氏族とム (smu) 氏族によってヤルルン王国が成立したことについて、すでに論述されている (山口 1983, 石泰安 2013)。アムドチベット族の rus は上述した四大氏族の中のドン (ldong) に属し，ドン氏族にも ldong tsha chen bco brgyad という 18 種の氏があると多くのチベット語歴史文献に記されている。

　しかし、上述はツォワの概念とその由来に関する歴史記述でありながらも、青海省チベット族地域における伝統集団ツォワは上述の rus と異なり、rigs と gdung の意味に近く、部族或いは家系の意味に相当する。

1.2　村社会におけるツォワの現状

　青海省チベット族の村には、ツォワと呼ばれる伝統的な社会集団が多数存在している。索（2006：93）が指摘したように、「ツォワは父系血縁親族により継承されてきた伝統集団であり、漢族社会の宗族に相当する」。少なくとも 1950 年代までは、主に血縁関係で構成されていたが、1950 年代以降、一連の政策による影響や世帯数の増加などにより、ツォワ内の各世帯の団結は緩くなってきた。

事例3-1：男性（70代）：

　「1950 年代から伝統集団ツォワの結束力が失われていった。その時期は多労多得、少労少得[1]制度が実施されていたので、ツォワ内に死者が出た場合でも、互いに物質的・経済的な扶助をすることはほとんどなかった。しかし、1980 年代の宗教回復運動以降、年配者たちの指導のもとで、各ツォワがラプツェ儀礼とチェソン儀礼が復活した。そして、1950 年以前と同じように、再び伝統集団ツォワが各儀礼を主催するようになった。」

　現在、日常生活の場にはツォワという伝統的な集団の存在はあまり感じられないが、非日常的な場、つまり、出生、結婚式、葬儀などの共同作業を行う際には、ツォワが果たす役割が顕著に見られる。中でも葬儀の際に、ツォワ間の関係により出現するツォテン（tsho mthun）[2]という伝統的グループの活動も顕著になる。

　S 村における各ツォワの人々は、所属する集団に対する帰属意識を強く持っている。例えば、結婚式や葬儀などを行う際に、同じツォワなので、自分たちが儀礼の中心的役割を担うべきであるという集団のアイデンティティーを強く持っている。今日でも青海省チベット族の多くの遊牧民は、所属する行政村を「村」という単位で表すより、伝統的なツォワという集団の単位で呼ぶことが一般的である。

事例3-2：男性（74歳）：

　「私（1940 年代生まれ）が子供の時、この S 村には 60 余りの世帯しかなかった。当時のツォワは皆親戚で、血縁関係で繋がっていた。今

は、世帯数の増加や結婚などのせいで、ツォワ内の全世帯が親戚とは限らない」。

上の事例3-2から分かるように、1950年代まで、S村のツォワ内の各世帯は血縁関係であった。ツォワは同じ家門を出た集団で、本家から徐々に分家した伝統集団である。S村では「ラルゴチクバ（ra sgo gcig pa, 家門・同）」と呼び、同じ「家門の集団」であると認識している。

分家した一部の家は本家の上手に移住し、一部の家は下手に、一部の家は向かい側に移住していたため、ツォワの居住平地によって、それぞれにツォワという伝統集団が形成された。これについて以下に図3-1で示す。

この図3-1は、S村のサォザ・ツォワから幾つかの小ツォワが分離した様子を示す。サォザ・ツォワの城を中心にしながら、城の上手はラカ・ツォワと呼ばれ、下手はマカ・ツォワと呼ばれる。城の向かい側はパカ・ツォワと呼ばれる。「ラカ」は上部の意味であり、「マカ」は下部の意味で、「パカ」の意味は向かい側である。下記の表3-1ではこれら全てを並記しているが、現在、それぞれ小ツォワになっており、血縁関係のある集団とは思われないため、これらの小ツォワをボンカ・ツォワと呼ぶ。

S村は、以下の表3-1で示すように多数のツォワで構成されている。

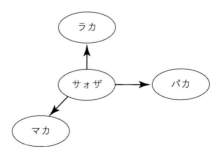

2014年8月筆者作成

図3-1　S村におけるサォザ・ツォワの分家

第三章　宗教的儀礼により継承される現代の伝統的社会集団—ツォワ（tsho ba）　　67

各ツォワの由来については、ツォワごとに異なる伝承がある。村のボン教徒の長老たちの話によると、S村はレプコン県（黄南蔵族自治州同仁県）のS村から移ってきたという。レプコン県にはS村と同名の村があり、その村は14世紀頃（詳細不明）まで、ボン教を信仰していたが、現在、そのS村は改宗して仏教を信仰しているという。

　レプコン県のS村から移ってきたのか否かはさておき、調査対象のS村に初めて住みついたツォワはセカン・ツォワであるとの伝承があり、「セカン・ツォワがなければ、S村はなかった」と言われている。また、S村には敵の攻撃から守るために設けられた3つのツォワの城があると村人はいうが、現在はサォザ・ツォワの城跡しか残っていない（写真3-1）。ラジャ・ツォワとセカン・ツォワの城跡は崩壊しており、跡地には民家が建てられている。

　前述した通りツォワ以外に、ツォテンという社会的互助集団もある。表3-1の中のボンカ・ツォワ項目の各小ツォワの互いはツォテンであり、ラジャ・ツォワの項目の各小ツォワの互いもツォテンである。ヤニ・ツォワとボンナク・ツォワはツォテンである。各ツォワの宗教儀礼はツォテンごとに行われているが、同じツォテンであるヤニ・

2014年8月筆者撮影

写真3-1　サォザ・ツォワの城跡

ツォワとボンナク・ツォワはそれぞれ別に宗教儀礼を行っている。

S村で「'dun sgo mi gcig//las sgo gcig」と言われるように、ツォワ（例えばヤニ）内に死者が出た場合、ツォワ（ヤニ）内の人たちは死者のため、必ずデン（'dun, 哀悼の意）[3]をするが、ツォテン（ヤニのツォテンであるボンナク）は、ツォワと助け合いながら、経済的・労力的な共同作業するが（las sgo gcig）、死者に対してデンをする習慣がない（'dun sgo mi gcig）。

以下の表3-1に、S村に存在するツォワの実態を示すため、各ツォワの名称と、各ツォワの世帯数を挙げる。

表3-1で示すように、青海省チベット族の村は、複数のツォワによって構成されている。

表3-1　S村における全ツォワ

ツォワの名	小ツォワ		世帯数[4]
ボンカ （bon dkar）	サォザ（srog tsha）		14
	パカ（pha kha）		11
	マカ（mar kha）		9
	ラカ（la kha）		15
	ソタン（so tshang）		12
ラジャ （slog brgya）	セカン（ser skong）	ホドン（hor gdong）	12
		ゴジャナンジャ（sngo rgya nag rgya）	10
		シャジャ（bya rgya）	8
	アヤ（a yag）		16
	ハンル		11
	ラジャ（slog brgya）		18
ヤニ（yag myes）	—		24
ボンナク（bon nag）	—		15

2014年8月筆者作成

第2節　宗教的実践から見たツォワの行動

一つの村社会は、複数の伝統集団ツォワで構成されていることが前章で明らかとなった。以下に、それらのツォワが、どのような行動を行っているか、どのような役割を果たしているかについて、S村の

チェソン儀礼とラプツェ儀礼を通して解明していく。

　青海省チベット族の村々における各ツォワは、村人の健康、収入増加などを祈祷するため、少なくとも年に一種類の宗教儀礼を行っている。その宗教儀礼は、山神を崇拝するラプツェ儀礼である。周辺の村々と異なり、S村は、年にチェソン儀礼とラプツェ儀礼の2種類の宗教儀礼を行っている。以下に、この二つの宗教儀礼を通してツォワの活動について記述する。

2.1　菩薩を供養するチェソン儀礼

　以下の表3-2でも示すように、S村における各ツォワは、毎年定期的にチェソン儀礼を行っている。ボンカ・ツォワのチェソン儀礼は旧暦の4月25–29日までであり、ラジャ・ツォワの場合、1950年代、旧暦の5月5–9日の5日間であったが、現在、この時期にはツォワの若者たちが出稼ぎ先から帰郷していないため、5月の4–6日に変更して3日間に短縮して行われている。ボンナク・ツォワは1980年代の宗教回復運動以降に再開することができなかった。一方、ヤニ・ツォワでは再開するまでに時間がかかったものの、2010年から他のツォワと同様にチェソン儀礼を再開して、旧暦の1月24–26日に行っている。

表3-2　各ツォワのチェソン儀礼の日程

ツォワ名	期間	経名	
		ニンマ派	ボン教
ボンカ	4月25–29日	読経しない	Khro bo rol ba
ラジャ	5月4–6日	Zhi khro	Khro bo rol ba
ヤニ	1月24–26日	—	Kun bzang zhi ba 又は Snang srid zhi ba chen mo
ボンナク	—	—	—

◆儀礼の期間は旧暦である。
◆筆者はヤニ・ツォワのチェソン儀礼に参加した。

2015年3月筆者作成

　ヤニ・ツォワとボンナク・ツォワはボン教徒のみで構成されてお

り、ボンカ・ツォワとラジャ・ツォワにはボン教とニンマ派と2つの宗派の信者から成り立っている。ボンカ・ツォワにはニンマ派が3軒しかないので、ニンマ派の経典は読経されない。ラジャ・ツォワではボン教徒のみならずニンマ派信者も多いため、チェソン儀礼を行う際に、それぞれの宗教者がそれぞれ独自の経を唱えている。しかし、食事を摂るときには、ボンカ・ツォワもラジャ・ツォワも宗派の違いを気にせず、一堂に会して食事を摂る。先述したように、ヤニ・ツォワとボンナク・ツォワは宗教儀礼を行う時に分かれており、ヤニ・ツォワは3日間にわたって行う。ボンナク・ツォワは現在、チェソン儀礼を行っていないことが分かる。

2.1.1　チェソン儀礼の概念と目的

チェソン儀礼は、読経を中心とする伝統的な宗教儀礼であり、ツォワ内の在家のホウンが読経する。各ツォワの儀礼の種類ごとに読経する経典は異なる。儀礼の名は、現地語でチェソン（spyi srung, 公共・守護）と呼ばれる。「チェ」は公共の意味を表し、「ソン」は守護を意味する。

ヤニ・ツォワのチェソン儀礼は、1950年代に一度途切れた。1980年代の宗教回復運動の政策が実施されたときにも、まだ再開することができなかった。2010年頃、他のツォワの状況に比べると、ヤニ・ツォワ内の人や家畜などの死亡率が増加しており、中でも何人かの若者も亡くなっていたことが分かったため、ツォワの老人たちがこの問題について協議した結果、2010年から他のツォワと同様チェソン儀礼を再開することに決めた。

本来この儀礼を行うことで功徳を積むことができるが、こうした現世利益のみならず、死後に中有を彷徨うナムシェを再生させることもできる。儀礼の本尊は、クンザン菩薩（kun bzang, 仏教用語の普賢菩薩に相当）である。この菩薩に祈願し功徳を積むと、菩薩の加持の力によって、死後に人間に生まれ変わる可能性が高くなると言われてい

る。しかし、現在のＳ村の村人は前段で述べたように、主に現世利益の為にチェソン儀礼を行っている。

現地の人々によると、旧暦の１月の間は、若者たちは出稼ぎへ行っておらず、学生たちも学校にも行かずに村に滞在している時期であることと、年の初めにチェソン儀礼を行うと良い年を迎えられると考えられているために、この時期に儀礼を行う。

2.1.2　チェソン儀礼の世話役

ヤニ・ツォワのチェソン儀礼は３日間にわたって行われる。この３日間、ヤニ・ツォワは８軒ずつ３つの世話役グループに分かれ、８軒ずつのグループは一日ずつ世話役を交代する。世話役になったグループが、担当の日のチェソン儀礼を主宰する。

世話役グループの主な仕事は、食事の支度をすることと長老たちが決めたルールに従って儀礼を執り行うことである。毎年、この儀礼を実行し続けるための一つの方法として、儀礼の際の一日分の食事を世話役グループが担当するように工夫されている。例えば、一日目を担当することになった世話役グループがその日の食材を自ら準備する場合、ツォワ内の他の世帯から食材の提供を受けてはならないという決まりがある。これは、各世帯の負担を平等にするための工夫である。二日目以降の世話役グループも料理の準備は、一日目の世話役グループと同様各自で賄う。

長老たちは、ツォワ内の各世帯が同量の供物を準備しなければならないというルールを決めた。ただし、二日目の世話役グループは、他の日の役目に比べると重い。それは、曼荼羅の製作に必要な素材を街から購入する必要があるためである。そのため二日目の世話役グループは、ツォワ内の各家から現金を徴収して素材の購入費にあてる。「曼荼羅製作に必要な素材を購入するための現金を提供しない家はない。できるだけ沢山の現金を出せば家内安全のためになる」と50代の在家のホウンが語った。

そのような儀礼のルールに従い、儀礼期間中の毎日の食物は 8 世帯の世話役が順番に準備するが、二日目の世話役だけはツォワの各家から徴収した現金で儀礼に不可欠な曼荼羅とトルマ (gtor ma, 儀礼・神の象徴物)[5] 用の素材を購入する。

2.1.3　護摩儀式の素材とトルマ

　チェソン儀礼には、曼荼羅とトルマが欠かせない。トルマはハダカムギを煎って作ったツァンパ (rtsam pa) とバターを用いて製作する。2015 年 3 月に行われたチェソン儀礼では、ツォワ内の各家がそれぞれツァンパを約 3 ～ 4kg 提供し、合計すると約 100kg のツァンパが用いられた。バターには二種類あり、ひとつはバターランプ用[6]のチョマ (mchod mar, 奉・バター)、もうひとつはツォワ内で徴収したチベット式の食用バター[7]である。

　チェソン儀礼で唱える経典の中心内容を象徴するモデルとしてのトルマには、様々な形態がある。主要なトルマは形が違う 3 種類のトルマであり、それらは、主神のクンザン (kun bzang)、次にシ・ジ・ハン・ダク (zhi rgyas dbang dreg, 息災・増益・敬愛・調伏) の神、ヤギの

2015 年 3 月筆者撮影

写真 3-2　右からクンザン、シ・ジ・ハン・ダク、火神のトルマ

形に作られた火神のトルマである (写真 3-2)。

儀礼の三日目に行う護摩儀式の供物としては、トルマのほかに五色の布と五色の毛糸、矢、シュクパ (shug pa) という西洋ネズの枝葉、バター、油、裸麦、小麦 (300kgほど)、磚茶、カター、リンゴ、飴、ワルカルボ (ba lu dkar po, 山地で採取した重要な香草の一種) などを用いた。

2.1.4 曼荼羅の紹介

チェソン儀礼の二日目に製作した曼荼羅は息災に関わる曼荼羅である。この曼荼羅の名前はボン教用語でナンセシワチェモ (snang srid zhi pa chen mo) 或いは、クンザン (kun bzang) 曼荼羅である。仏教の普賢菩薩の曼荼羅に相当する。

クンザン曼荼羅の製作には、それぞれの浄土を表すため、五色[8] に塗った砂や掘り出してきた土などが必要であり、曼荼羅の中心から順に、"ꀀ""ꀁ""ꀂ""ꀃ"と書かれており、各文字 (種子) が別々の意味を表している。中心の "ꀀ" 領域の色は緑色であり生死涅槃 (srid zhi) を表し、次の "ꀁ" 領域の色は黄色であり功徳 (yon tan) を表す。"ꀂ" 領域の色は赤色でありカルマ (lan chags) を表し、"ꀃ" 領域の色は青色であり慈悲 (snying rje) を表している。曼荼羅の外側にヤンドン画 (g.yung drung) "卍" を描いていた。各領域に 10 個の花葉を描いており、各花葉にそれぞれ異なったチベット文字を書いていた。そして、この曼荼羅の全体には 4 つの門があり、それぞれの門の上に仏塔が置かれている。各門には "ꀀ" 文字が書かれており、各門にそれぞれを代表する 1 人の女神がいると在家のホウンたちが語ってくれた。

曼荼羅の方角は経典の記載の通り、"rnal 'byor gang bzhugs shar" (瑜伽[9] がいる方角は東方にする) である。曼荼羅の東方を白色で塗り、ヤンドン画 "卍" を描いた。南方を青色で塗り、神珠宝 (rin chen nor bu) を描いた。西方を赤色で塗り、蓮花 (pad ma) を描いた。北方を緑色で塗り、金輪宝 ('khor lo) を描いた (写真 3-3)。

2015年3月筆者撮影

写真3-3　クンザン曼荼羅

2.1.5　チェソン儀礼及びそのプロセス

　S村におけるヤニ・ツォワのチェソン儀礼は上記の表3-2で示したように、3日間にわたって行われた。以下、チェソン儀礼のプロセス及び本儀礼の内容を記述する。

a．儀礼の一日目、当日の世話役の8世帯の役割は料理の支度であり、世話役を担う8世帯以外の16世帯は三日目の護摩儀式までにボン教のマントラを10万回唱えなければならない。このマントラは、ボン教用語で「アカルサリ」と呼ばれ、仏教の六字真言に相当する。

b．儀礼の二日目の朝、その日の世話役である8世帯から男女各1人ずつ集まり、女性たちは朝食の準備をし、男性4人は8時にトラクターで土を掘りに行った。土を掘る前に、男性1人（在家のホウン, 73歳）が土地神に土を貰う許しを請うため、読経した。読経が終わった後、その日の良い方角を占い、その方角の土を掘り起こし、土を持って戻って来た。

朝食後、世話役の男性たちは曼荼羅製作を開始した。曼荼羅を製作する前に、1人のボン教徒が土地神に曼荼羅製作の場所を貸り許しを請う目的で読経した。読経が終わり、読経者のうち10人が曼荼羅を製作し始め、8人は三日目の護摩儀式に用いるトルマを作り、残りの8人は一日目に続き読経をした。

　全てのトルマと曼荼羅が完成し、10万回のマントラを唱え終えたのは16時頃だった。

c．儀礼の三日目の朝、読経者たちは朝食後、10時半まで読経し、10時半に護摩儀式を開始した。以下に護摩儀式のプロセスを述べる。

　最初は、曼荼羅の周りに薪を組み、その後、曼荼羅の中心 “ས” 領域に矢を差し、その後、1人が黒い羊毛を巻いて作った悪魔「トウメ」(dug med, 無毒) と曼荼羅を箒で掃除する動作をし、占って決めたその日の良い方角へ、悪物と見なしたゴミを投捨[10]に行った。その後、1人が曼荼羅の周りにシュクパの煙を漂わせてから、曼荼羅の四隅に一つずつトルマを置いた。それらのトルマは四方の神であり、曼荼羅を守護するとボン教の宗教者たちが説明した。それから、1人が「チャ」(chab, 水の敬語) という聖水で曼荼羅を浄化し、本儀礼の中身のトルマを曼荼羅に請来し、薪に点火した。

　先ず、1人がクンザン (kun bzang, 普賢菩薩) のトルマを持ち上げながら曼荼羅を反時計廻りに3回廻して曼荼羅に請来した。次に、クンザンのトルマの請来の方法と同じく、シ・ジ・ハン・ダク (zhi rgyas dbang drag, 息災・増益・敬愛・調伏) のトルマを、次に火神のトルマを持ち上げて曼荼羅を反時計廻りで3回廻し曼荼羅に請来した。その後、ツォワの人々は各自「あらゆる不幸が追い払われ、あらゆる幸せと利益がくるように、ツォワの人々が元気で幸せであるように」と祈りながら、約1時間ごとに五種供

物(mchod pa rnam lnga)[11]のトルマを順番に曼荼羅に請来した。その間に、小麦（300kg余り）とリンゴ、飴、裸麦、ヨーグルトなどを混ぜたものを、少しずつ曼荼羅に供養した。

　18時に、1人の男性がバイクに乗り、龍神のトルマ（klu gtor）を龍神に献上しに向かった。龍神は泉にいるので、このトルマは泉に捧げる必要がある。龍神のトルマを献上した後ならば、読経者たちは肉食しても構わないと言われている。

　18時半に、八部衆[12]のトルマを曼荼羅に請来し、その時、八部衆だけではなく、貴徳県の東方に位置する高山アニ・スンボ（a myes srin po, 祖父・スンボ「山の名前」）、南方に位置するアニ・タカル（a myes brag dkar, 祖父・タカル「山の名前」）、S村の山神アニ・シェマ（a myes bye ma, 祖父・シェマ「山の名前」）、つまり、S村の人々が祀っているすべての山神の名前を叫びながら、八部衆のトルマを曼荼羅に捧げた。その理由については、八部衆が嫉妬の念を抱くため、儀礼の最後に、八部衆のトルマを献上する必要があると読経者たちが語ってくれた。

　儀礼の最後にツァンパで「身体の悪物」を祓い、聖水で心身を清めた。

第三章　宗教的儀礼により継承される現代の伝統的社会集団—ツォワ（tsho ba）　　**77**

表3-3　ヤニ・ツォワのチェソン儀礼の日程

儀礼日	時間	儀礼内容
儀礼の前日	夕方	担当の8世帯が1日目の食材を分担
1日目	朝	担当の男性らが読経部屋の準備、女性らが朝食の準備
	9時	朝食
	18時まで	読経者らが一日ボン教の呪文を唱える
	12時半	昼食
	17時	夕食
	18時	解散
2日目	朝	男性4人がトラクターで土を堀りに行き、女性らが朝食準備
	9時	朝食
	9時半	曼荼羅、トルマを作り始める
	13時	昼食
	16時まで	呪文、曼荼羅、トルマが完成
	18時	夕食
	19時	解散
3日目	朝	女性らが朝食の準備
	9時	朝食
	10時半まで	護摩儀式の経を唱える
	10時半	護摩儀式を行う
	13時	昼食
	18時	龍神のトルマを奉仕
	18時半	八部衆のトルマを奉仕
	19時	最後に、ツォワ内の人々が各自で身体の悪物をツァンパに乗り移らせてトルマの上に載せ、その後、聖水で頭と上半身を浄化する儀式を行い、「身体の悪物」を祓う。占って決めた方向へ、トルマの上に載せた身体の「悪物」を投捨しに向かう。その後、夕食
	20時	解散
1週間後		護摩儀式の灰が欲しい家は取りに行く

2015年3月筆者作成

2.2 山の神を祭祀するラプツェ儀礼

　山神崇拝に関する先行研究については、多岐にわたる研究の蓄積がある。西チベット地域・ヒマラヤ周辺を対象地域とした文化と山神の関連性に関する歴史的研究（才让太 2011）や、山神崇拝の習俗とその特徴・変容過程などについて民俗学的研究（魏强 2010）などである。

　チベット・アムド地域の山神崇拝に関しては、王が 1996 年に甘粛省政府に所属する華日 [13] という地区の山神崇拝に対して、フィールド調査を行い、結果としてチベット族の山神類型は一般に、①過去に実在した集落の長、②集落のために戦って死んだ英雄、③外部の権力に任ぜられてその地域を統括した人物、の三つの類型に分けた。この三つの類型に従って、別所（2004）は青海省チベット族の農耕村である循化県のガラン村の山神崇拝に対してフィールド調査を行った。結果として、アムド地域或いは青海省チベット族の山神の出自にも代表的に以上のような三つのカテゴリーが当てはまると指摘した。その上で、そもそもチベット族が山に祀られるようになった経緯はいかなるものであったのだろうかという問いを示し、その原因は古代王家の伝承に見られる天孫神話であるのではないかという仮説を表明した。一方、索（2006）は青海省黄南チベット族自治州同仁県の事例に基づいてチベット族の信仰圏について新たに検討し、山神は象徴的なものであり、内部的には共同社会のアイデンティティーを象徴し、外部的には他の集団との境界であるとの仮説を提示した。

　本節では、索（2006）の視点に基づいて、ラプツェ儀礼について解説する。

2.2.1 ラプツェの概念

　チベット語の文献資料の中のラプツェの綴りは多様で "lab tse" "la tse" "lab rtse" "la rdzi" "la btsas" "bla rtse" "lab btsas" などと記載されている。" ラプ " は「山の頂」、" ツェ " はシャンシュン語の「宮」を意味し、ラプツェとは、「山頂の宮」という意味である。つまり、古

代チベット人の自然崇拝、祖先崇拝を伝える信仰習俗である（才項
2010）。

ラプツェは一般に山の頂や山麓に建てられており、村の各ツォワ
（氏族）が自分達の集団・共同体のシンボルとして山頂にそれぞれの
ラプツェを建てている。村のラプツェは村単位のシンボルとして村の
背後の山頂の同じ場所に建ててあり、一般に村レベルのラプツェであ
れば13基のラプツェを建てるのが普通である。それらを現地語で「13
基のラプツェマウ（母子）」と言う。13基のラプツェは縦に並び、一番
上手と下手のラプツェは大きく、その間の11基のラプツェは上下二
つのラプツェより小さい。村人は上手のラプツェを父親、下手のラプ
ツェを母親と呼ぶ。

ラプツェの構造を説明すると、下部は石や岩石などで正方形又は円
型に積み上げられていて、上部は木で囲った中に木の枝や枝の束を立
て、その中心に木製や鉄製の矢、剣などの武器を立てている。基底部
には空洞があり、そこに聖なる布、五宝、五穀などが入った宝瓶、ラプ
ツェのソハン（srog shing, 命・木）を納める。ラプツェの規模は大小
様々である。

青海省チベット族地域の各村における各ツォワは、人々の健康、収
入増加などを祈祷するため、少なくとも年に一種類の宗教儀礼を行っ
ている。その宗教儀礼は山神・ラプツェ儀礼「ラプツェトパ」（lab tse
bstod pa, ラプツェ・祭祀）であり、ツォワの神のシンボルとして機
能するラプツェは山の頂上に建てられている。S村における各ツォワ
も例外ではなく、各ツォワは山頂にそれぞれのラプツェを配置して
いる。

ラプツェ儀礼は、アムド方言で「ラプツェトパ」（lab tse bstod ba）
と呼ばれており、S村の各ツォワは山神の依代であるラプツェを中心
とした祭祀を定期的に毎年旧暦の6月15日に行っている。

ラプツェ儀礼を行う時期は、青海省チベット族の村では、大体収穫時
期と重なっており、「収穫前の大事な豊穣祈願の行事であり、山神に『ダ

2017年7月　筆者撮影
写真3-4　S村のラプツェ

2017年7月　筆者撮影
写真3-5　D村のラプツェ

ヒャン』と呼ばれる弓矢をかたどった武器を供与して外敵から集落を守ってもらうとともに、悪天候（降雹）及び害虫・害獣を回避し、農牧業生産の無事を祈願する意味を持つものである」（別所 2004：124）。

2.2.2　山神儀礼の模様——山神祭祀圏の視点から

　上述したように、青海省チベット族の村社会は多数の伝統集団ツォワによって構成されている。現在の村社会の日常生活の場においてツォワの活動は、あまり表に現れていない。ツォワの活動は、儀礼の際に表面化する。ラプツェ・山神儀礼を行う過程で伝統集団ツォワの各世帯は統合し、強く団結する。

　前節で述べたチェソン儀礼の内容・機能とは異なり、山神への信仰の目的は死後再生の為ではなく、この世の生活と仕事を順調に進めるためである。山の神への祭祀は、死者にとっては役に立たないが、日常生活を営んでいる俗人にとって役に立つ。青海省チベット族の地域の人々は、山神は世俗の神であるので、人々のこの世の出来事の成功と失敗をコントロールできると信じている。例えば、学生の場合、大学試験を受ける際、山神に対して盛大な焼香儀礼を行い、山神の名前を唱えながら「ラジャロー（lha rgyal lo, 山神に勝利を）」と叫び声を上げて賑やかに山神を祝福する。こうすることで山神は、学生の試験合格に協力してくれると信じている。

　青海省チベット族の村における各ツォワのラプツェは、外部集団と

の境界であると索（2006）が指摘したように、各ツォワは、それぞれラプツェを持っており、祭祀する際にも、自らが所属するラプツェ・山神を祭祀するが、他のツォワのラプツェを祭祀してはならず、祭祀したとしても利益は得られないと考えている。

青海省チベット族地域における様々レベルの祭祀圏は、以下の図3-2で示す通りである。

図3-2の1圏は伝統集団ツォワレベルの祭祀圏であり、2圏は村レベルの祭祀圏である。S村の山の神と村の神はアニ・シェマルである。S村の住民であれば、誰でも祭祀することが可能であるが、S村以外の人は祭祀してはならないし、祭祀をしても利益は得られないと考えている。3圏は調査地の貴徳県レベルであり、4圏はアムド地域レベルの山神である。5圏はチベット全域レベルの山神である。

本節で述べているラプツェ儀礼は、伝統集団ツォワレベルの1圏に属する。以下の表3-4の中のボンカ・ツォワとサオザ・ツォワはツォテンであり、ツォテンの名称はボンカ・ツォワと呼ばれる。ボンカ・ツォワの山神・ラプツェは、村の東方に位置しており、ラプツェが位置する山頂の海抜は4,500m以上である。

ラジャ・ツォワとセカン・ツォワはツォテンであり、両ツォワで一

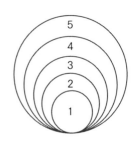

1. 伝統集団ツォワ山神の祭祀圏
2. 村落山神の祭祀圏
   （s村落：アニ（A myes祖父）・シェマル（山神の名））
3. 貴徳地区（コミュニティー）山神の祭祀圏
   東の山：アニ・シンポ（srin po）
   南の山：アニ・ダカル（brag dkar）
   西の山：アマ（祖母）・ソルグ（zo dgu）
   北の山：アニ・ジェグ（skyes dgu）
4. アムド地域山神の祭祀圏
   （アニ・マチェン、A myes rma chen、海抜は6282m）
5. チベット全地域の祭祀圏
   チベット語：カンティス、gangs ti se.
   日本語：カイラス山

出所：索（2006：95）を基に2018年5月筆者作成

図3-2　山神の祭祀圏

つの山神・ラプツェを祭祀している。ヤニ・ツォワとボンナン・ツォワはツォテンであるが、山神・ラプツェはそれぞれ違うところに建てている。

　以下にS村の各ツォワが祭祀しているラプツェ儀礼の模様を表3-4で示す。

表3-4　S村における各ツォワのラプツェ儀礼の模様

	祭祀圏	祭神	世話役	祭祀方法	費用
S村落	ポンカ・ツォワ	ラプツェ名(不明)	3軒で年毎に交代	旧暦6月15日に、各ツォワの山神を設置する山頂で、先ず、サンチョル（焼香祭祀）を唱えて山神を勧請、次に、ジュンハン(ljon shing木の枝の敬語)、矢や剣などを挿しながら、法螺貝を吹き、爆竹を鳴らし、「ラジャロー（lha rgyal lo, 山神に勝利を）など叫び声を高く上げて賑やかに山神を祝福、それから、タルチョを掛ける。最後に、一同で食事	山神への供物は各自で準備 食事に関して、3軒の世話役人が羊一頭と街から購入した飲料などの準備をする。各家から現金を少しずつもらえる。
	ラジャ・ツォワ	ラプツェ名(不明)			
	ヤニ・ツォワ	ラプツェ名(不明)			
	ボンナン・ツォワ	ラプツェ名(不明)			

2016年7月筆者作成

第3節　ツォワの役割

　青海省チベットの村では1950年代以前、村人は労力や儀礼的な活動などを行う際に、ツォワの各世帯からの支援を受けていた。しかし、1950年代から実施された民主改革などの過程で、チベットの伝統的な生誕儀礼、葬儀、チェソン儀礼などを伝統集団ツォワが支援する習慣は途切れてしまった。その後、1980年代の宗教回復運動の実施とともに、ツォワのラプツェ儀礼、チェソン儀礼、人生儀礼などが復活し、再びツォワが表立って活動するようになり、今ではツォワが儀礼の主な役割を果たすようになっている。

第三章　宗教的儀礼により継承される現代の伝統的社会集団—ツォワ（tsho ba）　　83

事例3-3：女性（70代）：

「私が子供のころ、ツォワは、宗教的儀礼、冠婚葬祭の時はもちろんのこと、日常でもその結束力が顕著に見られた。ツォワ内のある家が工事や畑仕事などをする際には、必ず手伝いに行かなければならなかった。それは現在の親族関係に相当した。しかし、現在、村人は忙しくて、日常の仕事をする際、同じ集団ツォワであっても必ずしも手伝い来るとはかぎらない。中でも、若者たちは夏と晩秋の農閑期に、山へ冬虫夏草を採集に行ったり、町のビルや道路建設などの出稼ぎに行くので、ツォワの儀礼に参加しない者も少なくない。」

　上の事例3-3から分かるように、1950年代以前は、非日常的な儀礼だけではなく日常生活の中でもツォワの活躍が顕著に見られたが、現在は出稼ぎのため儀礼に参加しない若者もいる。

　ツォワの役割としては、「葬式や結婚式、草原紛争などの時、ツォワは主な担い手として、ツォワ全体が物質的、に協力する義務がある。例えば、葬式の場合は、ツォワ全体が寺院から活仏や祈祷する僧を呼び、僧侶や参列する村人のためにコリ（チベット式パン）やバターを準備し、布施をする。葬式に来た村人や知り合いの接待をするなどの葬儀全体を担当する。更に、故人の家族が貧困である場合は、ツォワ全体が経済的に援助して葬式を完了させる義務がある。結婚式の時も、ツォワは、食料や結婚式での歌手などの準備、結婚式に参加する人々を招待するなど重要な役割を果たさなければならない」（ガザンジェ2015：83）。

事例3-4：男性（60代、在家のホウン）：

「我々のツォワは昔から団結が強く、死者が出た時でも、結婚式などを行う時でも、互いに助け合うため、経済、労力的に支援・協力して来たが、最近、若者たちが出稼ぎに行って、死者が出た時でも、手伝いに来てくれない人もいるし、支援もあまりしてくれない世帯もあるので、今後、積極的に支援し、結束力を強く継承してほしい。もし、支援しないならば、ツォワのメンバーから出て行った方が良い。（2016年

8月の現地調査により筆者記録)」

　事例3-4で示したように、最近、S村の各ツォワの中で、積極的に支援してくれない世帯の例も出ているのに対し、S村の各ツォワは、経済的な支援の決まりとツォワの係[14]を設けた。儀礼によって支援の状況も異なるが、各ツォワの支援は以下の通りである。

- ●ボンカ・ツォワはツォワ内の誰かの家で葬儀を行うときに、提供する金品は、最低20元と10kgの小麦であり、結婚式や祝祭などに対しては、最低30元であった(ボンカ・ツォワの60代の男性の語り)。
- ●ラジャ・ツォワはツォワ内の葬儀に対して、提供する金品は最低50元と10kgの小麦粉と1kgの食用油であり、結婚式や祝祭などに対しては50元の支援であった(ラジャ・ツォワの50代の男性の語り)。
- ●ヤニ・ツォワはツォワ内の葬儀に対して、提供する金品は最低35元、10kgの小麦、1kgの食用油の支援であり、結婚式や祝祭などに対しては50元の支援であった(ヤニ・ツォワの40代の男性の語り)。
- ●ボンナン・ツォワはツォワ内の葬儀に対して、提供する金品は最低25元であり、結婚式や祝祭などに対しては30元の支援であった(ボンナク・ツォワの70代の男性の語り)。

第4節　近代化によるツォワの変容

　青海省チベット族村におけるツォワという伝統的社会集団は、国家政策による地域社会の変化と発展とともにツォワの状態も激しく変化し、1950年代から1980年代まで、村社会において表面的にはツォワの活動はやめめまるていた。しかし、1980年代の改革開放政策が実施されてから、再びツォワという伝統集団の結束力も徐々に回復したが、2000年代からの西部大開発以降になると、インフラ整備や市場

経済の発展、伝統的集団の形式も緩やかな状態になった。

1950年代より、畑や家畜、林地、草地などは集団の共有財産となり「多労多得、少労少得」の制度に従って、村人は共同作業を行うことで、ツォワの機能と役割が失われた。しかし、1983年に、青海省チベット族の村々では、本格的に改革開放の政策が実施された。かつては集団で共有されていた畑や家畜、林地、草地などの財産管理を各世帯が請負う「家庭承包制」の政策が実施された。こうした変革と共に宗教回復運動が高まり、S村の各ツォワはラプツェ儀礼を再開し、ツォワの結束力も再びある程度回復した。

2000年代に入り、インフラ整備、生態環境保護、農業基盤の強化、産業構造調整、観光業の発展、科学技術と教育の発展などを重点政策とする西部大開発が開始された。この開発が「西部地域を大きく変貌させている。多くの高層ビルやマンションが建設され、道路・鉄道が整備され、自動車は急増し、交通渋滞を引き起こすまでになっており、都市化は着々と進展しているように見える」(秋山 2016：111)。それとともに、事例4-2、4-3、4-4で示したように、村の日常的生活のリズムは変化し、若者たちは、冬の休み（大体11月～4月）と秋（大体7月～8月）の収穫期しか村にいなくなり、冬虫夏草の採集や高層ビルやマンション、道路などの建設へ出稼ぎに行くため、ツォワの結束は緩やかになった。

村の年配者の話によると、現在は1950年代以前とは異なり、同じツォワ内の誰かの家を新築するときに、同じツォワであるからといって手伝いに行かなければならないと思う人はいなくなり、伝統的活動や中でも葬儀などを行う際にだけ、同じツォワだからということで自発的に手伝いに来てくれると言う。そして、事例3-1でも分かるように、世帯数の増加や地域社会の変化と共に、伝統的集団ツォワの各世帯は、血縁関係の親族だけとは限らなくなった。現在では、葬儀や結婚式などを行う際に、同じ血縁関係の集団ツォワであるからという理由ではなく、「ラルゴチクパ」(ra sgo gcig pa, 家門・同)という同

じ家門の集団であるから手伝いに行くべきだと考えられている。それ故、村人の日常生活の場には、ツォワという伝統的社会集団の気配は感じられない。しかし、非日常的空間、つまり伝統的な儀礼や活動などを行う際に、ツォワの活動は顕わになると筆者は考える。

儀礼によって,「ツォワ」がもつ集合的アイデンティティーの結合力が強化されている。もし,儀礼を行わないと,ヤニ・ツォワのような「ツォワ」内の人や家畜などが死亡する不幸な例も発生する可能性があると認識しているため,儀礼実践が「ツォワ」という伝統集団を維持している。

換言すると、西部大開発以降の近代化に追い込まれた青海省チベット族の村社会において、各ツォワのチェソン儀礼やラプツェ儀礼、死者儀礼、結婚式などを行わなければ、ツォワの結束力は失われる可能性がある。そのため、儀礼を通じて伝統的集団ツォワの現状をとらえる方法をおいて他には方法がないであろう、現代社会においては、ツォワと儀礼は密接な関係をもっている。

一方、事例3-4で示したように、近年ツォワ内の若者たちは出稼ぎなどの影響により、儀礼に積極的に参加しない例も出ている。

小括

青海省チベット族の村社会のメカニズムを明確に理解するには、父系血縁親族により継承されてきたツォワという伝統集団の把握が欠かせない。ツォワの機能を明らかにしない限り、青海省チベット族の村社会の構造と機能を包括的に捉えることはできない。特に、結婚式や葬儀などの大掛かりな儀礼にはツォワが重要な世話役として機能する。ツォワ伝統集団のあり方を把握しない限り、儀礼を的確に解釈することは難しい。それゆえ、本章でS村における事例を中心にして、青海省チベット族の村における「ツォワ」の概念と実態を概説した。西部大開発以降の近代化の影響を受けた「ツォワ」の現状を解明する

ために、チェソン儀礼とラプツェ儀礼の実践と「ツォワ」の諸活動について網羅的記述した。

この伝統集団ツォワは、1950年代まで、血縁関係で構成されていたが、1950年代以降の混乱期、一連の政策の影響や世帯数の増加などのために、ツォワ内の各世帯の結びつきは緩やかになった。しかし、1980年代、改革開放政策の実施と共に、S村の各ツォワはラプツェ儀礼を再開し、再びツォワの結束力も回復した。

2000年代以降になると、日常生活の中で「ツォワ」内のある家が工事や畑仕事をする際に、同じ「ツォワ」だから必ず手伝いに行かなければならないとは、「ツォワ」の人々は思っておらず、日常生活の場では「ツォワ」の存在が感じられなくなった。一方で、非日常的な通過儀礼、宗教的年中儀礼を行う際に「ツォワ」の役割や集団のアイデンティティーが顕になる。特に葬儀を行う際に、「ツォワ」による経済的、労力的な相互扶助活動が顕になる。

【注】

1 「多労多得、少労少得」とは、多く働けば働くほど多くの配分を得る。少なく働けば少ない配分を得るという意味である。つまり、社会主義の初級段階の分配法則として提唱されたスローガンである。

2 ツォテンについて，Tsering Thar氏が「agreement between villages」と英訳していた。何故伝統集団ツォワ以外にツォテンという社会的互助集団が必要とされ、構成されたかというと、事例3-2でも示すように、1950年代以前ツォワは殆ど血縁関係で構成されている。結婚式や葬儀などの盛大な儀礼を行う際、ツォワ内の世帯数が少ない場合には儀礼の全体的なの役割を担うことが困難であった。そこでツォワ間において経済的・労力的に相互に助け合うためツォテンというグループが構成された訳である。婚約規制的には内婚制である。

3 デンとは、アムド方言で'dunと呼び、哀悼の意を表す。哀悼あるいは苦しみの徴は男が帽子に、女が髪に白い布をつける習慣を指す。

4 世帯数については、S村の長老達にも各ツォワの世帯数について聞き取りを行ったが、正確な戸数は不明だった。その理由はS村の会計係によると、一部の家は現在2つに分家しているが、戸籍をまだ作ってない家庭が何軒

かあるため、2014 年度参考登記表に記入していないと説明してくれた。筆者は 2014 年度貴徳県新型農村合作医療総合登記表を基にして表 3-1 を作成した。

5　トルマとは、経典の中心内容を表象的に表すため、経典内容に沿って裸麦で作られた供物である。トルマの由来については、仏教とボン教の説によって違いがあり、製作方法もそれぞれに異なる経典がある。出来上がったトルマは最初に開眼し、のちに処理する。トルマの種類は幾つもある。それらは、献じるトルマ、投げるトルマ、龍神のトルマ、捧げるトルマ、悪魔のトルマなどである。

6　チェソン儀礼に使用したバターランプ用のバターは、1kg 10 元で 40kg を 400 元で町から購入した。

7　ツォワ内で徴収したバターは町では（2015 年）1kg は 40 元であり、値段が高いため、貴重な食用バターはトルマの飾り以外には使用しなかった。

8　五色は、曼荼羅の東方のヤンドン画（" 卍 "）の浄土は白色、南方の神珠宝（rin chen nor bu）の浄土は青色、西方の蓮花（pad ma）の浄土は赤色、北方の金輪宝（'khor lo rin po che）の浄土は緑色、中心の如来系（de bzhin rigs）の浄土は黄色である。

9　この場合の瑜伽は、在家の宗教者に指す。

10　投捨は、儀礼場を中心にして、村周辺の占いによって決めた方向に向けてトルマを投げ捨てることである。

11　五種供物は「chab，チャ」聖水、バターランプ（裸麦で作られたバターランプの形）、花（裸麦で作られた花の形）、線香、神（裸麦で作られた神の形）である。

12　八部衆はチベット語でラセンディジェ（lha srin sde brgyad）と呼ばれ、それらはラ（lha）、ル（klu）、ノジン（gnod sbyin）、ディザ（dri za）、ラムン（lha min）、ナムカダン（nam mkha' lding）、ムアムジ（mi 'am ci）、トチチェボ（lto 'phye chen po）である。順に天衆、龍衆、夜叉衆、乾闥婆衆、阿修羅衆、迦楼羅衆、緊那羅衆、摩睺羅伽衆の 8 つを指す（楊 2008：223–230）。

13　華日という地区は、アムド方言でハリ dpa' ris と呼ばれ、古代チベットの英雄の里という意味であり、範囲は青海省の楽都県、互助県、門源県と甘粛省の粛南県東部、天祝県、永登県などである。

14　ツォワの係は年ごとにツォワ内の 2 軒ずつで交代し、主な役目は儀礼の運営のため一年間ツォワの各世帯に現金や小麦などを貰いに廻ることである。

第四章 青海省チベット族の宗教と寺院社会

はじめに

　チベットでは、原始宗教或いは土着宗教と呼ばれるボン教と北インドより伝来したチベット仏教の二つの宗教が共存している。現存の史料を見ると、「7世紀頃まで、チベットに土着宗教のボン教が普及し、ニャティ・ツェンポ（gnya'khri btsan po：伝説上の初代ツェンポ）から26代にわたり、歴代のツェンポはボン教（ポン教）にもとづき国を治めた」（王森 2016：1）。あるチベット僧が残した記録によれば、仏教はソンツェンガムポの祖先ラ・トトリニェンツェン（lha tho tho ri gnyan btsan）の時代に伝来したと言われる。伝説によると、ある日天上から宝箱が落ちてきて、中には金の塔や経典、まじない文などが入っており、そこから仏教がチベットに伝来したというのである。これに対し王森（2016：3）氏によると、ラ・トトリニェンツェンの時代に仏教が伝来したというのはあくまで伝説にすぎないようである。チベット初の統一王国（吐蕃）を樹立したソンツェン・ガンポ王（srong btsan sgam po:617-650, 32代目の王朝）は、吐蕃内部の統治体制の確立と周辺国との関係に注意を払ったため、北インドと中国の双方からチベットへ仏教が本格的に伝来した。それ以降、8世紀頃までにボン教と仏教の間に様々な矛盾と激しい葛藤が生じた（王輔仁 2004：19-23）。外来の仏教文化（インド仏教と中国仏教）がチベットに入ってからチベット土着の宗教であるボン教と衝突し、多くの闘争と融合のプロセスを経て、最終的にチベット社会に適合し、チベット民族に普遍的に受け入れられたチベット仏教文化が形成されたのである（牛黎涛 2014：207）。それらの混乱が起きたことが原因で、チベット王

ティソン・デツェン (khri srong lde btsan, チベットの 37 代国王)
が仏教を国教と定め、教えを受容し広めた。その一方で、土着宗教の
ボン教は抑圧され一旦は衰退した。

　時代と共にチベット仏教文化は発展し、宗派も四大宗派 (thu'u
bkaun blo bzang chos kyi nyi ma 2005：細かく分けると七大宗派が
ある) となった。それらの四大宗派とは、ニンマ派、カギャ派、サキャ
派、ゲルク派である。

　上述のチベット土着のボン教とチベット仏教に関する図像学と宗教
学的研究は比較的蓄積がある。未解明な部分の多いボン教研究の中で
も、青海省において有名なボン教寺院であるポンギャ寺に赴いて短期
的現地調査を行い、ボン教の神々の体系に関する研究成果 (森 1999)
が挙げられている。ネパールにおけるチベットボン教寺院、チベット
族自治区、青海省と甘粛省、四川省におけるチベットのボン教寺院の
現状に関する記述的研究 (Tsering Thar 2003) もあったが、現地に赴
いて長期間フィールドワークを行うことは困難であるため、民族誌的
な先行研究は少ない。とりわけ外国人は中国内のチベットの寺院社会
で現地調査を行うことが政府の許可を貰わないと難しい。

　李安宅氏と夫人の于式玉氏 2 人が 1938 年から 3 年間にわたって、
ゲルク派の六大寺院の一つの甘粛省甘南チベット族地区のラプラン
寺における人類学的調査を行い、チベットの宗教史を描きだした (『蔵
族宗教史之实地研究』1988)。近代化が進むチベット社会において、長
期にわたる仏教の歴史変遷を通して、民族の独自の思想が継承されて
きたことや、社会の発展と民衆生活の向上をはかるため、特色ある仏
教文化体系を維持すべきことについて論じている (牛黎涛 2014)。チ
ベットの伝統的教育及び寺院教育に関する研究は多い。それらは寺院
教育の形成、諸宗派の寺院教育の発展、ゲルク派の寺院組織構成、寺
院教育の制度、寺院教育の特徴などに関してはすでに研究があり (周
润年 1998)、チベット社会における寺院経済の発生・継承・発展につ
いての内在的要因に関する論述 (绒巴 1993：34 ～ 40)、チベットの

道徳観と寺院経済の発展と展開、近代の寺院教育などに関する研究が既存する（牛黎涛 2005, 2008, 2009；图齐 2005）。一方で、地方村レベルの寺院社会の具体的な記述・論述の研究は少ない。

　チベット族の村には、必ず村の中に寺院またはお堂があり、僧院の中には、S村の仏教ゲルク派の寺院のように、人里離れた山中に建てられたものもあるが、多くの僧院は、村人の居住区近くに立地しており、各村はどれかの僧院に属している。

　本章では、青海省チベット族の宗教と寺院組織の運営について記述し、主に現代の青海省チベット族の地方村レベルにおけるS村のボン教寺院、ニンマ派のンガカン（sngags khang, 集会堂）、ゲルク派の寺院と三つの寺院組織の運営を記述する。

第1節　青海省チベット族の宗教の概況

　青海省チベット族の地域において、チベット土着の宗教であるボン教と、仏教の各宗派、つまり、ニンマ派、カギャ派（bka' brgyud pa）、サキャ派（sa skya pa）、ジョナン派（jo nang pa）、ゲルク派が分布している。1958年（チベット解放以前）の青海省内部資料をもとに現地調査の研究成果とした青海省チベット仏教寺院の現状に関する研究（則武 1993, 1995, 2005,）によると、1958年頃の西寧市・海東地区には237ヶ寺有り、ニンマ派の寺院は少なく、多くの宗派はゲルク派であった。しかし、海東地区に属する循化県の幾つかの寺院は、元来サキャ派であったが、後に、ゲルク派に改宗した。例えば、青海省あるいは循化県の有名な寺院・ビンドウ寺（文都寺）は1402年（明建文四年）まではサキャ派であったが、その後、ツォンカパの弟子によってゲルク派に改宗した。1958年頃の黄南チベット族自治州には67ヶ寺有り、ニンマ派とゲルク派の寺院が多かった。1958年頃の果洛チベット族自治州には50ヶ寺有り、ニンマ派の寺院が多かったが、ニンマ派とゲルク派の混合寺院もわずかにあった。1958年頃の河南モンゴ

ル族自治県には4ヶ寺有り、全てがゲルク派の寺院であった。1958
年頃の玉樹チベット族自治州には379ヶ寺有り、比較的カギャ派とサ
キャ派の寺院も多かった。

表4-1　1958年における青海チベット族の寺院数と宗派

地区	寺院の数	宗派
西寧市・海東地区	237	ゲルク派（多数）、ニンマ派（少数）
黄南チベット族自治州	67	ゲルク派、ニンマ派
果洛チベット族自治州	50	ニンマ派（多数） ニンマ派とゲルク派の混合寺院（少数）
河南モンゴル族自治県	4	ゲルク派
玉樹チベット族自治州	379	カギャ派とサキャ派（多数） ニンマ派とゲルク派（少数）
海北チベット族自治州		不明
海西モンゴル族・チベット族自治州		不明

◆1958年に、海北チベット族自治州、海西モンゴル族・チベット族自治州の仏教寺院と
青海省のボン教寺院を除く、合計737ヶ寺があった。

出所：則武1993, 1995, 2005により筆者作成

　1996年の青海省宗教調査研究の統計によると、省全体ではチベッ
ト仏教寺院が655ヶ寺、ボン教寺院が11ヶ寺あった。「青海省委統
戦部のある職員の紹介によると、2002年に再び全省宗教状況の研究
調査を行ったが、具体的寺院の数と僧侶の人数はまだ未公開である。
1996年の宗教状況と比べると、寺院と僧侶の数は約1%減少した」（曾
伝輝2003）。
　青海省におけるニンマ派の寺院は、主に黄南チベット族自治州、ゴ
ロク（果洛）チベット族自治州、玉樹チベット族自治州の地区に分布
しており、現在、170ヶ寺で僧侶は5,885人いる。一部のニンマ派の
宗教者は在家のホウンであり、集会堂を寺院と呼ばず、ンガカンと呼
ぶ。ホウンは、主に黄南チベット族自治州同仁チベット族自治県、海
東市の化隆回族自治県と循化サラ族自治県及び海南チベット自治州
の貴徳県、共和県に分布している。現存するサキャ派の寺院は28ヶ

第四章　青海省チベット族の宗教と寺院社会　　93

寺あり、僧侶は 975 人いる。寺院は玉樹チベット族自治州に分布している。カギャ派の寺院は 105 ヶ寺あり、僧侶は 3,647 人いる。ジョナン派の寺院は 9 ヶ寺あり、僧侶は 872 人いる。ゴロク（果洛）チベット族自治州の甘徳県、久治県と班瑪県に分布している。現存するゲルク派の寺院は 343 ヶ寺あり、僧侶は 12,800 人いて、省全体の各地に分布している。土着のボン教の寺院は 11 ヶ寺であり、出家の僧侶は 303 人である（曾传辉 2003）。

表 4-2　2002 年の宗教調査報告における青海省チベット族の宗教の現状

宗教	宗派	形態	分布地	寺院の数	僧侶の数（人）
チベット仏教	ニンマ派	出家	主に黄南チベット族自治州 ゴロクチベット族自治州 玉樹チベット族自治州	170	5,885
		ホウン	主に同仁チベット族自治県 化隆回族自治県 循化サラ族自治県 貴徳県、共和県		
	サキャ派	出家	玉樹チベット族自治州	28	975
	カギャ派	出家	ゴロクチベット族自治州の甘徳県、久治県と班瑪県	105	3,647
	ジョナン派	出家		9	872
	ゲルク派	出家	省全体の各地	343	12,800
				計 655	計 24,179
ボン教	無し	不明	不明	11	303

出所：曾传辉 2003 により筆者作成

　青海省チベット族のゲルク派の寺院は、幾つかの特徴を持っており、①僧院の規模については、中央チベットの大僧院に次ぐ大規模なものである。②僧院の歴史についてはダライ・ラマ 3 世の青海布教を契機に建立された比較的新しいもので、③学問の伝統、人的資源は、デプン大僧院（チベット自治区に位置し、チベット最大の宗派であるゲルク派の三大僧院：セラ、デプン、ガンデンとのデプンである）のゴマン（sgo mang）学堂を本山と仰ぐといった 3 つの特性を持つ（石濱 2011：115）。

青海省チベット族のボン教、仏教の寺院でも、当然定期的に宗教活動を頻繁に行っており、その宗教活動の運営を経済的に維持する側は、主に寺院が属する村と地域の信仰者たちである。地域の信仰者はあらゆる不幸が追い払われ、あらゆる幸せが得られる為、寺院に布施する。その布施された財産は寺院の財産となり、主に殿堂・仏塔の修築、宗教活動に使用するが、多くの大僧院では、僧侶の日常生活を扶助する場合もある。地方の多くの寺院は、布施された財産は地域の農牧業や商売している人たちに利子をつけて貸している。その利子は寺院の財産となり、宗教活動に使用するが、村の貧困の家に対して扶助する寺院もある。しかし、近代では、政府からも寺院に扶助しており、「2012年に青海省政府は寺院社会管理工作の為、34,706万元の扶助をし、チベット仏教寺院の水道、電力、道路、通信などのインフラストラクチャーを整備し、僧侶の部屋と集会堂も補修した。同時に僧侶たちに対して、養老や医療などの社会保険に関する恵民政策を実施し、僧侶の貧困を解決した」(丁莉霞 2014)。以下にチベットの寺院の経済モデルを図4-1で示す。

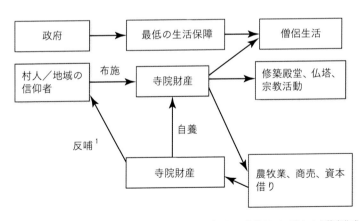

出所：丁莉霞2014：73により筆者作成

図4-1　近代チベット寺院の経済モデル

現代チベット族の社会は、1950 ～ 1980 年代までの集団所有財産の制度、1980 ～ 2000 年代までの改革開放、宗教回復運動の実施、2000年代より今日までの西部大開発のなど一連の政策の影響により激しく変化した。それに伴って、寺院社会の管理あるいは寺院社会の組織運営も以前の伝統的な組織のみで形成されたわけではなく、近代的かつ政策的管理委員会も設置した。今日のチベット族の地方村における寺院社会の組織は伝統的組織よりも政策的管理委員会の影響が強くなっている。以下では、青海省チベット族の地域において主流となっているボン教、チベット仏教のニンマ派とゲルク派の寺院社会に関して記述し、更に地方村レベルの寺院社会を具体例として記述する。

第2節　S村における宗教と宗教者たち

2.1　伝統宗教としてのボン教の寺院社会とその宗教者たち

　ボン教の開祖は、シェンラプ・ミポであり、彼は仏教における釈迦牟尼と同等の地位にある。「チベットには仏教が 7 世紀前半から本格的に導入されたと考えるが、それまでのチベットにはボン教の原初的形態が存在したと推定される」（立川 2009：41）。ボン教は仏教と同じく、独自の教義を持っている。

　「ボン（Bon）教はチベットに仏教が入る前から彼の地に広く行われていた宗教で、従来チベット在来の宗教と言われてきたけれども、最近の敦煌文献研究の成果によれば、これもシャンシュン国以西から移入されたものらしいことがわかってきた。ボン教徒の東遷は吐蕃王朝成立以前に起きたが、ヤルルンを中心とする吐蕃王家の国家統一の原理として仏教が移入されるにつれ、ボン教は漸次さらに東に移り、現在の分布は、アムド南部（青海省）、カム西北部（四川省）、ネパール北部に限られる」（長野 1987：712）。

　以下に調査対象地である S 村のボン教寺院の概要と組織、宗教儀礼について述べる。

2.1.1　S村のボン教寺院の概要

　S村のボン教寺院は、村の中心に位置している。貴徳県政府所在地から東南へ約 13.6km、常牧鎮政府所在地から北東へ約 7kmの場所にあり、北緯 35°57'01"と東経 101°31'06"に位置する（写真 4-1）。

　貴徳県には、ボン教寺院が三つあり、Sボン教寺院はその中の一つである。その三つのボン教寺院の中の一つの寺院の宗教者は、見た目は仏教の宗派ゲルク派の僧侶と同じ姿である。ボン教独自の教義と信仰対象が仏教とは異なってはいるが、僧衣など外見は全く同じで、僧侶の戒律は厳しく妻帯は禁止されている。もう一つの寺院の宗教者は妻帯が可能な在家の宗教者であり、アムド方言でホウンと呼ぶ（写真 4-2）。Sボン教寺院は、在家のホウンで構成されている。

『貴徳県志』によると、1981年に、Sボン教寺院を開放し、59間の集会堂と、20間の供養堂、ほかに 12間の部屋があった。所属する宗教者は 100人以上いた。

　1980年代、Sボン教寺院を再建したときの主任（1940年代生まれ）の話によると、このボン教寺院は 1979年に中央政府から再建する許

2014年8月筆者撮影

写真4-1　S村のボン教寺院

第四章　青海省チベット族の宗教と寺院社会　　97

2014年9月筆者撮影

写真4-2　ボン教の在家のホウン

可を得たが、そのときは経済状況が悪く直ちに再建できなかったので、1981年に再建が始まった。金持ちの家が自発的に可能な限りの支援をしてくれた。また、ボン教寺院の主任と村の長老たちが相談して、村人に寺院再建のための寄付金を募った。一番多い金額を1,000元、二番目を500元、三番目を250元に分けて寄付金を設定して、寄付金額をどうするかは、村人自身に決めてもらった。貧しい家には提供できる分だけでかまわないと伝え寄付をしてもらった。たとえわずかな金額であっても支援することで自分たちには仏の御加護があると信じていたので、再建支援をしなかった家は無かった。村長と長老たちは、各家から材木を2本ずつ、5kg程の小麦粉を寺院再建の負担分と決めて集めた。

　この話から、1980年代に再建した青海省チベット族地方村レベルの寺院の状況を窺うことができる。2000年代までS村には、ボン教徒の家では、一軒の家に2人の男子が生まれた場合に、1人の男子は出家してゲルク派の僧侶になり、もう1人の男子は在家のままボン教徒の行者として家業を担うことになった。当時、青海省チベット族地域においては、ゲルク派の勢力が強くボン教徒の力が弱かった。しか

2015年2月筆者撮影

写真4-3　県級文物保護単位

し、2000年代から、村人の生活が豊かになり経済発展とともに、S村のボン教徒の世帯は、男子が2人生まれても、かつてのように必ずしも一人をゲルク派の僧侶にさせなかった。自ら出家し僧侶になりたいと思う子供は少ないが、もし僧侶になりたいと希望する場合は、県外のボン教寺院の僧侶にさせるようになった。一方、S村の70%の家はボン教徒の家であるため、S村のゲルク派寺院の僧侶が少なくなり、宗教間の力関係もバランスが取れて緩やかになった。

　2014年10月18日に、S村のボン教寺院は県級文物保護単位と認められた（写真4-3）。

2.1.2　S村のボン教寺院の組織運営

　S村のボン教寺院には、伝統的な寺院組織と政府による管理組織との二つの側面が見られる。この運営形態は、以下に述べる仏教のゲルク派とニンマ派の寺院組織とほとんど同じである。「1994年の第三回チベット工作会議以降の僧院への管理強化や僧侶への愛国教育といった積極的な介入が示す通り」（大川2013：251）、1980年代からチベッ

ト寺院は、伝統的な寺院組織と政府による管理組織との二つの側面が見られるようになった。伝統的な寺院組織には、ラマ[2]が1人、副ラマが1人、ゲルケ（dge bskos）[3]が2人、カンドンパ（bskang 'don pa, 読経者）[4]が1人で15日ごとに交代する。ウンゼ（dbu mdzad）[5]が1人、ジンチョパ（rgyun mchod pa, 日常・祭）[6]が8人いる。寺院管理委員会には、主任が1人、出納係が1人、財産保管員が1人いる。

以下に村レベルのボン教寺院組織を表示するため、S村のボン教寺院組織を図4-2で示す。

S村のボン教寺院のラマは、ほかに県外の一つのボン教寺院も管掌しているため、S村のボン教寺院に通常居住していないが、在家の宗教者たちの教育、経典学習の状況、宗教活動などの面倒を見守っており、出家の僧侶姿である。副ラマは、寺院の最年長の宗教者であり、数年ごとに交代する。護摩儀式を行う際には、主な役割を副ラマが果たしており、年中儀式を行う際に、集会堂内の上手、ラマ席の次に席がある。一般の宗教者より、上席である。

2000年代の西部大開発以降、寺院の水道、電力、道路、通信などのインフラストラクチャーを整備するため、政府からの様々な経済的補

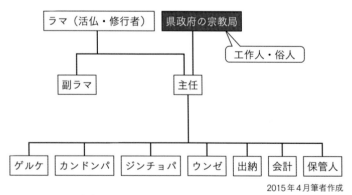

2015年4月筆者作成

※図4-2のラマは妻帯、性的行為を犯すことができない修行者或いは出家者である。
　県政府の宗教局は政府の役所である。それ以外の役職は在家の宗教者である。

図4-2　S村のボン教寺院の組織

助プロジェクト（補助金）が配分された。それらのプロジェクトを配分することと政府の工作人が寺院を訪ねてきたときに政府人員を接待する役は主に主任が担っている。また、県の宗教局へ僧舎を新築することや、寺院を修復することなどの様々の経済的補助プロジェクトの申請も主任の役割である。寺院の管理のほか、県宗教局からの宗教政策的通知要件がある場合は主任に電話連絡が入り、主任は政府から月給も貰っている。

　ゲルケは大ゲルケと小ゲルケと2人おり、大ゲルケの主な仕事は、戒律や僧院での作法を管理することである。年中儀礼を行う際に、礼拝者や施主たちが寺院に捧げた現金、物品などは、大ゲルケが記録し、宗教者たちの前で報告し、それらの礼拝者や施主たちなどのために祈願尊を唱え、お祈りをする。小ゲルケの主な役割はその記録した証明書を保管することである。

　集会堂で毎日1時間程かけて読経する習慣が今日まで維持されており、その読経の役割はカンドンパが果たしている。数年前まで、1ヶ月ごとに宗教者内で皆が読経（カンドンパ）の担当を交替で担ったが、2000年代の西部大開発以降に、若者宗教者が村から離れて、出稼ぎに行ってしまうと、集会堂で毎日1時間程かけて読経する習慣が継承できなくなってしまった。そのため、40歳以上の宗教者たちが半月ごとに交代して読経する義務を果たしていた。

　ジンチョパの仕事は、主にボン教寺院の財産を管理することであり、年中宗教儀礼を行う際に、必要な食物を購入したり、寺院の現金を村民や他人に貸借する役割を果たしている。現金を貸借する際に、知り合いの保証人が必要であり、その保証人の身分証明書と借用書が必要である。借用書に保証人の羊や牛など家畜数を抵当に入れると書く。両者が決めた期間内に返却しなければ、5日間伸ばすことができ、その期間を過ぎると、利息が高くなる。このように寺院の年中宗教儀礼を運営すると、利息のみで、寺院の年中儀礼が十分にできると70歳の宗教者（男性）が話してくれた。残った現金は寺院の財産となり、

新築や寺院を修復する際に使用する。

　ウンゼは、集会堂内の太鼓を打ち、読誦を先導する役割を果たしている。ウンゼの席は、僧院長であるラマの側、つまり集会堂の真ん中にある。数年前まで数年ごとに交代したが、ウンゼの役は重く、宗教儀礼を行うときも、読経あるいは全体を把握し、儀礼を行う前に、練習する必要がある場合もある。地域の発展とともに、出稼ぎなどで在家の宗教者たちも忙しいため、現在は、年ごとに交代するようになった。

　ボン教寺院においては、収入の現金を保管する役人を出納係と呼び、数年ごとに交代するようになった。

　会計係の仕事は、主に旧暦の 10 月 15 日に、寺院の収入や、各役人が交替する際に、計算する役割を果たしており、保管人の仕事は、主に寺院の財産を保管することである。

　しかし、上にも述べたが、1980 年代より、青海チベット族の寺院社会には、伝統的寺院社会の組織と政策による管理組織との二重の側面があり、その政策による管理組織あるいは寺院管理委員会は、主任と、出納、会計、保管人から構成されている。

2.1.3　S村のボン教寺院の年中儀礼

　1996 年におけるS村のボン教寺院への調査報告によると、「各月の 19 日に、ダチ（zla chos, 月・読経）という宗教儀礼を行っており、読経する経典名は、クンザン（kun bzang）、ジェデェ（spyi 'dul）、タァラ（stag la）である」（tsering thar 2003:327）と記録があったが、筆者は 2014 年にS村を訪問した際、多くの若者宗教者が出稼ぎに行ってしまうと、ダチ（zla chos, 月・経）という各月の読経儀式を継承することができなくなったとのことで、現在は行っていない。

　ボン教も、以下に述べる仏教と同じく年中宗教儀礼を行う日はチトウ（chos thog, 法会）と呼ばれ、チトウの日時が定められている（表 4-3）。行事の運営はジンチョパが統括し、チトウを行う当日、礼拝者や施主などから現金や物品を寄付された場合に、大ゲルケが礼拝者の

名前と金額などを記録して、集会堂の真ん中つまり僧侶たちの前で報告し、施主たちのために祈願する。礼拝者や施主たちにもらった現金と物品は寺院の収入の一部となる。

行事を行う当日、チダ（chos brda, 法・鈴「通知の意味」）をする役員はゲルケであり、ゲルケが集会堂の前で銅鑼を何度も打つと、在家の宗教者たちが集まってくる。以下にS村のボン教寺院の年中儀礼の日程は表4-3で示す。

表4-3　S村のボン教寺院の年中儀礼の日程（旧暦）

月	期間	宗教活動名
1月	17〜19日	村の年経
3月	25〜29日	守護神の経
4月	5日	千祭（stong mchod）
4月	7〜10日	ニュンニ修行
4月	11〜13日	祭祀
4月	21〜23日	（寂静憤怒）
9月	25〜29日	守護神の経
10月	9〜14日	憤怒の経、14日には、仮面舞踏を演じる
10月	15日	年末計算

出所：2015年4月筆者作成

2.2　ニンマ派のンガカンとその宗教者たち

チベット仏教はランダルマ王（809-843）の破仏とそれに続く吐蕃王朝の破壊を間にはさんで、前期弘通期と後期弘通期に分かれる。前期弘通期にできた宗派が古密呪派で、チベット発音を用いてニンマ派と呼ばれる。ニンマ派とは「古」あるいは「旧」を意味する。後期弘通期にできた宗派は新密呪派である。カギャ派、サキャ派、カダム派、ゲルク派はすべて新密呪派に属し（平松 1989：264）、ニンマ派は、「九乗の宗義」という教義を持っている。

8世紀頃に、チベット王ティソン・デツェン（khri srong lde btsan, チベットの37代国王）は、インドからパドマサンバヴァ（蓮華生）を招

聘し、ティソン・デツェンは仏教の聖典であるダルマ（サンスクリット語の発音であり、法の意味）のすべてをチベット語に翻訳するよう命じた。そのあと徐々に弟子が増え、パドマサンバヴァの直弟子 25 人がこの巨大な翻訳プロジェクトのために長年を費やした。この業績が後のチベット仏教に大きな影響を与えることになる。パドマサンバヴァはサムイェー寺を建設した。つまり、パドマサンバヴァはチベットニンマ派の「開祖」であり、「ニンマ派の信者は、ヨーギンにして賢者であるパドマサンバヴァを自分たちの師でありブッダであると主張する。ニンマ派の最初の僧院はサムイェーであり、かれらは法王時代に導入されたタイプの仏教に当たることになる」(D・スネルグローヴ 1998：223)。

以下に調査対象地である S 村のンガカンの概要と組織、宗教儀礼について述べる。

2.2.1　S 村のンガカン（集会堂）の概要

S 村のニンマ派の集会堂は寺院と呼ばず、ンガカンと呼ばれる。貴徳県政府所在地から約 13.6km の南東地区に位置し、常牧鎮政府所在地から約 7km の北東地区に位置している。

S 村のンガカンに関して『貴徳藏族簡史』の記載によると、1747 年から 1767 年の間に建てられた。1958 年以前、S 村のンガカンは 38 間があり、土地と家畜を所有していなかった。在家の宗教者（写真 4-4）が 80 人いた。『貴徳藏族簡史』によると、S 村のンガカンは 1980 年に再建され、集会堂が 1 つと、僧舎が 2 つ、

2014 年 8 月筆者撮影

写真 4-4　ニンマ派の在家の密教者

僧侶が 10 人いた。現在は、集会堂が 1 つと 15 人の在家の宗教者がいる。しかし、ニンマ派の年中宗教儀礼を行う際には、33 戸の信仰者が参集する。

　S 村におけるニンマ派徒の家は少なく、30% の家しかない。それ以外はボン教徒の家である。村人の話によると、数年前までニンマ派がボン教徒たちと一堂のボン教寺院の集会堂でそれぞれの年中儀礼を行っていたが、地域の経済発展や宗教間の関係でニンマ派は、ボン教の集会堂から出て、自分たちの集会堂を新築して独立した。ニンマ派の集会堂は、ボン教寺院の隣、つまり村の中心部に位置している。

2.2.2　S村のニンマ派のンガカン（集会堂）の組織運営

　S 村のニンマ派の集会堂・ンガカンの組織は、上述のボン教寺院の組織とほとんど同じく、ニンマ派のラマが 1 人、ゲルケ（dge bskos）とチャリ（cha ris）[7] の役割が 1 人で、会計が 1 人、ニレワ（gnyer ba）[8] が 1 人、財産保管人が 1 人、主任が 1 人、寺院管理委員会という形で寺院組織を構成している。

　以下にニンマ派集会堂の組織運営を図 4-3 で示す。

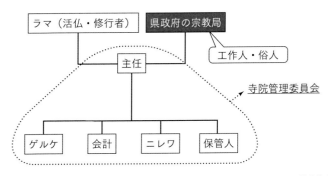

出所：2015年4月筆者作成

※図4-3のラマは性的生活ができない修行者或いは出家者であり、県政府の宗教局は政府の役人である。それ以外の役人は在家の宗教者である。

図4-3　ニンマ派のンガカンの組織

ニンマ派のンガカンのラマは県内のあるニンマ派の寺院に居住する
ラマであるため、S村のンガカンに通常居住していないが、S村のン
ガカンのホウンたちの教育、経典学習の状況、宗教活動などの面を見
守っている。県政府からニンマ派のンガカンへの様々な経済的補助の
プトジェクト（補助金）を配分するとき、または、政府の役人がニンマ
派のンガカンを訪ねてくるときに、接待する役は主に主任が果たして
おり、県政府の宗教局へ僧舎を新築することや、寺院を修復すること
などの様々の経済的補助プロジェクト（補助金）を申請する役割を果
たしている。主任の任期は少なくとも3年であり、政府からも月給を
支払われている。ニンマ派の在家の宗教者が少ないため、読誦を先導
するウンゼの役割も主任が果たしている。

　ゲルケ（dge bskos）、チャリ（cha ris）、カンドンパ（bskang 'don
pa 読経者）の役割は数年前まで1人が果たしていたが、2000年代以
降、集会堂の宗教者でも出稼ぎなどに行くことになってから、現在は
3人で交代しながら果たすことになった。その3人がンガカンを管理
し、毎日寺院の集会堂や守護神堂を掃除し、読経、聖水、バターランプ
を捧げる儀式の役割を果たしている。任期は年ごとに交代する。

　会計の仕事は年末に寺院の収入と支出を会計報告することであり、
S村にニンマ派の宗教者が少なく、交代する役人がいないため、任期
も少なくとも3年である。

　年中儀礼を行う際に、食事の担当をする役はニレワの仕事であり、
数年前までニレワはボン教徒の家を含めて村全家庭に食物をもらいに
回っていたが、現在は、宗教間の関係があまりよくなく、ニンマ派の
家にしかボン教徒の家に貰いに行かない。集会堂の年中儀礼を行う際
に、S村にボン教徒の家が多いため、ボン教寺院と異なり食事はほと
んどニレワの家の財産で行うことになる。50歳のボン教徒によると、
S村においてはニンマ派の宗教者と寺院経済が弱いため、何軒かの家
はボン教に改宗したといい、ニレワの任期は年ごとに交代する。

　保管人の仕事はンガカンの収入や支出、ンガカンの現金、財産など

を保管することである。任期は少なくとも 3 年である。ニンマ派の集会堂も上述と同様に、伝統的寺院社会の組織と政策による管理組織との二重側面が見られ、政策による管理組織あるいは寺院管理委員会は、主任とゲルケ、会計、ニレワ、財産保管人から構成されている。

2.2.3　S村のンガカン（集会堂）の年中儀礼

　S村のニンマ派の宗教者たちはボン教とゲルク派の年中儀礼と同じような形で独特な宗教儀礼を行っている。年中儀礼を行う日はチトウ（chos thog, 法会）と呼ばれ、チトウの日時が定められており、年中儀礼の運営はニレワが統括する。チトウを行う当日、礼拝者や施主などから現金や物品を寄付された場合に、ゲルケが礼拝者の名前と金額などを記録して、集会堂の真ん中つまりニンマ派の宗教者たちの前で報告し、施主たちのために祈願する。それらの現金と物品は寺院の収入の一部となる。

　現在のS村におけるンガカンの年中儀礼を以下に表 4-4 で示す。

表4-4　S村のンガカンの年中儀礼の日程（旧暦）

月	日	宗教活動
1 月	10 日	パドマサンバウァの法輪日の記念会（tshes bcu）
1 月	17 〜 19 日	村の年法（sde chos）
3 月	7 〜 10 日	ニュンニ（食禁）（smyung gnas）
3 月	11 〜 13 日	祭祀（mchod ba）
5 月	2 〜 6 日	ラジャツォワの年間宗教活動
7 月	10 日	パドマサンバウァの法輪日の記念会（tshes bcu）
9 月	22 日	寂静憤怒（zhi khro）
10 月	7 〜 13 日	獅面母経（seng gdong）
12 月	13 〜 16 日	馬頭明王（rta mgrin）

2015 年 4 月筆者作成

2.3 改革派と呼ばれるゲルク派の寺院社会とその僧侶たち (dge 'dun pa)

「ゲルク」は「徳行」を意味し、出家信者が黄色い帽子をかぶることから「黄帽派」とも呼ばれる。性的瑜珈（ヨーガ）の実践によって戒律を無視し乱れていたチベット仏教界を一喝し、「宗教改革」を行うことに成功したのが開祖のツォンカパ[9]である。つまり、ツォンカパはゲルク派の「開祖」である。

　以下に調査対象地であるS村のゲルク派寺院の概要と組織、宗教儀礼について述べる。

2.3.1　S村のゲルク派寺院の概要

　S村の仏教・ゲルク派の寺院は、貴徳県政府所在地から 13.6km の南東地区に位置し、常牧鎮政府所在地から 7km の北東地区に位置する。本村の村公所から約 2km の東山奥に位置する。寺院の大門のところに大仏塔が建っており、寺院に入る時この仏塔を通っていく。寺院と僧侶たちの居住群の背後には背後に高い山がある。実際には独立した山というよりは、寺院の建つ尾根上のさらに上部にある岩峰である。この頂上には山神を祀る為のラプツェがある。山脈の下方あるいは寺院の大門外に、S村の山神・ラプツェ（lab tse）が立っている。寺院の下方は寺院の林地であり、寺院の前面にも高い山が聳え、寺院は山谷奥に位置している。僧院の集会堂の反対側にアニェ・マチェン（a myes rma chen）[10]のラカン（廟）がある。このような場所と僧侶たちのコミュニティーは、ゴンディ（dgon sde, 寺・集団）或いは、タツァン（grwa tshang, 僧・住居）と呼ばれている。

　S村のゲルク派院について『mdo smad chos 'byung』[11]の記載によると、1779 年頃、中央西蔵からセジャ・ララムバ[12]が到来し長期居住した。その後にセカンワ活仏（1780 ～ 1848 年）が元の寺院をここに移動し、新たに寺院を建てた。『貴徳藏族簡史』の記載によると、1951 年には 51 人の僧侶がおり、14 院を建築していた。現在は 1 集

108

2014年8月筆者撮影

写真4-5　ゲルク派の僧侶

会堂と32僧舎、34人の僧侶がいる（写真4-5）。

　しかし、2015年の時点では、S村のゲルク派の寺院には22人の僧侶がおり、僧侶たちはチベット人のみならず、省外の新疆ウイグル自治区から小僧侶が4人、甘粛省に移住しているイ族の小僧侶が1人、チベット人僧侶の中には、60歳以上の僧侶が3人いた。

　省外あるいは他民族の僧侶が地方村レベルの寺院に来る理由としては、新疆ウイグル自治区出身の小僧侶とイ族の小僧侶の話によると、「自分たちの地元で読経することができる僧侶が少なく、チベット族の僧侶を招いて読経している。将来仏教の経典が読経できると金もたくさんもらえる。そのため、チベットの寺院で読経（チベット語で）を学ぶために両親がチベットの寺院僧侶にさせた。将来地元に戻ったら、読経する。」また、年寄りの僧侶の話によると、（以上にも述べたが）「数年前までは、S村に2人の男子が生まれたら、1人は自村のゲルク派寺院を継承するためにゲルク派の僧侶にさせ、もう1人は在家のボン教徒にさせて、家の生計を継承していた。事例としては、この寺院の多くの僧侶の実家はボン教で、兄弟も在家のボン教徒あるいは在

第四章　青海省チベット族の宗教と寺院社会　　109

家のニンマ派徒である。しかし、数年前からS村はボン教の家が多くなったため、2人男子が生まれても、ゲルク派の僧侶にさせてくれなく、僧侶になりたい場合は、県外のボン教の僧侶にさせてしまう。そのため、僧侶が少なくなり、省外の僧侶でも他民族であっても歓迎している」と語った。これに対し、S村の50代のボン教徒（男性）によると、「うちの息子は15歳であるが、学校の成績が悪く学校に行きたくないとよく言い、将来は農民になったら大変なので、S村のゲルク派の寺院僧侶にさせたい。しかしそうしたら、他のボン教徒から『ボン教徒の子であるのに、ゲルク派の僧侶にさせた』と噂されるので、県外のボン教の僧侶にさせてもいいのだが、S村から遠いため、僧侶になるのをもう諦めた」と語ってくれた。

　以上の話に基づくと、経済発展が著しい現在の中国において、宗教信仰も自由になったと同時に、地方村の伝統的習俗も失われていったことが窺える。S村にとっても、地域経済が発展したとともに、伝統的習俗は失われ、各宗派も独立した。一方、S村のゲルク派寺院の僧侶数が少なくなった。

　S村の多くの家[13]は、ボン教徒であり、少数の家は仏教・ニンマ派である。数年前まで、ボン教の家であれ、ニンマ派の家であれ、2人の男子が生まれた場合に、1人の男子を仏教・ゲルク派の僧侶にさせ、もう1人の男子を在家の宗教者にさせた。ゲルク派の寺院で年中宗教儀礼を行う際に、仏教徒の家とボン教徒の家は共同でゲルク派の寺院へ支援した。しかし、近年、ボン教の外来ラマの法話の影響によって、ボン教の家からゲルク派の寺院の僧侶にさせる傾向はなくなり、ニンマ派も自分たちの集会堂を建て、独立した。

2.3.2　S村のゲルク派寺院の組織運営

　中央政府が管轄しているチベット寺院社会は、村社会の行政組織と似たような形で形成されており、調査対象であるS村の寺院も例外ではない。S村のゲルク派寺院には、ラマが1人、ゲルケ（dge bskos）

が 1 人、ウンゼ（dbu mdzad）が 1 人、会計が 1 人、チャリ（cha ris）が 2 人、ニレワ（gnyer ba）が 1 人、主任が 1 人、副主任が 1 人、寺院財産貸借係が 5 人、寺院管理委員会との形で寺院組織を形成している。以下に寺院組織を図 4-4 で表す。

　S 村のゲルク派寺院のラマは、県外にある寺院のラマであり、S 寺に居住していないが、S 寺の僧侶たちの教育、経典学習の状況、宗教活動などの面を見守っている。

　ゲルケの仕事は、「戒律や僧院での作法を管理する役割を果たす。集会堂の扉の脇にはゲク（ゲルケである）の席が設けられており、僧侶たち全体を見渡せるようになっている。そして衣装、食事の作法などが規律に則っているかをチェックし、指導を行う」（小西 2015e：161）。ゲルケの席の背景壁画として閻魔王の図像が描かれている。戒律や僧侶の規律を監督することや村民家で読経儀式を行うことの依頼がきたら、寺院から村民家へ僧侶を派遣することが主な役割である。1950 年代以前、寺院には僧侶がたくさんおり、寺院の規律も厳しかった。ゲルケも数年ごとに選挙で交代したが、21 世紀に入って次第に、還俗した僧侶が少なくなかったため、僧侶の数も減少した。数年前ま

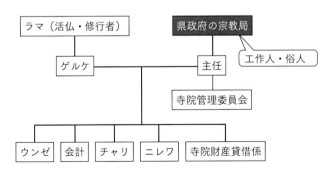

2015年4月筆者作成

※図4-4：県政府の宗教局は政府の役人であり、それ以外の役人は在家の宗教者である。

図4-4　S村のゲルク派寺院の組織図

第四章　青海省チベット族の宗教と寺院社会　111

でゲルケの任期は5年以上であったが、僧侶も少なく、ゲルケの責任も厳しいため、現在は年ごとに交代するようになった。

ウンゼの仕事は、集会堂内の太鼓を打ち、読誦を先導する役割を果たしている。ウンゼの席は、僧院長であるラマの側、つまり集会堂の真ん中にある。ウンゼの任期は数年前まで数年ごとに交代したが、現在は、ゲルケの任期と同じく年ごとに交代するようになった。

会計の仕事は、寺院の収入や支出、寺院の現金を保管することや、年末に寺院の収入と支出を会計報告することである。数年ごとに交代する。

チャリ、カンドンパ（bskang 'don pa, 読経者）の役目は2人が果たしている。仕事は毎日、寺院の集会堂や守護神堂を掃除し、聖水を捧げることやバターランプを一日1,000回ずつ捧げること、守護神堂で読経することである。夜も寺院を守ることも彼の役割である。任期は年ごとに交代する。

ニレワの仕事は、宗教儀礼を行う際に、食事の担当をすることである。年ごとに交代する。

主任と寺院管理委員会の仕事は、寺院の僧侶たちに政府からの政策を伝え、政府からの様々な経済的補助プロジェクト（補助金）を配分すること、または県政府の担当役人が寺院を訪ねてくるときに、接待することである。県の宗教局へ僧舎を新築すること、寺院を修復することなどの様々の経済的補助プロジェクト（補助金）を申請する役割を果たしている。主任の任期は少なくとも3～4年である。県宗教局からの通知要件がある場合に、各寺院の主任に電話連絡が入り、主任には政府から月給も支払われる。

現在は、調査地域の各寺院に政府役人の滞在する部屋が建てられており、各寺院で宗教儀礼を行うとき、県政府の役人が2人ずつ寺院を訪ねてきて、宗教活動の様子を見ながら一時的滞在をしている。

寺院財産貸借係の僧侶は5人である。毎年、S村のゲルク派寺院の30～40万元ほどを民家へ貸している。貸す際、知り合いの保証人が

必要であり、保証人の戸籍簿と身分証明書、借用書が必要である。その借用書に、保証人の家畜数、財産などを抵当品として書く。借りる民家は、S村の民家のみならず、村外、県外の民家もある。しかし、保証人は必ず知り合いであるのが条件である。

　貸借の定期期間は1年間であり、その方式は、1万元を貸すと、利息は2千元である。寺院の主な収入も利息と礼拝者、施主に頼っている。S村のゲルク派寺は林地があり、数年前まで、家畜が多い民家へ林地の草を毎年売ってきたが、そうすると、寺院に羊や山羊、牛などの家畜が集まり、寺院の周りは汚くなるため、林地の草を民家に売ってない。

2.3.3　S村のゲルク派寺院の年中儀礼

　S村のゲルク派寺院は、他の仏教・ゲルク派の寺院と同様に、年中儀礼を決まった期間通りに行っている。1958年以前、寺院には僧侶が多く、年配者の僧侶が多数いた。その時代には、僧侶に対する戒律、或いは寺院のジャユウ（bca' yig, 法・文）[14] は現在より厳格であった。各宗教活動あるいは儀礼によって、集会堂で集合時間が異なり、深夜の1時頃に集まる場合もある。これらの年中儀礼を行う日はチトウ（chos thog, 法会）と呼ばれ、チトウの日時が定められていた。行事の運営は上にも述べたが、ニレワが統括する。チトウを行う当日、礼拝者や施主などから現金や物品を寄付された場合に、ゲルケが礼拝者の名前と金額などを記録し、集会堂の中心或いは僧侶たちの前で報告し、施主などの願いが叶えるために祈願する。それらの現金と物品は寺院の一部収入となる。

　行事を行う当日、チダ（chos brda, 法・鈴「通知の意味」）をする僧侶はゲルケであり、ゲルケが集会堂の前で銅鑼を3回ほど打つと、僧侶たちが集まってくる。寝坊したり、間に合わなかった僧侶はゲルケに叱られ、僧侶らの話では「昔はゲルケに殴られた」ということだった。

第四章　青海省チベット族の宗教と寺院社会　**113**

現在、S村のゲルク派寺院の年中儀礼は以下の通りである。

表4-5　S村のゲルク派寺院の年中儀礼の日程（旧暦）

月	日	宗教儀礼
12月、1月	12月29日～ 1月1日	長寿トルマ
1月	11～15日	新年の大祈祷会
	1月23日～2月1日	馬頭明王
2月	8～11日（昔は8日間ほど）	活仏を祭る
3～4月	3月29日～ 4月16日	クンル（kun rig） （14、15日の二日間はニュンニ、16日に寺の年間の決算、菜食）
5月	22日	活仏の命日を祭る
6～8月	6月15日～8月1日	夏安居（寺院内で生活）
9月	2日	活仏の命日を祭る
	22日	Lha bbas dus chen 釈尊が兜率天から降った記念日
	9月24日～10月1日	Yamarazaba
10月	10月24日～11月1日	ツォンカパの記念祈祷会
11月	冬至から8日間	長寿儀式（活仏の長寿のため）
12月	15～22日	一年のトルマを更新する

2015年4月筆者作成

第3節　日常宗教の空間

　ボン教でも、チベット仏教のニンマ派でも、在家の宗教者はとホウン呼ばれており、彼らは髪を切らず、長く伸ばしたまま巻いて、頭の上に束ねている。また、髭を剃らずに長くたくわえた者もいる。彼らは、表4-3、4-4で示したような宗教儀礼を行う時に、必ずチベットの伝統服を着用して寺院に入り、日常生活と短期的に離れて儀礼の職能者・宗教者になる。宗教儀礼が終わった後、一般人と同様に、若い宗教者は出稼ぎに行ったり、放牧や畑仕事、世間話などをしたりしている。ボン教とニンマ派のホウンは、外見や日常的行為は全く同じてあ

るが、それぞれの教義と儀礼の意味が異なるため、宗教集団ごとのアイデンティティーも異なる。

　S村のボン教の年配者ホウンの中には、ツァムカン（mtshams khang）と呼ばれる瞑想者の住居で毎日読経しているホウンがいる。ツァムカンはボン教の集会堂の裏に建っており、2014年に訪れた際には、10軒程度であった。筆者がボン教寺院の主任を訪問した時は、主任は自宅にはおらず、常にツァムカンに妻と一緒に生活していた。話によると、「自宅で生活すると修行できず、世俗社会の仕事は繰り返して終わりがない。ツァムカンで生活すると、修行、読経ができる」という。他の年配者のホウンたちも自宅で読経するのが一般的であった。各世帯が世帯の健康などのために行うジチィ儀式のとき、依頼されると読経しに行く。また、村外及び県外の施主から読経を依頼された場合にも、遠いところに読経しに行くことも例外ではなく、ごく普通のことである。つまり、読経しに行くことはホウンたちにとっては、読経による一つの収入源でもある。

　一般の俗人またはホウンは所属寺院へ礼拝に来ると、集会堂や活仏の前で五体投地で三拝する。両手を合わせて、頭の上、喉の前、胸の前に置き、身・口・意に敬意を表すことを三度行い、身体を床の上に伏せて最高の敬意を表すのである。

　一方、チベット仏教のゲルク派の僧侶たちは、寺院を中心に、その周辺に僧の住居であるタシャク（grwa shag, 僧・住居）を造っており、僧団としてのコミュニティーを作っている。ゲルク派の僧侶は、出家して俗人の生活を離れた者であり、村人に通常アク（a khu）、タワ（grwa ba）と呼ばれる。彼らはほとんどゴンバ（dgon pa, 寺院）において一人で生活しており、表4-5で示した年中儀礼以外の日に、各世帯での読経儀礼を行うことで生計を立てている。

　チベットの僧侶は、僧院に入門する際に、自分の意志で判断することが非常に重視され、一度僧侶になることを決心した以上、僧侶で一生貫かねばならない。もし、僧侶をやめて還俗すると他者からの評判

とともに、自らの決心に背くことになるため、生涯恥として笑われるのである。

2000年代以降、街から寺院までの道路、寺院内道路の設備や電気、通信、光ファイバーのテレビ回線などが完備された。特に、2012年から寺院社会でもインタネット及びソーシャル・ネットワーク・サービス（SNS）が流行ったため（漢語：微信，英語：Wechat）、若い僧侶が少なくなっており、寺院社会の日時生活の雰囲気が変わりつつある。

年配僧侶たちによると、若い僧侶の中には、世俗の生活を選択し、僧侶であることをやめてしまう若い僧侶が少なくない。

僧侶の中には年中、寺院を出ず瞑想している若い僧侶もいるが、ほとんどの若い僧侶は読経しに行ったり、街に出かけたりしている。2014年に訪れた際に、昼頃寺院に滞在していた若い僧侶がほとんどおらず、小僧侶と年配の僧侶だけだった。

当年のゲルケの話によると、「私はゲルケの責任を担っており、自分は寺院を留守にすると、他の僧侶に指示することができない。年頭に、寺院の外に一回も出かけず瞑想すると三宝の前に決意している。そのため、毎日寺院に滞在し、朝8時頃に起きて、三宝に身・口・意により敬意を表す礼拝をしている」と言う。筆者は寺院に滞在している時、このゲルケは、毎日朝食後、集会堂に行って聖水を捧げたり、五体投地で礼拝したりしていた。帰宅しても、お経を唱えたり、チベット仏教の高僧活仏の伝記を読んだりしていた。

小括

本章では、1980年代に実施された宗教回復運動以降の青海省チベット族の宗教と寺院組織の運営について記述しており、とりわけ現代の青海省チベット族地方村レベルにおける寺院であるS村のボン教寺院、ニンマ派のンガカン、ゲルク派の寺院と三つの寺院組織を具体例として、寺院組織運営について述べた。

周知のように、1950 年代から 1980 年代まで、中国の一連の政策の影響で宗教信仰が禁止された。当時、修行を行っていた僧侶たちは還俗させられ、寺院社会の組織運営もなくなり、村との関係も失われた。調査地域の多くの寺院の集会堂は家畜を殺す場所にされたり、村公所にしていた集会堂も多数あったと年配者たちからよく聞かされた。1950 年代からの集団所有財産時代に、S 村中心地に位置するボン教寺院も例外ではなく、ボン教寺院の集会堂は村公所にされ、寺院における諸文化財、仏像、宗教用具、宗教儀礼なども失われ、一時的に消滅した。

　しかし、1980 年代より、宗教回復運動の政策が実施され、それと共に、還俗していた僧侶たちの中にも再び僧侶となる者が多く出た。本章の 2.1.1 節で述べた S 村のボン教寺院の主任の話で示すように、調査対象である S 村のボン教寺院も 1981 年に本格的に再建された。宗教儀礼も再び 1950 年代以前と同じく定期的に行われるようになった。

　青海省チベット族の宗教には、土着宗教であるボン教と仏教の各宗派であるニンマ派、カギャ派、サキャ派、ジョナン派、ゲルク派が分布しており、中でも青海省チベット族の地域で主流となっている宗教はボン教、ニンマ派とゲルク派である。1980 年代まで、青海省チベット族の寺院社会には、伝統的寺院組織の運営しか存在していなかったが、1980 年代以降に、中央政府が寺院社会を管理する為、中国の行政村の組織と同じく、寺院管理委員会という行政組織を導入して実施した。それ以降、チベット族の寺院社会は、伝統的組織と行政組織の二つの寺院組織の運営を行ってきた。

【注】

1　反哺とは、恩返しするため、村の貧困家庭に対して扶助する意味である。

2　チベットで上人あるいは聖人という意味で、サンスクリット語のグル (धर教師) に相当する。チベット仏教の高僧のみならず、ボン教の高僧あるい

は活仏をラマと呼び、外来語ではなくチベット固有語である可能性がある。

3　ゲルケは、僧侶の規律を監督する役を果たす。

4　カンドンパは、寺院のため、集会堂で毎日 1 時間ほどをかけて読経する義務を果たしている。

5　ウンゼは、読誦を先導する役割を果たしている。

6　ジンチョパは、宗教儀礼を行う際に、必要な食物を購入したり、寺院の現金を村民や他人に貸借する役目を果たしている。

7　チャリは、毎日、集会堂と守護神堂を掃除し、守護神堂で読経する。聖水とバターランプを 100 回ずつ奉じる。

8　ニレワは、宗教儀礼を行う際に、食事の管理の役割を果たす。

9　ツォンカパは、チベット仏教ゲルク派の開祖であり、青海省のツォンカ山の地に生まれたのでこのように通称され、〈宗喀巴〉と漢音訳される。名はロサン・タクペーペル。

10　アニェ・マチェン（長野 1999b:54）は、マチェンポムラとも呼び、チベットの聖山の一つで、強力な山神として有名である。

11　『mdo smad chos 'byung』は、1982 年 3 月に出版され、チベット語で書かれた歴史に関する書物である。＜安多政教史＞と漢訳されている。

12　セジャ・ララムバは、セジャは活仏の名前であり、ララムバは仏教学歴の一種、現代の博士に相当する。

13　本村の多くの家族の中に、仏教を信仰している嫁と、ボン教を信仰している父系家族と二種類の宗教信仰者が共同生活している。しかし、チベットは父系社会であるため、時間が経つにつれて、嫁がボン教に改宗した例が多い。

14　ジャユウは、各寺院にとって、寺院の主導者であるラマによって決められた規律がわずかに異なる。

第五章　妊娠・出産をめぐる語りと実践

はじめに

　国内外の研究者たちは、チベット社会における妊娠と出産の習俗文化について注目している。中でも、先端的な研究として生物学及び医学、宗教心理学的研究がなされている。チベット医学文献で最も重要な医学テキストである『ギュー・シ』(rgyud bzhi, 四部医典)[1] などの解釈を通じて、女性と胎児の健康、輪廻思想と関わりながら胎児の重要性などについて解説している (テリー 1993；Meyer 1995；Craig and Adams 2007)。

　チベット仏教・医学の述べるところでは、あらゆる生きものの生まれ方は四種類[2] あり、湿生・卵生・胎生・化生であるが、テリー (1993) によると、「普通の人が人間として生を受けるためには、バルド (bardo, 中有) のなかのカルマを伴った意識 (rnam shes, ナムシェ・魂) の流れ (業識) が、交合の行為にある二人の人間を見ることによって、この世に引き戻されなければならない。残りのカルマと特定の両親をもつ意識 (ナムシェ) の流れだけが、入るべき子宮を見いだすことができる。その他の者は、しかるべき子宮が見つかるまでさまよい続けると言われる。(略) 意識 (ナムシェ) が一方の親の性器に引きつけられると、他方の親に対して怒りが沸き起こるが、この怒りの生起はバルドでの存在を終結させる。こうして、純粋な光を見るなどの短い死の経験が終わり、妊娠の瞬間、転生する意識 (ナムシェ) は精子と卵子との結合に溶け込み、無意識のなかに吸い込まれていく。五元素[3] に支えられて精子と卵子とは完全に混合され、胎児の形成が始まる。(略) 胎児の週ごとの成長段階については、『ギュー・シ』第 2 タントラにおいて詳細に記述されているように、意識 (ナムシェ) は徐々に

胎児に戻り、6ヶ月目には喜びや悲しみの情動をもち始める。26週目には前世での記憶を取り戻すことができるといわれ、37週目には、胎児の意識（ナムシェ）は、母体に対立感情をもち始め、不潔・悪臭・暗闇・拘禁といった状態に悲嘆し、脱出しようという考えを抱くようになる」（テリー 1993：151-153）と述べている。

さらに、チベット医学・仏教では、精子と卵子の因子だけでは妊娠することはできないと説かれている。「妊娠には三つの因子が必要である。すなわち、精子と卵子、それに意識（ナムシェ）との出会いである」（トム 1991：59）。「死の意識と、それを運ぶ気息は、性交をする男女の光景を見て、男性の口あるいは頭頂から内部に入り込み、男性性器へといたり、そこから女性の胎内へ入る。そこで、両者は母親からの赤い菩提心の滴と、父親からの白い菩提心の滴を受け取る。再生に向かう新しい存在の意識と、それを運ぶ気息と同様に、母親の経血と父親の精液が混ざり合い、心臓の中心となる不壊の滴を形づくり、これはケシ粒ほどの大きさで、新生児に不可欠なものである（マル

出所：テリー（1993：口絵3）

写真5-1　人の懐胎から出産まで

ティン 2002：105）。

　一方、チベット族の妊娠と出産に関する文化人類学的な先行研究は少数に限られているが、2000 年前後から欧米の研究者たちは、チベットの伝統的な妊娠と出産の慣習、チベットの妊婦と赤子の健康、赤子を産む意義などについて論述している（Craig 2009）。

　1960 年代以前、出産に関して検討するに値する人類学的先行研究はほとんどなかったが、1970 年代には人類学の規模拡大と多様化に伴い出産に纏める研究も徐々に増加した。出産そのものを分析するという点では質的にも量的にも十分とは言えなかったものの、出産儀礼と儀礼執行者の分析を中心としたものが多かったと言及されている。特にミードらが調査したニューギニアやその他の「未開社会」とアメリカの比較を通して、安全な出産には出産介助者や立会人による精神的な結びつきが重要であると主張し、さらに、「未開社会」の出産には産婦の立場に立った実践や、見習うべき点が多いとして、現存する民俗知識を省みずに医療技術に過度に依存するアメリカなどの医療制度を批判してきた（井家 2004：557）。

　現代チベット族の出産文化は、中国の文化や政策などの影響を強く受けている。中国における出産文化にとって、両親から離れて住む夫婦が出産の知識を年輩の経験者に求めることができないために自立として病院への依存が進んだアメリカの出産文化とは異なり、最初は、新生児死亡率や妊産婦死亡率、出産証明書の取得と戸籍簿の登録などに関わる問題が原因で、1950 年代より、徐々に伝統的な出産から病院出産に移行する傾向が生じてきた。「1949 年の中華人民共和国成立後、新生児死亡率や妊産婦死亡率を下げるために、出産の施設化（出産の場所が家庭から病院や助産院などの施設へと移ること）を積極的にアピールしてきた。そして、1980 年代から「出生証明書」「妊婦手冊（妊婦手帳）」「予防接種」という病院でしか発行されない三点セットが人々の生活に導入されたため、家庭出産の道は実質的に閉ざされ、病院での出産に移行して行った。そのため、1988 年に 50％ に達して

第五章　妊娠・出産をめぐる語りと実践　　121

いなかった病院での分娩は、2008年には100%に近づいている」(安 2014：53) という。

第1節　青海省チベット族の妊婦及び産婦とその習慣

「婦人の正常妊娠期間は9ヶ月と10日である。但し、チベット族の考え方は、もし、1匹の馬が妊娠中の女性の身辺を通り、或いは、妊娠中の女性が馬から降りるとき、さらには馬の影が身体に映ったら、妊婦は「馬障[4]」にかかる。即ち、妊娠期間が非常に珍しく12ヶ月となる恐れがある。また、暴風雨が発生した場合は、子宮の胎児が消失しないように家にこもる」(图齐 (Tucci) 2005b：3) というようにチベット地域では厳しい気候と動物に出会うことが妊婦に悪影響を与える。

　青海省チベット族の村社会における妊娠中の女性達にとっては、周囲の家畜や、野性動物の肉、未知の人から貰った物は「穢れ」[5]とみなされており、出産予定日に近づいてくると、それらに接触しないように留意すべきと考えられている。「穢れ」とみなされる野性動物の肉や未知の人から貰った食物などを食べると、「男の子として産まれるはずだったのに、母胎が穢されたため、胎児の体が女の子になってしまったと言われることがある」(チョルテン 2017：219)。このような不幸な例はS村でも発生しており、下述するようなAさんの話も同じく穢れたものである[6]。

Aさん（D村：仏教ゲルク派信者、60代の女性）：

「私には3人の息子がいる。次男は出家してS村のゲルク派寺院にいる。長男の嫁は出産が近づいていた時、同じ村の女性が用事で家に尋ねてきたとき偶然に会った。その女性に「お腹が大きいですね」と話かけられた。彼女が帰った後、お腹がだんだん痛くなってきた。その女性のせいで生まれた子は女性だった。同じように三男の嫁は出産が近づいていた時、隣家の男性がものを借りに家に来て、偶然妊婦と出会って、「まだ生まれていないですね」と話かけられ、帰った後で、だ

んだんお腹が痛くなった。その男と出会ったことで穢れたため、生まれた子は男だった」。

このような事例は青海省チベット族村では頻繁に見られる。現在「穢れ」を防ぐため、妊婦は肉体を刺激するような重労働をせず、自宅の仏間で宗教的な個人行動・五体投地、集団的行動・家族による読経などの儀式を常に行っている。また、安産祈願のため僧侶を自宅に招いて読経をしてもらったり、僧侶にソンコル（srung'khor, 護符）（写真5-2）を作ってもらい妊婦の首にかける習俗を今でも盛んに行っている。一般的に、出産の1ヶ月前には、自宅で作った食品以外はできるだけ食べないようにして、衣服も派手な色彩のものは着用しない。色彩があるものを着用しない理由は、インフォーマントたちははっきり説明してくれなかったが、安産のためであるという答えは同じであった。

村人の話によると、胎児と赤子は生命力が弱く、不可視なナムシェが中有を彷徨っているため、穢れには注意すべきである。これに関しては、チベット医学において、「妊娠中は、母親と胎児との愛情のこもった心の通い合いの重要性が強調されており、また胎児は意識（ナムシェ）をもった一個人として扱われる。そして出生後、幼児期や小児期になると、この新しい生命は自らが前世から受け継いだカルマに従って、独自の習癖や性向を現すのである」（テリー 1993：153）。

テリーが述べた通り、村人は、人が亡くなったとしても不可視なナムシェが存在することを考慮しており、49日の間に生まれ変わる

2015年8月筆者撮影
写真5-2　ソンコル

第五章　妊娠・出産をめぐる語りと実践　**123**

までナムシェは中有に存在すると信じている。S村では、例えば、自分の親族及び家族が亡くなった場合、死者と血縁関係のある息子や孫が彼らの妻を妊娠させることを遺族から要求される習俗が存在している。その要求の目的は、死者のナムシェが血縁関係のある親族のところに生まれ変わることができるようにするためである。

B氏（D村：仏教ゲルク派信者、61歳の男性）：

「私の母は2016年6月に亡くなった。私の息子は2人とも結婚しており、30代である。次男は子供が1人生まれたばかりであるため、長男に彼の妻を妊娠させるよう頼んだ。葬儀から4ヶ月経ってから長男の妻は妊娠した。生まれた孫の私の母の生まれ変わりだと信じている」。

C氏（ボン教信者、40代の男性）

「私の父は2017年3月に亡くなった。ナムシェは自分の家族の一員として生まれ変わってくると思い、子供を作った。子供が生まれる前に、ちょうど近所の家でも子供が生まれた。その子の母親は妊婦する直前、亡くなった私の父を夢に見たそうで、私の父のナムシェであると言っている。そのため、私の父のナムシェは、自分の子として生まれたのか、近所の子であるのかどちらか知りたいので、高僧ラマに占って欲しい」。

　以上のように、血縁関係のある死者のナムシェは生まれ変わるため、妊娠させたりする習慣は、S村において一般的な慣習である。妊娠中には、妊婦と胎児の健康・安産のため、様々な宗教的儀礼を行う。

Dさん（ボン教信者、30代の妊娠中の女性）：

「私は妊娠中に、毎日家の仏間で五体投地の礼拝を50回行っており、シャンマ讃（byams ma, 仏教用語のターラー讃に相当）を数多く唱えている。また、晩御飯を摂った後で、安産を祈願し、家族皆でシャンマ讃を唱えている（2015年8月の現地調査より）。」

第2節　青海省チベット族の出産文化に関する習慣

2.1　青海省チベット族の出産とその場所

　西チベットの民族誌において、「出産は『穢れ』とみなされており、産婦はナベ、スプーン、その他の道具は自分専用のものを使い、他の家族は、これらの道具に触れることができないとされた。このため、かつては赤子の両親はともに1ヶ月間家から出られなかったという。現在では、母親は1ヶ月間、父親は7日間というように、その期間は短縮されてはいるが、この間、パスプン[7]・メンバーがその家の仕事を手伝うのであるという」(山田 2009：67)。一方、時間的、空間的に遥かに遠い青海省チベット族地域では、父親が家から出られないという習慣はなかった。S村の人々の語りに基づくと、1980年代の出産に関する多くの習俗の面ではほとんど西チベットと同じで、産婦は出産後1ヶ月程の休養期間は外に出ず、料理もしない。毎日、オンドルの上で休む。これは現地言葉で「ダンデュクバ」(zla 'dug pa, 月・休み)と呼ばれている。下記のEさんのように、産婦は産後の1ヶ月の休養期間のうちに、家族の中で出産を経験した女性1人(普通は夫の母か、産婦の母)が産婦と赤子を見守ることが一般的である。

Hさん(D村：仏教ゲルク派信者、40代女性)：

　「1997年に私は出産した。出産の1ヶ月前に実家に戻った。出産の際に、子供を出産した家畜部屋には家族の中で出産を経験した女性2人(70代の産婦の母、40代の実家の嫁)しか入れない。朝日が出る前に子供は生まれた。その後、産婆の役目を果たした私の母と実家の嫁が赤子を洗い、私は家の上手のオンドルの上に移動した。その日から1ヶ月間ほど外出もせず、料理も作らず、オンドルのある部屋で休んだ。この1ヶ月の休養期間のうちに、母(産婦の母)が私と赤子の世話をしてくれた。」

　地方によって異なる場合もあるが、出産の時、産婆役を担うのは一般的に家族の中で出産の経験がある者か親族の女性年配者である。

「妊婦に出産の兆候が表れた時、産婆を家に招いて、出産の介助をしてもらう。産婆には謝礼金を渡さず、代わりに旧暦の正月や祝日、子供の剃髪儀礼などの時に、チベット式パンや肉まんなどの食物で返礼をする（チョルテン 2017：220）。」

　妊婦は出産予定日の直前に、「遊牧の地域の女性たちは牛囲い内か別の小屋あるいはテントを建て、その中で分娩する。農業地区の女性たちも日常居住のオンドルの上で分娩せず、牛や羊囲い内に移動して分娩する」（陳立明 2010：213）が、なぜ家畜の囲いで出産するかというと、以下のIさんの話に示されるように、家畜の囲いに安産感（安産にまつわる感情）があるからであると答えた。

Iさん（D村：仏教ゲルク派信者、54歳の女性）：

「昔は、今のような医療衛生に関する科学的知識はなかった。家畜囲いの中で出産したら、家畜が安産するように、妊婦も安産する可能性が高くなると認識している。」

　しかし、2000年代に西部大開発が実施されて以降、上述した事例とは逆に、出産の近代化とも言える自宅出産から病院での出産へと移行し、出産介助者も伝統的産婆から専門的助産師・医師へ移行している。しかし、経済状況が悪い家は以下のM氏の話のように自宅で出産する例も少なくない。

J氏（ボン教徒、70代の半僧半俗の宗教者）：

「息子の嫁は一昨年（2013年）、病院で出産した。嫁の妊娠中、私は占いができるため、占いをして読経儀式を行った。二日かけて3人のボン教徒が我が家で読経した。その読経儀式の目的は、安産祈願と、産後の母子の健康祈願である。今年（2015年）も嫁が妊娠したので、母子の無事を祈るため、一昨年と同じく、占いをして読経儀式を行う予定だ。」

K氏（D村：仏教ゲルク派信者、40代の男性）：

「わたしの妻は、妊娠中にアムド地域のたくさんの名刹を参拝した。また、村に属する寺院のラマに占ってもらい読経儀式も行った。出産

の20日前に、貴徳県の近くにある寺院を参拝して、寺院の近くに部屋を借りてそこに滞在した。理由は、その寺院からは県営病院が近く、出産の直前でもすぐ病院に行けるからだ。妻は、その県営病院で出産した。赤子が初めて着る服の色はラマの占いによって決めた。退院する時には白馬に乗って帰ると縁起が良いとラマに言われたが、馬がいなかったので、代わりに真っ白な自動車で帰宅した。」

Lさん（D村：仏教ゲルク派信者、32歳の女性）：

「私には2人の女の子がいる。2001年に1番目の子を産んだが、妊娠中、家で読経儀式を行い、貴徳県の近くの有名な寺院やツォンカパ[8]ゆかりのシャキュン（bya khyung, 夏瓊）寺を参拝した。シャキュン寺内にはドルジパクモ（rdo rje phag mo）堂があるため、妊娠中に、この寺院に巡礼した場合、青海省チベット族地域の人であれば、産んだ子の名前の一部に「パクモ」とつける風習がある。そのお堂に赤ちゃんの平安無事を預けているという目的のためである。そのため、私の子の名前もパクモドルマとつけた。私は貴徳県病院で出産した。赤子が初めての着る服の色は、高僧ラマの占いで決めた。退院する時、白馬に乗って帰ると縁起が良いと高僧ラマに言われたが、馬がいなくて、代わりに真っ白な自動車で帰宅した。」

M氏（ニンマ派信者、30代の男性）：

「家の経済状況が良くないため、2013年、私の妻は、病院に行かずに自宅で出産した。妻が妊娠中に自宅で五体投地の礼拝をしたが、家では何も宗教的な儀式を執り行わなかった。そのためだろうか、難産だった。最近は、病院に行かずに自宅で出産すると、戸籍に子供を載せてくれない。子供は3歳になったのに戸籍にまだ載っていない。病院で出産しなかったので病院から出産証明書を発行してもらえかったからである。今年（2015年）の1月（旧暦1月）に次男が生まれた。次男がお腹にいる時、ニンマ派のラマに占ってもらった。占いに従って、妊婦に対して、1日かけてニンマ派の宗教者（sngags pa, 在家の密教行者）3人で読経儀式を行った。また、妊婦は、ニンマ派のラマにも

第五章　妊娠・出産をめぐる語りと実践　　**127**

らったソンコル（写真 5-2）をいつも首にかけていた。そのため、今年
も自宅で出産したが、今回は無事に産まれた。」

　上の J、K、L、M 氏の話が示しているように、調査対象地域では 21
世紀以降、一般的に安産祈願のための読経儀式を中心にした宗教的儀
礼が行われている。市場経済の発展と共に、各家庭の経済状況も良く
なり、K、L 氏の話のように県内外の名刹に巡礼する宗教活動も行わ
れている。

　このように、2000 年代までは、病院で出産する習慣がなく、自宅で
出産するのが一般的であったが、2000 年代初頭より、政府は母子衛
生を向上させるための様々な政策を実行した。「1980 年代後半から模
索されてきた新しい形態の農村合作医療は、2003 年 1 月 23 日に衛生
部・財務部・農業部によって公布された『新型農村合作医療制度を設
立することに関する意見』により、全国レベルでの強化が開始された。
2009 年から、新型農村合作医療に加入した妊産婦には、入院分娩費
の医療給付が適用されるようになり、入院分娩はほぼ無料になった」
（姚 2014：136）ことや、特に 1993 年から試行された「出生医学証明」
については、改めて 2009 年に実行強化の指示が出された。これによ
り、郷村医師や助産員は出生医学証明書を発行する権限がなくなり、
医療期間しか証明書を発行できず、出生証明は厳格に規制された。そ
のため、青海省チベット族の村でも、2000 年初頭には強制的に県内の
病院で出産するようになり、今では病院で出産することが普通になっ
た。一方、交通事情（村と病院の距離）や経済的事情のせいで伝統的な
出産形態を望む例も少なからず見られる。とはいえ病院で出産しない
と、M 氏の赤子のように、病院から出産証明書をもらえず、戸籍登録
を拒否されるといった大きな問題が生じる。

2.2　悪霊の侵入を防ぐサイン

　西藏自治区とその周辺地域では、家の中に出産してまだ間もない産
婦がいる場合、その家を訪れる客人に憑いている悪霊の侵入を防ぐた

めのサインとして赤い布を家の門にかける風習がある（陳立明 2010：213）。S村では、家門の外側にメト（me tho, 火・証）をつくる習慣がある（写真5-3）。メトは火の上に雑草や家畜の乾燥した糞を乗せ、産婦や赤子の外出できるようになる日まで煙を出すものである。メトを燃やす目的は、出産したことを知らせ、悪霊の侵入を防ぐことである。さらに、日没後は家族であっても家に入る時には、必ず、メトの上を跨いで入る必要がある。

2015年8月筆者撮影
写真5-3　メト

「外来の客を断るための魔除けとして、産後直ちに家の正面入口の錠前の隙間に、ネズの枝を刺し、正門前の土の上に一日中、羊や牛の糞などを燃料とした火をもやす。その家と特に関係のない者は、それらを見て出産を知り、訪問を控える。遠方から来た家族や親類縁者も、必ず家に入る前にその煙火を浴びてから入る」（チョルテン 2017：22）。

2.3　産婦と赤子の料理

　Aさんによると、「1950年代以前から、一般的に産婦は産後1ヶ月以内に小麦粉を煎ったものを沸かしたお湯に入れたものを飲む。それを現地語で『デェル』と呼ぶ。バター油とかき混ぜたツァンパ[9]を食べる産婦もいる」と語ってくれた。しかし、現在のS村においては、バター油とかき混ぜたツァンパ、人参果と混ぜたバター油、牛肉やヤギ肉などを食べず、バター茶も飲まない。

第五章　妊娠・出産をめぐる語りと実践　　129

K氏：

「うちの嫁は 2001 年に初子を産んだが、産後 1 ヶ月の休養期間に
『デェル』と、熱湯に米やバター、卵、細かく切った羊肉などを適当に
入れて作った熱いスープを飲んだ。羊 1 頭分の肉を食べた。姑（70 代）
は冷たい飲料や水を産婦に飲ませず、冷たい料理やヤギ肉、牛肉、テ
ントク（麺類）なども一切食べさせなかった。一方、磚茶の葉を煮た温
かい茶を飲ませた。病院で出産した後 3 日間入院したが、病院の食事
は摂らずに、朝食と夕食は夫がバイクで家で作った温かい『デェル』
などを持って来た。昼食は外の店に頼んで温かい粥などを作っても
らった。」

　B さんの 3 男の奥さん（27 歳）も K さんと同じく、病院の食事は冷
めているので、外の店に頼んで粥などを作ってもらったと語ってく
れた。

　赤子には、母乳が出なくなるまで、母乳を飲ませるが、出なくなっ
たら、小麦粉を煎るか蒸したものに干葡萄を適当に混ぜ熱湯に入れた
ものを毎日 1 日分ずつ作る。それは現地語で「ニョンロ」と呼ばれて
いる。上記のインフォーマントたちの話に基づくと、2000 年代初頭
からは、母乳が出なくなってから牛乳を飲ませていることが分かる。

N氏（D村：仏教ゲルク派信者、54 歳の男性）：

「D 村では、婚家に牛がいない場合、近所あるいは同村の牛を飼って
いる家からミルクを金で購入している家や、赤子に牛乳を飲ませるた
め、牛を飼う家庭もある。」

　また、S 村では、子供が初めて肉を食べる際には、必ず兎の肉と山
羊の舌を食べさせる。村人によると、兎の肉を食べると、子供の頭は
兎のように賢くなり、山羊の舌を食べると、成長後に子供は、弁舌の
才がある人になるからである。

2.4　産婦と赤子の衣装・御守り・訪問品

　産後 1 ヶ月の休養期間に産婦が着る衣服については、2000 年代ま

では、派手な服を着用せず、「ツォクパ」(slog pa) という羊の皮製のチベットの伝統衣装を着用していた。今では、産婦は町で購入した既製服を着ることが多い。

　赤子の初着用の衣服については、前述したK、Lさんの話のように、占って出てた色の服を着せる。

Oさん（ボン教信者、80歳の女性）：

「1950年代以前、赤ちゃんに初めて服を着せる時、幼児期を過ぎるまで襟がついた服を着せる習慣はなかった。初めて服を着せる際、占って出た色がその服の中で一番広い面積をしめている服を着せる。産後1ヶ月を経て、外出するに際して、赤子を抱える動作を馬の背中に乗せたふりをする風習がある。産後1ヶ月を経て、外出するに際して、赤子を抱える動作を馬の背中に乗せたふりをする風習がある。」

　子供が生まれてから1週間後に子供の背中にガンソン (dngangs srung, 怖い・守る) を掛ける。それをかけると、就寝中に恐怖におびえず、命を守れるという（写真5-4）。

　出産して2週間程経つと、伝統集団ツォワ内の人たちと親族の人たちが食物などを持参し母子を訪問しに来る。家に入るときは、必ずメトの上を跳んでから中に入る。これは外から来た人に悪霊が憑いていても、煙で心身を清めるためである。訪問時の御祝儀については、1980年代以前は、一杯分の磚茶だった。特に親族であれば、碗を一個とと一杯分の磚茶を持参した。しかし、1980年代の終わりごろから、1990年代にかけて徐々に、一杯分の磚茶、一個の碗、に加えてコリ（チベット式パン）を持参するのが一般的になった。

　2000年代以降、生活が豊かになるとともに、母子にとって、磚茶と碗が不要になったので、訪問客が磚茶と碗を持参する

2016年3月筆者撮影

写真5-4　子供とガンソン

第五章　妊娠・出産をめぐる語りと実践　　131

2016年3月筆者撮影

写真5-5　2016年の御祝儀

ことは減ってきた。代わりに、御祝儀として、コリ、街で購入した子供服、飴、果物類などに加え、現在では、御祝儀には品物以外に、10～100元の現金を渡すことが増えている(写真5-5)。

2.5　病気除けの読経儀式

　赤子が夢を見て怖がった場合、村の山神ラプツェ(lab tse)でサン(bsang, 供物)を焚き、山神に赤子を見守ってくれるよう祈ったり、僧侶または在家のホウンを自宅に、招いて読経してもらう習慣がある。S村からほど近いD村には、赤子のために良い山の神・ラプツェが立ててある。赤子が泣いたり、怖がったりしたときに、そのラプツェでサンを焚き、山神に祈ると、赤子の調子がよくなるとD村の人々は言う。

　青海省チベット族の村人は、赤子が夢の中で怖がったり、泣いたりする原因は、中有を彷徨いている魂が前世の悪業の影響を受け怖がっているためだと信じている。その場合、宗教的活動をして止める。例えば、暗くなったら家族の中の一人の男性が村の下手の交差点に、悪霊に捧げるためにツァスル(tsh gsur)を焚く。赤子を夢の中で怖がらせるのは悪霊が赤子の命を害していると考えられており、赤子の代わ

りにツァスルを焚いて悪霊に捧げるためである。

　以下、病気除けの読経儀式を行うことにより赤子を治療するというS村で頻繁に行われている事例を取り上げる。

事例5-1：

　2014年5月(旧暦)に生まれたボン教徒の家に生まれた赤子は、誕生後9ヶ月が過ぎたころ病気になり、3日間具合が悪い状態が続いた。薬では治らなかったので、自宅で病気平癒のための読経儀式を行った。それは、死を回避するために行うチィレ（死を欺く）と呼ばれる儀式だった。この読経儀式は、年齢を問わず行われる。誰かが病気になったとき、病気平癒のために行う（赤子の叔父の話に基づく）。

　この儀式を行う前の準備は、最初に人形トルマ（gtor ma, 儀礼の象徴物）を作ることである。裸麦を捏ねて粘土状にして、病人を模した人形トルマを作る。この事例の病人は赤子だったので、赤子を模した人形トルマを作った。その後、トルマの周囲に多くの飴や、ツァンパなどの食物、赤子の服から切り取った布、赤子の食べ残しを少々、赤子の身体の汚れ物をツァンパに乗り移してトルマの上に載せた。それ

2016年4月筆者撮影

写真5-6　子供向けの読経儀式

第五章　妊娠・出産をめぐる語りと実践　　133

から、チィレに関する経を宗教者が1時間ほどをかけて読経した（写真5-6）。

　その後，トルマの上に載せた身体の「悪物」を占いで選んだ方向に向けて投げ捨てた。

　儀式の次第は、まず、経典に従って、高僧ラマや守護尊（yi dam, イダム）などを招来してから、それらの守護尊の名前を唱えながら人形トルマに勧請し、それから、病気や悪霊を退治する内容の経典を読経した。最後に、八部衆に対して酒を奉った。このときの読経者（50代の在家ボン教のホウン）は、八部衆が嫉妬しないように祀らないと、八部衆は子供を害することもあるので気をつけなければならないと語ってくれた。

　読経が終わり、当日のトルマを投げ捨てる方向を占って決めた。その方向を間違ったら、子供にはよくないという。その日（旧暦2015年3月2日）の悪霊がいる方向は東方だったので、悪霊がいる方向に赤子の身代わりの人形トルマを投げ捨てた。悪霊に赤子を捧げる代わりに人形トルマを捧げるためである。

　投捨者は必ず男性である必要がある。投捨者は投捨に向かう前に、「チャ」という聖水で赤子の頭と上半身を洗い、その下にトルマを置き、水がかかるようにした。最後に人形トルマについているランプの芯に火を点してから、トルマを投げ捨てた。投捨者は、帰宅したとき、すぐには家には入らずに家門の外で手を洗ってから家に入った。

　この事例5-1が示すように、青海省チベット族の村では、赤子のための病気平癒の儀礼が一般的に行われている。

2.6　命名と名前

2.6.1　命名

　伝統的に、青海省チベット族は、赤子の持つ生命力は弱いと考えている。そのため産後一週間ほどは、他人は勿論のこと、同じ家族の者であっても赤子を見つめることを遠慮することさえある。

幸福な出産と赤子に対して、多くの人から憧れをもたれると、赤子は他人の悪物に穢されてしまうと信じられている。この観念を現地語でムカ（mi kha, 人・口）やカルトク（kha dug, 口・毒）[10]と言う。そのため、同じ家族の者であっても母子に付き添う人以外は、家の外へ出たりするため、赤子を見ることを遠慮する。

　出産から一週間後に赤子の父親は村の寺院、ジホンの家、親族の年配者の家のいずれかを訪ねて、僧侶や活仏、ジホンなどが子供の生年月日や干支などを考慮して命名する風習がある。ほかにも、年配者が誕生以前に亡くなった親族中で優れた故人の名前をつける風習があった。Ｓ村の場合、三宗派が共存しており、命名する宗教者はいずれかの宗派に属しているので、命名には宗派の影響が絡んでくる。ボン教徒の場合、家族の中にホウンがいなければジホンに依頼し、ニンマ派に属する家族はニンマ派の宗教者あるいはジホンに依頼することが一般的である。そのため、Ｓ村の多くの人の名前には、宗派の影響が色濃く見られる。例えば、馬頭明王は仏教用語でタジン（rta mgrin）と呼ばれ、ボン教用語ではジェデン（spyil 'dul）と呼ぶが、名前に馬頭明王の名をつける場合、仏教徒だとタジン・ツェラン（rta mgrin tshe ring, 馬頭明王・長寿）と名付け、ボン教徒だとジェデン・ツェラン（spyil 'dul tshe ring, 馬頭明王・長寿）と名付ける。ダルマ（Dharma, 法）はチベットの仏教用語ではチ（chos）と呼び、ボン教用語ではボン（bon）と呼ぶが、名前にダルマの名をつける場合、仏教徒にはチチョン（chos skyong, 法・護）と名付け、ボン教徒にはボンチョン（bon skyong, 法・護）と名付ける。

　Ｓ村では、名前を決めた後、親族の年配の男性、ジホン、親族の年配の宗教者のうちの誰かが、赤子を最初に決まった名前で三回呼ぶのが一般的であった。

　僧侶は出家する前は俗人としての名前がついているが、出家する際に、高名なゲシ（dge bshes, 博士に相当）や活仏に改名してもらう。

第五章　妊娠・出産をめぐる語りと実践　**135**

2.6.2 チベット族の名前の変遷

　古代チベットには、セ (se)、ム (smu)、ドン (ldong)、トン (stong) という四大氏族が存在した。他にも六大氏族、十八大氏族などの伝承がある。「吐蕃王朝時代、チベットには多数の氏族があった。『敦煌本吐蕃歴史文書』には、ナウ (gnubs)、トム (thu-mi)、ガル (mgar) など 100 以上の氏族名が記載されている」(丹珠 1998：144)。『智者喜宴』によると、七赤天王 (gnam gyi khri bdun) 時代において、王位は父から子へ継承されたが、姓氏は母から子へと継承された事例の記述がある。例えば、「初代の王はニャティ・ツエンポ。その子二代目の王ムティの母をナムム (gnam mug mug) と呼ぶ。三代目の王ディンティの母をサディンディン (sa ding ding) と呼ぶ。四代目の王ソティの母をソタムタム (so tham tham) と呼ぶ。五代目の王メルティの母をトクメルメル (dog mer mer) と呼ぶ。六代目の王ダクティの母をダクラカルモ (gdags lha dkar mo) と呼ぶ。七代目の王シブティの母をシブラゴモ (sribs lha sngon mo) と呼ぶ」(dpa' bo 2005：87)。これら王名で分かるように「チベット族の姓氏の歴史は長く、古代の母系氏族時代に辿ることができる。吐蕃時代のチベット人には母系の姓氏があった」(东主 2016)。二十代の王から母系氏族社会が父系氏族社会に変化したことに伴って、母親の姓氏を子へ継承する傾向も変わり、父親の姓氏 (khri, チィ) を子へ継承するようになった。また、吐蕃王国が解体してから暫くの間、

　姓氏は使用され続けたが、チベット仏教が各地域に広く普及したために、チベット族の姓氏はほとんど失われた。しかし、漢族地域と接している一部のチベット族地方では、姓氏は漢族の氏名を、名前はチベット族の名を付けている例も少なからず見うけられる。例えば、李トデン、馬ツェランなどである。

　仏教がチベット各地域に広く普及して以来、「チベット族の名前の特徴は二つあり、一つは、宗教的色彩を持つことである。もう一つは、同名の人が多いことである」(丹珠 1998：145)。例えば、サンジェジャ

（ブッダが守る）、ユュダン（本尊）、ネンラ（天神）、ドルジェ（金剛）などである。女性であれば、ラモウ（女神）、ジョウマ（ターラー）、ダワジョウマ（月・ターラー）などである。「一般的なチベット族の名前は4文字で形成している」（丹珠 1998：145）。

　チベット族は、姓氏の代わりに地名、部落名、家名、出身村名をつけることが多い。この風習は、吐蕃時代に、領民に姓氏の代わり地名をつけ、代々継承してそれが姓氏になったことに由来する。吐蕃王国解体後に、地名を姓氏の代わりにつけた事例としてツォンカパ・ロサンタクベーベル（仏教のゲルク派の開祖）がある。この名前は、（青海省の）ツォンカ山の地に生まれたロサンタクベーベルという意味である（丹珠 1998：144）。

　文化大革命の時期には、宗教信仰が禁止されていたため、宗教色の濃い名前をつけることは危険であった。調査地域の多くの人々には、文化大革命の象徴的内容を含む名前が付いている。例えば、ルニツォ（文化・生）、ルニジェ（文化・幸）、ハンドル（権利を持つ）などである。これらの人は、文化大革命時期に生まれ、宗教的な色の濃い名前をつけることが危険であったため、名前も文化大革命の文字の一部を漢語でなく[11]、チベット語で名をつけたのである。

第3節　剃髪式

　青海省チベット族の村では、3歳[12]になるまで赤子の髪を剃らない。3歳になって初めて頭髪を剃る。この風習を現地の言葉で「ワンジャレンバ」（bang skra len pa, 赤子の髪・取る）と呼び、主に旧暦の1月・正月に行う。青海省チベット族の一部の地域では、「4月はチベット仏教徒にとって特別な祭日が多く、特に4月15日は仏陀が誕生、悟りを開き、涅槃に入った記念日であるため、青海省同仁県ワッコル村の場合、誕生後最初の旧暦の4月11日に剃頭を行う」（チョルテン 2017：222）例も見られる。

第五章　妊娠・出産をめぐる語りと実践　137

幼児の剃髪式は、結婚式や葬儀などの盛大な儀礼と比べると、小さな儀式である。剃髪式を実施する際に、所属するツォワの各世帯と親族全員に通知して、自宅で剃髪式を行う。しかし、家の経済事情によっては、ツォワの各世帯に通知せず、親族だけを集めて、祈りの形で剃髪式を行う例も多数見られる。

　以下、2016年1月3日（旧暦）に聞取り調査をした1世帯の剃髪式について述べる。

P氏（ボン教徒、66歳）の語りの概要：

　私の子供は男の子で、2014年6月に生まれた。チベット式の年齢の数え方では2016年1月に3歳になったので、今年の正月（2016年旧暦の1月）3日に剃髪式を行った。親族以外には日取りを通知しなかったが、同じツォワ内の各家が自発的に訪問してくれた。

　3日の朝日が昇る際に、私（P氏）は子供の髪を剃った。剃刀は使用せず、縁起が良いとされる新品の櫛と新品の鋏を用いて髪を剃る必要がある。剃った髪を風に飛ばすと、子供は怖い夢を見たり、泣いたりするので気をつけなければならない。切り取った髪の毛は丸型にし、その丸型の中心に小3つの珊瑚を入れて服の背に縫い付けると、子供は安全に成長すると言われる。

　剃髪式では、男性の長老が3歳児の髪を剃り、女性が剃ることはない。

小括——如何に安産・赤子の健康を求めていたか

　本章で取り上げた各事例に示したように、チベット族の妊娠と出産の風習は、輪廻転生の観念に基づいた宗教思想と結びついている。このことは、特にB氏とC氏の話に顕著に表れている。青海省チベット族の村社会において、血縁関係のある者が死んだ後、肉体から分離したナムシェが家族の一員として再生することを願いながら子供を作るという例がよくみられる。S村も例外ではなく、村人は、輪廻転生す

る不可視なナムシェが偏在することを強く意識している。本章のはじめに述べたように、宗教思想の歴史的背景の下で、青海省チベット族の妊娠・出産の文化は営まれている。母の安産と赤子の健康のため、穢れを宗教儀礼的実践によって防いでいる。

　妊娠・出産に関する主観的な思想がある一方で、母子の健康を維持することも求められている。写真5-1でも示したように、チベット医学では、胎児の成長段階を三つに分けており、それらは魚の形の段階、亀の形の段階、豚の形の段階である（南開 2017：33）、チベットの医学書には妊娠中の妊婦は鶏肉、未熟な果物、アルコール飲料を避けることが記述されている（nam mkha' 1994:571）。村人はチベット医学や宗教思想の影響を受けながら、宗教儀礼的実践を行い、母子の健康のための伝統的な服や食事のしきたりを守り続けてきた。このような穢れを防ぐための伝統的な宗教儀礼は実践されている一方で、2000年代の西部大開発以降の近代化により、チベット族が伝統的に出産の場として家畜部屋を用いる風習は廃れてしまった。

　2000年代以降、青海省チベット族の伝統・自宅出産は医療化される病院出産の傾向となったが、主な原因は、M氏の例のように、病院で出産しなければ「出生証明書」「妊婦手冊（妊婦手帳）」を発行してもらえず、証明書がなければ予防接種を受けられず、さらに戸籍の登録ができないことである。そのような社会的問題が起こった原因で病院出産に変化せざるを得なかった。2000年代の初頭は、自宅出産から病院出産へと強制的に変更された時期でもあったが、その後、病院で出産することが当たり前になってからは、病院で出産しないと、産婦の家族や周りの村人に噂されるようになった。Sienna（2011:111）の報告によると、自宅での出産は85％から20％に減少し、新生児の死亡率は10％から3％に低下した。

　2000年代以前なら、妊婦たちは出産予定日の一ヶ月前に、実家に戻って休養し、陣痛が始まってから、家畜の部屋に移動して出産することが一般的であった。村には訓練を受けた正規の助産師がいなかっ

第五章　妊娠・出産をめぐる語りと実践　139

たため、妊婦が出産する時には年配の出産経験者が代理の産婆役を果たしてきた。「出産過程では、親族の女性がお産を助けてくれるのが一般的で、時には夫の両親がお産を助けることもある。しかし、多くの場合、一人で出産し、家の守護神やカマド神を汚さないようにするため、家畜の囲いの内側に移動して出産する場合もある」(Sienna 2009:150)。

【注】

1 『ギュー・シ』(rgyud bzhi, 四部医典) は、チベット医学文献のなかで最も重要な医学テキストである。疾病・治療・診断のあらゆる側面を扱っており、疾病を認識し治療するために必要なあらゆる情報を含んでいるといわれる。チベット語のギュー (rgyud) はサンスクリットの「タントラ」(tantra) の訳語であり、シ (bzhi) は数詞の「四」である。この医学書は、四つのタントラ (医典) からなる四部構成となっており、全体では 156 の章に分かれている。第一部のタントラは「根本タントラ」(rtsa rgyud) である。これには疾病と診察についての簡潔な説明がある。第二部のタントラは「論説タントラ」(bshad rgyud) である。これには治療の原則についての詳細な説明がある。第三部のタントラは「秘訣タントラ」(man ngag rgyud) で、ここでは特定の病気の治療法が詳細に論じられており、四つのタントラのなかで最も大部である。第四部のタントラは「結尾タントラ」(phyi ma'i rgyud) で、先の三つのタントラの内容が統合、要約されている (テリー 1993：133-134)。

2 あらゆる生きものを、その生き方の相違によって四つに分類して言う。動物を発生様式によって四つに分類することはアーユルヴェーダにも見られるが、仏教及びチベット医学の四生説は業思想と結びついており、それが特に顕著なのは化生があることである。これは過去の自己の業によって生まれたもので、拠り所なくして忽然として生まれた変化生を意味している。四生は、①湿生は湿気のなかから生まれるものであり、例えば、ボウフラや虫などである。②卵生は卵から生まれるもの、鳥などである。③胎生は母胎から生まれるもの、人間や獣などである。④化生は天人、餓鬼や地獄の衆生などである。人間は胎生で、餓鬼には胎生のものと化生のものとがあり、天人 (神々) と地獄の衆生とは化生であり、畜生には胎生のものと卵生のものと湿生のものとがある。中有の状態に入るのも化生である (テリー 1993：159)。

3 五元素とは、地、水、火、風、空である。地は基底を形成し、水はそれを湿らせる。火は熱を生み、膨張させる。風は成長を助ける運動を引き起こし、

空は成長のための空間を与える。

4 「馬障」は、馬の障害、馬からの穢れの意味である。

5 チベット語で「ディブ（grib）」と呼ばれる穢れであり、中央チベット・ラサで人類学的調査を行った村上（2016：79）が「物理的なものだけではなく、悪意や罪悪感など精神的な汚れをも内包した幅広い概念であり、日本語の『穢れ』という言葉がほぼぴったり合うと思われる」と述べており、やはり筆者の調査地域と同じく、チベット・アムド地域において人類学的調査を行った別所（2018：75）によると、「村社会の文脈では、ディブ（原文でデプ）は、墓のほかに事故や災害で死人が出た場所にも残るとされる。」「他人の衣服を着る、人間や動物の死体に近づいたり触ったりする、気の合わない人と会う、人ごみの雑踏のなかに長時間いる、産後の妊婦に近づく、豚肉やニンニクなどの『汚れ』食事をする……。これらすべての事柄が『穢れ』に繋がるとされ、できるだけ避けるのがよいと考えられている。どうしても避けられない場合は、護符などを携えるか、接触後にお香を焚いたりするなどして身体を浄める必要がある」（村上 2016：79）。

6 この習俗は中央チベット・ラサでも普遍的な妊娠・出産に関する習俗であり、ラサにおいて人類学的に調査を行った村上（村上 2016：96）によると、母胎内で子供が男の子として成長していても、何かのきっかけで女の子に変わってしまうことがよくあるのだ。そして生前だけでなく、生まれた後でも性が変わってしまうことがある。男の子を産んだ女性に対して別の女性がひどい嫉妬や恨みを抱いたとすると、その子が突然女の子になってしまうことがあるという。つまりは妬みの呪いで子供の性が変わってしまう。（友人による）「うちの嫁は、妊娠中に腐ったものを食べたようで、それでひどく腹をこわした。それで娘は男のような性格になったんだ」というような事例についての記録があった。

7 パスプンは、西チベットの方言であり、「同じ神格を集団の神（パスラー）として祀り、カンパを超えて形成され、重要な社会的役割を担う集団がパスプンである」（山田 2009：63）。カンパの解説は「日本の『イエ』の観念にとても近いものであるということができる」（山田 2009：57）。

8 ツォンカパとは、チベット仏教ゲルク派の開祖である。青海省のツォンカ山の地に生まれたのでこのように通称され、〈宗略巴〉と漢音訳される。名はロサン・タクペーペルである。

9 ツァンパとは、主に大麦の変種である裸麦の種子を脱穀し、乾煎りしてから、粉にした食品である。

10 ムカは「人の口」を、カルトクは「口の毒」を意味し、「嫉妬や妬みから生まれる風評の怨霊のようなもので、チベット文化圏で最も広範かつ身近に存在する悪霊の一種である。このムカ（原文でミカ）祓いの儀軌は、歴史的には、仏教がチベットに導入される以前の民間信仰、もしくは悪霊祓

いをその活動の一つの柱としていた古代ボン教（原文でポン教）——ボン教を発展段階により三種類に分類する初期をドゥルポン（芽がでたばかりのボン）や、中期をキャルポン（方向を転じたボン）といい、これら二つのボンは、仏教に同化された新ボン教であるギュルポン（変形されたボン）と区別され、古代ボン教とされる——の流れを汲むものと考えられる」（村上 2013：91-92）。また、「口語では噂やゴシップといった程度の意味になる。しかしながら噂という行為は、人間が他人を羨望し、妬み、怨み、呪詛のある言葉を吐き広めるものとの認識から、ムカ（ミカ）は悪霊の仕業であるばかりでなく、霊そのものであるとさえ感得されている。ムカ（ミカ）の呪いの対象となるのはおのず、rgyu yod pa（富のある者）、rnam pa yod pa（美しいの者）、dbang cha yod pa（権力のある者）などになるが、逆に社会的・経済的に落伍した者・批難・侮蔑の対象となる者などに対しても、世間は『噂する』ことから、ムカ（ミカ）の餌食となると考えられている」（村上 2013：93）。

11 漢語ではない理由について、地方の村人は、文化大革命という漢語の言葉を使わず、チベット語訳の言葉であるルニサルジチェンモを使っていた。その影響で、漢語でなくチベット語で名をつけたのである。

12 チベットの年齢の数え方は、生まれた年も入れて 1 歳と数える。例えば、年末の 12 月に生まれた場合、翌年の 1 月に入ると 2 歳と数える。

第六章　死をめぐる儀礼的実践と観念

はじめに

　人間は死すべき存在である。人間の文化的営みのなかで、死にどのような意味が与えられ、そしてどのようにしてその意味が表現されるのか、どのような社会においても死は意義深い問題であろう。現代のチベット族の社会においては、「来世・良き転生のために生きている」と人々が言うほど死はとりわけ際立った重要性をもっており、死はものごとの終わりではなく、むしろ身体とナムシェが分離する点であり、生のさまざまなプロセスを引き起こす契機として位置付けられている。

　ここで問題にしている死は、実は厳密な意味で生きている人間の経験たりえないものであり、体験によって語りえないものを語るという人間の想像力の領域に属するものであると既に内堀が論述している。我々が語りうるのは厳密に言えば他者の死のみであり、せいぜいのところ他者の死に投影された自己の来たるべき死の予期が特定文化においてどのような現象形態をとるかということにすぎない。このことは死の人類学の現在における限界でもあるが、しかし一面では「死」というものの実相でもある（内堀 1986：1-27）。そういう意味で、本章では青海省チベット族の村社会の死に関する事例を通じて、チベット文化が死という問題に与える解答のあり方及び死に対する観念について述べたい。

第1節　青海省チベット族の死者儀礼の構造と観念

　一般に死という問題には二つの異なった位相がある。一つは死をめぐる観念（他界観）の領域であり、もう一つは具体的に死に対処する場である儀礼の領域である。この二つの領域はどのような社会であれ、共に存在するであろうが、どちらの領域が強調されるかは社会によって異なるように思える（山下 1988：157）。チベット族の死の風景を特徴付けるのは、形式的儀礼ではなく、彼らの死を際立ったものにしているのはナムシェの再生という観念である。

　チベット族の死者儀礼の現場には、四種類の聖職者が存在している。それらは、死者のナムシェを再生する為に読経する枕ラマとアチョ、僧侶（又は在家のホウン）、残る生者を安寧するジホン[1]である。彼らの読経の力によって、死者儀礼の進行を可能にする。

「チベット族の葬儀を行う目的は、死者に対して死後世界での行方について指導し、死者が速やかに死後世界を経過して転生させることである」（陈庆英・陈立健 2013：25）。

　青海省チベット族の村社会では、人が亡くなるとは、単に身体とナムシェが離れただけであり、この世を彷徨うナムシェは自分が死んでいると自覚しないまま、この世でまだ生きていると信じていると考えられている。また、村人によると、死者の家族や親族が泣いている時、死者のナムシェは遺族の姿を見ることができ、話をかけている可能性がある。その場合、遺族にとって死者の語りかけは不可視のものであるので生者と死者の間に不幸なことが発生する可能性もあると考えており、以下の図6-1で示すように、儀礼行為を中心とする宗教的行為によって、できるだけ早く死者がこの世に残る遺族の元を離れ人間など善趣に転生することができると信じている。

　青海省チベット族の村社会においては、図6-1中の枕ラマ、アチョ、僧侶（又は在家のホウン）とジホンが存在しなければ、死者儀礼を遂行することができない。それぞれの役割は本章の第5節で述べるが、

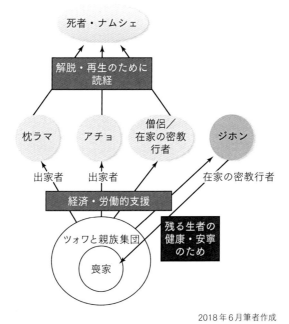

2018年6月筆者作成
図6-1　青海省チベット族の死者儀礼の構造図式

死者のナムシェがすぐにこの世及び残る生者と離れ、人間に転生するために枕ラマ、アチョと僧侶（又は在家のホウン）たちが役割を果たしている。遺族はバルド（中有）に彷徨っているナムシェに対して食物などを直ちに渡すことができないため、聖職者である枕ラマ、アチョと僧侶（又は在家のホウン）たちが読経の力によって届けることができるようになると村人は考えている。そして、残る生者の安全を守る役割はジホンが果たしている。

第六章　死をめぐる儀礼的実践と観念　145

第2節　葬儀の準備作業

　チベット族の村社会においては、死者が出るまで葬儀の準備として、S村の70代の年配者（ボン教の在家のホウン）が話した内容は以下の通りである。「伝統的に村では、家族に死者が出る前に、年配者（ほぼ70代頃から）は葬儀のための物質的・経済的な準備をしている。」例えば、一つの世帯で生活しているある死者の息子は、両親が他界するまでに、葬儀にかかる物質的準備ができないと、周りの村人に生涯の恥として笑われる。その死者の息子も、恩が深い死者の遺体も片づけられないと、生涯の汚点だと考える。一方、津曲（2016：10）が「チベット仏教徒が死を迎えるにあたって重視するいくつかの項目がある。即ち、死の瞬間に明晰な意識を保つために痛苦の管理しておくこと、慈悲に満ちた穏やかな心で死を迎えること、家族や法友に囲繞されること、信仰を保ち、生死の連続性と死後の再生について意識することなどである」と指摘したように、ほとんどの年配者は、亡くなるまでに巡拝や読経などによって、ゲワ及びツォサクをする。青海省チベット族の葬儀への準備作業は、三種類に分けられ、①宗教的な祈願儀式及び祝祭、②経済・物質的準備、③死者となる人の心の準備である。

2.1　宗教的な祈願儀式及び祝祭の実相

　まず、宗教的祈願儀式及び祝祭については、男女を問わず80歳（現在、財力がある家庭は70歳頃に祝祭儀式を行う例もある）になると、その家庭の財力に応じた祝祭儀式を行う。豊かな家は村の各家に通知し、村が属する寺院の僧侶を数人招いて法要を執り行う。また村の年配者たちを招待して料理でもてなし、男性年配者たちにお酒をふるまう。このような祝祭を行う時、「誰かの家で吉事の際には、必ず近所の家やツォワの人々に通知しなければならないのであり、一方、もし不幸な出来事が起こった場合、通知しなくても自発的に手伝いに来てく

れる」と村人によく言われる。貧困世帯の場合、80歳の老人に対する祝祭を盛大に行うことが困難であるため、親戚及び所属しているツォワの人々が集まって御祝いし、寺院から少人数の僧侶を招くことしかできない。2014年の時点で、青海省チベット族の村において、各僧侶に1日ほぼ100元のお布施するのが一般的であったが、S村の村人の話によると、現在（2014年）は、僧侶一人当たりの1日のお布施は、50～60元あまりになっている。1980、90年代頃は5元であったので、10元、20元、30元、40元と徐々に高くなってきた。

　この祝祭の日時は、活仏や僧侶などの宗教者が縁起のよい日を占って決定する。どのような経を唱えるのかについてもほとんど活仏が占術によって決める。縁起のよい日を決めた後、寺院のゲルケ（dge bskos）に報告し、読経する僧侶たちを派遣してもらう。

　この祝祭の名はスンギ（gson dge, 生・利他）或はスンチ（gson chos, 生・法）と呼ぶが、スン（gson）は現世の意味を表し、ギ（dge）・チ（chos）は利他の意味を表している。人が亡くなり再生するまでの間に読経することで来世にはより良く生まれ変わるのと同じように、老人に対しても宗教的な祈願儀式・祝祭を行えば効果があるであろうとS村の村人は考えている。これに関する聞き取りを下述する。

　S村の年配者（73歳、ボン教のホウン）によると、「1958年から共産党によって宗教活動が禁止されたため、日常生活はもちろん、自分の父が亡くなった時でさえ、ナムシェの再生のために読経する僧侶がいなかった。しかし、1980年代に宗教回復運動の政策が執行されてから、宗教活動は再び自由になり、寺院も再建し、様々な宗教活動を行っていた。80歳の祝祭も頻繁に行われるようになった。年配者が存命中に、ゲワを積む祝祭を行ったり、活仏や僧侶に供物をお布施したりするようになった。また、80歳の祝祭の時、ツォワの人々や村人にご馳走をふるまったり、三宝と高僧ラマを敬ったりすることで、死を控えた年配者は、ゲワを積むことができたと思い喜ぶことができた。ゲワを沢山積むことでバルド・死後世界の道も順調であると認識され

第六章　死をめぐる儀礼的実践と観念　147

るため、存命中に、スンギを行なうことがなによりである」と語って
くれた。

2.2 物質的準備

　青海省チベット族の村社会では、死者が出る前に、あらかじめ葬儀
のための物質的・経済的な準備をしておく伝統がある。70 代の年配
者 (ボン教のホウン) によると、「S 村の場合、ほとんどの家は葬儀に
必要な物を準備している。伝統的に必要とされるのは、磚茶 [2]、白い
布、赤い布、赤黒の布、食材として使用する小麦粉、ハダカムギ、油、
バターなどである。また、アチョ [3] とジホン [4] 二人に捧げるゾラ (bzo
la) [5] が一つずつ、焚き木などを用意し、遺体を安置する部屋、弔問者
を招待する部屋など考慮しておく必要がある。」

　70 代の年配者 (ボン教徒のホウン) によると、「バターをおよそ 60
～ 70 キログラムあまり準備する必要がある。白い布と赤い布、赤黒
の布、以前は磚茶をたくさん準備する必要があったが、今ではツォワ
内の人々、村人及び弔問者が慰問品として持参してくれるから、磚茶
をそれほど準備しなくても良い。油、小麦粉、ハダカムギ、焚き木など
は欠かせないので必ず準備しておく必要がある」と語ってくれた。

　それらの準備の中で、特に磚茶が必要な理由は、葬送式に参列した
村人や村外にいる親戚一同に葬送の謝礼として贈るためである。白い
布も葬送の謝礼として使用する。現在では貧富の差によって家ごとに
異なる場合があるが、伝統的には貧困な家庭であれば、葬送に来た一
人一人に対して、磚茶を細かく砕いて、それを 1 つ碗の量で計って白
い布 (長さ：1 尺) に包んで葬送の謝礼にする。

　コリ [6] の素材である小麦粉も準備しておく必要がある。死者が出た
場合、葬儀の 1 日目にツォワの女性や親族の女性たちが速やかに隣
近所の家のカマドを借りてコリをつくる。そのコリも葬送の謝礼と
する。

　赤い布と赤黒の布が必要な理由は、死者に対してカルチ [7] (skar

chos）を唱える際に、僧侶たちがその赤い布と赤黒の布を使用するためである。僧侶たちは七日間にわたってカルチを唱えに来る必要があるが、現在僧侶の数が少ない原因と謝礼が高いため、七日間にわたってカルチを唱える例は少ない。その葬儀中の読経をチベット語でデンバ[8]（bdun ba）とも呼び、葬儀の1日目に7人の僧侶が読経しに来る。僧侶一人当たりに七つの赤い布或は赤黒の布を捧げ、全部で49の布を捧げる。僧侶は死者に布を渡すことができると考えられているため、バルド（bar do, 中有）[9]にいる49日の間、死者のナムシェが寒くならないように死者のための服を僧侶たちに捧げるのである。

2.3 功徳を基にする心の準備

　死にゆく人の心の準備の内容は、チベットの宗教と深く結びついている。若者であっても死後に再生・転生することを信じている。民間の諺では「誕生に前後の順番があるが、死には前後の順番がない」と言われている。この諺のように、いつ死が訪れるのかわからないため、年配の人たちはあの世へ旅立つ準備をする。チベット仏教の経典の中に、死を迎える際に役に立つのはダルマ（chos, 法）しかないと記載されているように、チベット族の場合、宗教者であれ、俗人であれ、誰もが死を迎える際に、読経を中心にした宗教的儀礼を行うのが死の風景の特徴である。

　S村でも、特に、年配者たちはいつでも数珠を手に持ち、六字真言を数えながら唱えて、日々の生活を営んでいる。ボン教徒たちは、ボン教のタントラを唱えている。

　功徳を基にする心の準備に関する事例は、第二章の第2節で述べた日常生活の空間の内容の通りであり、チベット仏教のタントラやボン教徒はボン教のタントラを唱えている。

第六章　死をめぐる儀礼的実践と観念　　**149**

第3節　葬儀のプロセス

　青海省におけるチベット族の村レベルの葬儀は、自民族の伝統文化及び伝統制度に基づいて行われる。

　a．死亡当日、即座に死者儀礼の準備をする。速やかに村の内外に住む親族に通知し、ツォワ内の人々が自主的に喪家を訪れる。ツォワあるいは親族の中の一人が喪家を代表して葬儀全体の責任を担う。その責任者の指示に従って、二人がゲルク派の寺院に僧侶たちを招きに行く。喪家がボン教徒であれば直ぐボン教のホウンを招来しに行く。親戚の女性あるいは隣近所、ツォワ内の女性たちがチベット式のパンや、料理の準備をする。葬儀の最中に食材として使用するため、一部の人は適当な量の大麦や小麦、アブラナを街の店に運び、街にある製粉機で製粉し、一部の人は街に買い物に行く。ツォワ内の男性たちは喪家の外かスペースがある所に大カマドを造る。他の人は弔問者や僧侶たちの部屋の準備をする。

2016年3月D村で筆者撮影

写真6-1　ツォワの女性が料理を準備する様子

ｂ．S村の各世帯では、出家者の身分にあるアチョと在家のホウン
　一人ずつが、死者と遺族を見守るため、常駐する。死亡当日に、ゲ
　ルク派の寺院からアチョを招き『解脱経』を読経してもらい（午後
　か夕方に死亡した場合、翌日になることもある）、ジホンを招いて
　喪家の平安・健康などを見守るために読経してもらう。この二人
　の聖職者は、葬儀が終わるまで、毎日喪家で読経する。

ｃ．二日目に、僧侶或いはホウンたち（アチョを除く）が喪家に来
　て読経する。ゲルク派の僧侶はカンル（kun rig,『普明大日如来
　経』）という経を読経し、ボン教とニンマ派のホウンたちはシト
　ウ（zhi khro, 寂静憤怒）[10]という経を読経する。

　　　二日目から弔問客が次々と訪ねてくる。弔問者はまずマルニ
　（弔問品）を受け付け係に渡し、受け付け係が詳細に記入する。そ
　の後、食事をふるまう。弔問者は遺体場所を訪ねたり、遺体に対
　して礼拝したり、見たりするなど一切せず、失礼にならないよう
　に、モラム（smon lam, 祈願経）を唱える。

ｄ．二日目に、責任者によって派遣された一人か二人が村に属する
　寺院のラマあるいは居住地域にいる高僧ラマの所へ行き、死亡に
　ついて報告し、葬送の日の前に、一度喪家に来てもらい、「ポワ」
　（'pho ba）[11]を行ってもらう。そのラマに亡くなった日や時間な
　ど細かく報告し、死亡日が吉日か凶日かを占ってもらう。もし、
　凶日であった場合、死者に対するカルチ（skar chos）が多くなる。
　高僧ラマに決めてもらったすべてのカルチを遂行しなければ、死
　者が家族や親族の成員を誘引する恐れがあると考えられている。
　葬送の日もその時のラマの占いによって決定する。他に、葬送の
　日をツィスパ（rtsis pa, 占い師）の占星術によって決定する喪家
　もある。

　　年配者の中で、遺言として自分が亡くなったら、××（名前）ラ
　マを枕ラマとして招来して欲しいと家族に言う年配者もおり、そ
　の場合には、希望通りにその枕ラマを喪家に招いて、「ポワ」を

第六章　死をめぐる儀礼的実践と観念　**151**

行ってもらう。

　枕ラマは最初に、モラムを唱えた後で、「ポワ」の儀式を行う。「ポワ」の儀式を行う際に、遺族全員と、死者と親族関係を持つ人たちが枕ラマの下手で礼拝して、静かに「ポワ」の儀式に参加する。この時死者のナムシェも家族と一緒に枕ラマの「ポワ」の儀式をしっかりと聞いている。修行を修めた高い能力を持つラマであれば、ナムシェを見ることができると村人は語っており、「ポワ」の儀式の中で「プッ、プッ、プッ」と大声で唱え、そのプッという大声によって、ナムシェをデワチェン（bde ba can, 極楽）に導いてくれると村人は語ってくれた。

e．二日目以降、多数の高僧ラマに家族（親族の一員）が死亡したことについて報告をしに行く。これをチベット語でンゴシ（bsngo zhu）と呼び、チベット仏教書の解説では「ンゴシには、二つの意味がある。一つ目は、病人であれば、病人に関わるものを高僧ラマや寺院などに捧げ、病を治すようにとの祈願ンゴシであり、二つ目は、死者であれば、死者の両親、兄弟、親戚、家族、子供などが死者の持物を高僧ラマや寺院に捧げ、早めにより良い人間・デワチェンに生まれ変われるようにとのンゴシである」（dung dkar blo bzang 'phrin las 2009:780–781）。

　責任者の指示に従って、普通は二人組みで村レベルや地域レベルなどの寺院に居住している多数の高僧ラマに報告しに行く。家計事情によって異なるが、事例D（本章の第4節を参照）の場合は、20人のラマに報告したという。報告しに行く際、磚茶一つ、カター[12]を一枚、100元をラマに供物として捧げる。現在では、ラマのところへ早めに行けない場合には、携帯電話を用いて知り合いからラマへ速やかに報告してもらうこともある。さらに現在では、国外のダライ・ラマを含む高位の活仏にまでも知り合いを通じて報告する例もあった。ラマに報告する際に、単に供物を捧げるだけではなく、死者の名前、性別、年齢、どのように亡くなった

のか、死亡日時などを報告し、死者が早めに人間に生まれ変われるように、また、バルドという中有で恐怖に陥らないように、修行を修めたラマに祈願を依頼する。

　事例E（本章の第4節を参照）の場合には、二人組みとともに筆者を含めた三人で一日の中で異なる寺院に居住する三人のラマに報告に行った。報告する際、最初に、ラマに向かって五体投地で礼拝し、そのあと、一人が供物を捧げながら、「××の村××のツォワ内の××家の90歳の男が××日の××時頃に亡くなりました。故人がバルドで恐怖に陥らないよう、また早めにより良い人間に生まれ変われるように××ラマのお世話に頼るしかありません、喪家の代わりにお願いします」と語った。

表6-1　ンゴシの報告原文

チベット語の原文
’di phyi gtan gyi skyabs gnas bslu med　××　rin po cher. tshe las ’das pa　××　ched du. 　bsngo zhu’i rten lha reg dang, dngul sgor, bcas ’bul lam zhus pa lags na, de nyid kyis gtsos ma gyur sems can tshe las ’das tshad rnams nas tshe rabs ’khor ba thog med nas da bar bsags pa’i sdig ltung thams cad byang zhing dag nas mngon mtho’i rten bzang rim brgyud kyi sku bzhi’i go ’phang myur du thob pa’i thugs smon skyabs ’jug brtse ba’i gzigs pa mkhyen, mkhyen, zhes gsol ba ’debs pa lags.
日本語の訳文
現来世の救世主である　××　ラマへ 亡くなった　××　のため 　高僧ラマにこれらの緞子や現金などを捧げる。そのお陰で故人たちが、生前において重ねたすべての罪悪を無くし、円滑に善趣の道を通り、四身[13]の地位に至るため、すべての死者のナムシェを温かくご指導くださるよう、心からお祈りする。
高僧ラマにンゴシを報告際に使う原文、民間ではあまり使われない

出所：『藏族喪葬習俗』（チベット語）により筆者作成

　ｆ．三日目及び葬送の前日までに、ほとんどカルチを完成させ、葬

送の準備をする。しかし、一週間あまり遺体を安置する喪家も存在するため、そのような場合、少なくとも、葬儀が終わる日のツァカル（tshar skar）まで僧侶（又はホウン）に読経してもらう必要がある。葬送までの期間中、読経の声を絶やさないようにするため、僧侶を招いて読経してもらう。また、幾つかの携帯用のマニ車[14]を昼は勿論、夜も親戚の皆が交代で止めずに回し続ける。

　　換言すると、チベット族の葬儀において、読経が重要であり、読経によって、死者と生者を安寧にすることができる。喪家の雰囲気は宗教者による読経の声で生き生きしているのではないかと筆者に感じられた。

　　一例として、事例A（本章の第4節を参照）の場合、遺体を安置する部屋の前に、6人の年配の女性が携帯用のマニ車を回しながら、「オンマニパメフム（om ma ni pad me hum）」という観音菩薩のマントラを唱えていた。話によると、夜も親戚が皆4人ずつ交代で、朝まで絶やさずに回し続けたと語った。

　　聞き取りによると、事例DとE（本章の第4節を参照）の場合も、葬儀が終わるまで昼も夜も携帯用のマニ車を絶やさずに回し続けていた。

g．カルチを完了した後、葬送式を行なう。廖東凡（1991：372）によれば「チベット族の鳥葬は一般的に夜明けの光が出る頃に挙行する」というように、青海省チベット族の村社会でも一般的には光の出とともに挙行するが、葬式場が県外や遠方にある場合、夕方及び夜中に喪家を出る例もある。

事例A（本章の第4節を参照）の場合、葬式場が県外であったため、深夜0時に喪家を出て、朝の7時頃に火葬を行った。

事例B（本章の第4節を参照）の場合、村の鳥葬場であったため、朝の6時に喪家を出て、7時頃に鳥葬を行った。

事例C（本章の第4節を参照）の場合、県立火葬場であったため、16時に喪家を出て、夜の20時頃に火葬を行った。

事例D（本章の第4節を参照）の場合、朝の6時に喪家を出て、7時頃に土葬を行った。

事例E（本章の第4節を参照）の場合、葬式場は州外であったため、深夜0時に喪家を出て、朝の7時頃に鳥葬を行った。

事例F（本章の第4節を参照）の場合、朝の6時に喪家を出て、7時頃に火葬を行った。

h．葬送が終わった日から三日をかけてニュンニ（本章の第8節の8.1を参照）を行なう。

i．その後、二十八宿の中の'grub skarに合うようにゾー（btsol skol, 洗浄水）を沸かし、遺族や親族の人々の身体を浄化する。

j．49日目のゴンシャク（dgong zhag）の日にアチョとジホンを遺族の家に招いて読経してもらい、親戚とツォワの人々は遺族の家に集まり、男性は髪を短く切り、髭を剃る。また、帽子につけている白い布を外す。女性は髪を梳かし、髪につけている白い布を外す。このような儀式でデン（mdun）[15]を完了する。この日をゴンシャクツァン（dgong zhag tshang）と呼ぶが、これは49日間の日々を満たしたという意味である。

第4節　事例から見た死者儀礼のありよう
——俗人と僧侶の死者儀礼の比較

「仏教思想では、人が亡くなっても、ナムシェは遺体から直ぐに離れるわけではなく、読経によって、済度する一定の期間が必要である。葬送式まで遺体を安置する三日間か四、五日間には、毎日、朝から夜まで僧侶を招いて読経させ、故人の霊を済度する」（丹珠昂奔 2013：544）というような仏教思想を強く持つチベット高原の人々は、葬儀を行なう時、49日間のバルド期間に彷徨っているナムシェを再生するため、アチョによって読経する。世俗の人々でも「オンマニペメフム」という六字真言・観音菩薩のタントラを絶やさないように唱える。ボン教徒はボン教のタントラを唱える。このように読経する理由とし

ては、「一般的に遺体の安置は三日間から五日間余りであり、この期間中、毎日宗教者を招いて読経してもらい、故人の霊を済度し早めにデワチェンに再生させるためである」（得栄・澤仁鄧珠 2001：810）。

　青海省チベット族の村においても、死者が出た場合、速やかに村に属する寺院或は近隣の寺院から僧侶を招いて葬儀が終わるまで読経させる。S村も例外ではないが、この村には、三宗派をそれぞれ信仰している信者が存在するため、葬儀の場面でも異なる僧侶／ホウン、読経の声、信者が見られる。

　以下に、世俗の人々の死者儀礼と出家者・僧侶の死者儀礼の事例を取り上げながら記述する。

4.1　俗人の死者儀礼

　青海省チベット族の村社会で、世帯の中で生活をし、生産活動に関わる在家の人々はジュクテンパ（'jig rten pa, 世間の人）もしくはムキャ（mi skya）と呼ばれており、筆者はこれを俗人と呼ぶ。以下、事例A～Eを取り上げながら記述する。

事例A（筆者の参与観察による）：

　2014年8月に、S村のある世帯のAさん（90代の女性、ニンマ派）が亡くなった。その世帯は、ラジャ・ツォワに所属する。亡くなった日から五日間にわたって遺体が安置され、二日目にゲルク派の寺院から7人の僧侶を読経に招いた。家の奥に位置するチョカンでゲルク派の僧侶たちがカンル経を読経した。家の真ん中の部屋で9人のニンマ派のホウンたちがシトウ（zhi khro, 寂静尊・憤怒尊）を読経していた。7人のゲルク派の僧侶たちは二日目から二日間にわたって読経し、ニンマ派のホウンたちが一日目に読経した。五日目の23時に葬送が行われた。葬送に来た人は親族とツォワ内の男性以外にも、地縁に基づく村の各家庭から少なくとも代表者として男性一人ずつが来ており、100人を超える人数が集まった。その中では、S村はボン教徒が占める世帯が多いため、ボン教徒の男性が多数であった。

事例Aはニンマ派に属する世帯であり、葬送式に参列したニンマ派とゲルク派の男性たちは家の真ん中の部屋にザンジョモラム（bzang sbyod smon lam）経を一斉に読経した。この時、ボン教徒の参列者たちは読経中の部屋に入らず、遺体を運ぶまで部屋の外で座ったまま待っていた。

　遺体を縛った経験がある親族や故人の子供たちが遺体をしっかりと縄で縛る。縛る時、足の組み方などはチベットの伝統的な規則に沿って、胡座をかいているように座らせ、手を合掌させる。合掌した両手の間にシュクパ（shug pa）という香木に使う西洋ネズの木の葉を入れ、全身の姿をお祈りしているように縛る。遺体を縛って直ぐ搬送車に乗せ葬場へ運んだ。参列者たちは村の下手或は喪家から約2kmの地点まで六字真言を一斉に大声で唱えながら（この時ボン教徒たちは唱えなかった）葬送した。葬法は火葬であり、場所は県内の火葬場ではなく、県外の同徳県のハンツ寺の火葬場であった。割と遠かったため、参列者たちは、村の下手までしか行けなかった。実際に葬式場まで行った人は親族のうち遺体処理経験者の10人であった。

表6-2　事例Aの葬儀の日程

日程	儀礼の内容	
1日目	部屋の準備（男性）、食物・調理（女性）	
2日目	主に読経	
3日目	主に読経	
4日目	主に読経	
5日目	葬送式（23時に）	
6日目		
7日目		ニュンニ
8日目	ゾー・洗浄水（熱湯で身体と家を浄化）	
49日目	ゴンシャク日	
1年目	一周忌（主に読経）	

第六章　死をめぐる儀礼的実践と観念　157

表6-3　事例Aの葬儀・読経者

	仏教		ボン教
	ゲルク派	ニンマ派	
枕ラマ		ニンマ派のラマ	——
アチョ	ゲルク派の僧侶		——
ジホン		ニンマ派のホウン	——
カルチ	カンル経	シトウ経	——
葬送式・参列者	bzang sbyod smon lam 経（祈願経）		読経しない

事例B（筆者の参与観察による）：

　2015年4月に、S村のある世帯のBさん（83歳の女性、ボン教徒）が亡くなった。この世帯は、ボンナン・ツォワに所属する。命日から4日間にわたって遺体は家に安置されていた。葬儀の一日目と二日目は、ボン教のホウン9人が集まりボン教のシトウ（zhi khro, 寂静尊・憤怒尊）を読経した。

　二日目にゲルク派の寺院から7人の僧侶を招き、カンルを読経した。また、喪家のチョカンでアチョが『解脱経』を唱えていた。真ん中の部屋でジホンがボン教のお経を唱えていた。葬法は鳥葬であり、喪家から3kmほど離れた東方の山上の平原がS村の鳥葬場で葬儀を行った。

　葬送式日の朝5時に各家から男性一人ずつが喪家に集まり、ボン教徒はボン教のモラムを唱え、仏教徒は仏教のモラムを唱えた。6時頃に喪家を出て、村の鳥葬場へ向かった。葬送に参列した人数は100人に達した。鳥葬場まで搬送する際、輦台で運んだ。2本の担ぎ棒の上に遺体を縛り4人で担いで運んだ。親族以外の村人は遺体担ぎに参加しない。親戚の人は約1分ごとに争うように交替して担ぎ、参列者たちが追いかけられないほどのスピードで進んだ。参列者たちは遺体を置いた場所まで行かず、鳥葬場の下手で休憩した。

　遺体を地上に降ろして、死者の子供と兄弟たちが遺体に対して告別の辞を述べた。死者の弟（70代、ボン教のホウン）によると、死者の弟は遺体に対して「葬儀を行い今日まであなた（死者）にカルチョを唱え

ました。まだ、少し残っているので、速やかに唱えます。あなたの枕ラマは××です。あなたのアチョは××です。バルド期間中、迷わず白き道（良い道、人間道を表す）に向かってください。家族や子供達は私に任せて、安心して、生まれ変わる世界（人間道）にお進み下さい。遺族などに危害をもたらさないでください。もし餓えたなら、アチョに鍋、ツァンパ、杓子などを捧げているので、アチョの所に行ってください」と告げた。夜明け前、告別の辞を述べ終えてから親族の3人が遺体を守り、他の参列者たちは轝台の2本の棒を持って喪家に戻った。家の門の近くの2カ所に、熱した黒い石と白い石をそれぞれに置いていた。石のところで一人が洗浄水としてチナァ（chu nag, 黒い水）とチカル（chu dkar, 白い水）を用意していた。参列者たちは最初に、チナァで手と顔を洗い、次に、チカルで手と顔を洗った。洗浄水は石の上に流すように洗った。その後、家に入るとき、家門のところに西洋ネズの葉・シュクパの煙が漂っていたため、そこから家門に入って、食事をとった。遺族は、参列者への謝礼として一人あたり大きなマントウ[16]一つと白い布で包んだ磚茶（写真6-2）を渡した。参列者は食事後に帰宅した。

　葬送日から、53人の俗人（女性が多数）がニュンニを行った。ニュンニ者への謝礼として60元とコリ（チベット式パン）を渡した。ニュ

2015年4月筆者撮影

写真6-2　マントウと磚茶の包み

第六章　死をめぐる儀礼的実践と観念　　**159**

ンニが終わった日に、ジホンが読経しながら、ゾー（btsol skol, 洗浄水）を沸かし、親戚やツォワ内の人々の体を清めた。そして、近所から借りていたものを浄水で清めた後に返品して、当日、葬儀が終了した。

表6-4　事例Bの葬儀の日程

日程	儀礼の内容	
1日目	部屋の準備（男性）、食物・調理（女性）	
2日目	主に読経	
3日目	主に読経	
4日目	葬送式	
5日目		ニュンニ
6日目	ゾー・洗浄水（熱湯で身体と家を清める）	
49日目	ゴンシャク日	
1年目	一周忌（主に読経）	

表6-5　事例Bの葬儀・読経者

	仏教		ボン教
	ゲルク派	ニャンマ派	
枕ラマ	ゲルク派のラマ	——	——
アチョ	ゲルク派の僧侶	——	——
ジホン		——	ボン教徒
カルチ	カンル経	——	シトウ経
葬送式・参列者	ボン教徒と仏教徒は、それぞれのところでそれぞれのモラムを死者に対して唱えた		

事例C（筆者が滞在した家の家長（40代）と女性（40代）に聞き取り、この事例の一部に実際に参加した）：

　2015年4月に、S村のある世帯のCさん（40代の女性、ボン教）が亡くなった。この世帯はヤニ・ツォワに所属する。亡くなったCさんの夫は、かつて村の書記をしていたが数年前に突然他界した。夫の死後彼女は再婚せずに一人暮らしを送ってきたが、昨年の冬から腎臓病を患い青海省病院に入院した。4月に家に戻ったその深夜に亡く

なった。

　翌朝早くから親戚一同とツォワの人々が自発的に集まり、一日目に、ボン教徒の 14 人のホウンがシトウ（zhi khro, 寂静憤怒）経を読経した。二日目と三日目もボン教徒が読経し、三日目にゲルク派の寺院からも 7 人の僧侶を招いてカンル（kun rig）を読経してもらった。アチョと枕ラマはゲルク派の僧侶と高僧ラマであり、ジホンはボン教徒であった。

　葬送の日の参列者たちは、ボン教徒とゲルク派の信者、ニンマ派の三宗派の信者が混在していた。葬送の際には、ゲルク派の信者とニンマ派の信者が仏教のモラムを唱え、ボン教徒たちも葬送日の朝から午後 4 時まで、死者に対してボン教のモラムを唱えた。昼過ぎに、親族やツォワ内の 40 人あまりの女性も喪家に来て、遺体が運び出されるまで、死者に対してモラムを一緒に大声で唱えた。しかし、女性は葬送に行く習慣がない。

　ボン教のモラムを唱えた女性たちの話によると、この死者はまだ若く、生前親切だったという印象が深い。そのため、村の女性たちは自発的に喪家で集まり、遺体を搬送する際に、ナムシェをうまく再生できるようとモラムを唱えて見送りしたと語った。

2015 年 4 月筆者撮影

写真 6-3　事例 C の葬送式の謝礼

第六章　死をめぐる儀礼的実践と観念　　**161**

表6-6　事例Cの葬儀の日程

日程	儀礼の内容	
1日目	部屋の準備（男性）、食物・料理（女性）	
2日目	主に読経	
3日目	主に読経	
4日目	葬送式（午後4時）	
5日目		ニュンニ
6日目		
7日目	ゾー・洗浄水（熱湯で身体と家を清める）	
49日目	ゴンシャク日	
1年目	一周忌（主に読経）	

表6-7　事例Cの葬儀・読経者

	仏教		ボン教
	ゲルク派	ニンマ派	
枕ラマ	ゲルクのラマ	——	——
アチョ	ゲルク僧侶	——	——
ジホン		——	ボン教徒
カルチ	カンル経	——	シトウ経
葬送式・参列者	bzang sbyod smon lam 経（祈願経）		祈願経

事例D（喪家の親戚二人と死者の長男の話による）：

　2015年1月、D村のD氏（83歳の男性、ゲルク派）が亡くなった。D氏の長男によると、「父は生前、私（長男）と弟（次男）に自分が亡くなったら土葬にして欲しいとの遺言を残した。土葬の場所も、父が実際に長男と次男を連れて行って場所を決めた」とのことだった。

　D氏（死者）と長男、次男の三人で三カ所の候補地を見に行った時、D氏は「三カ所のどこでも構わない。自分の死後、いずれの場所が良いのかは高僧ラマの占いによって決めてくれ」という遺言を残した。

●一つ目の候補地はD村の下手にあり、そこはD氏の父が埋葬されている墓の隣。

- 二つ目の候補地の地名はマルドン（dmar gdong）と呼び、村から1kmくらい離れており、村の対岸に位置している。D村にとっては、マルドン地区とムルドン山神は昔から今日に至るまで重要な地区・山神であった。
- 三つ目の候補地はマルドン地区に近く、東の方の谷間であり、谷間の日当たりの良い側から見ると、東方に当たり、墓の前に丘もあり、その丘の頂部でD死者に対してサン[17]（bsang）を焚き、タルチョを立てるにもピッタリであるため、決めた（日本語の「風水間取り」と中国語の「堪輿家」に相当）。

D氏は遺言として、親戚や長男、次男たちに以下の話を残していた。「亡くなったら鳥葬してはならない。私（D氏）は若いころ多くの鳥を殺したため、鳥が私の遺体を食べない可能性がある。そうなれば、お前たち（生者）に苦労をかける。火葬もしてはいけない。私（D氏）の身体に重い傷があるので、煙が立ち上ると良くない。お前たちに迷惑をかけない唯一の良い葬法は、土葬だから、そうして欲しい」。

死亡した日に、親戚の人々やツォワ内の人々は自発的に集まり、ツォワ内の40代の一人と親戚の40代の一人が葬儀全体の責任を担い、この二人の指示のもと、一人がアチョを招来しに、他の二人組みが村に所属するゲルク派寺院へ僧侶を招来しに行った。葬儀の一日目の午後から7人の僧侶が来て、カンル経を読経した。一人は喪家を代表して、常牧鎮地域の高僧ラマの元へ報告しに行き、死者に対するカルチや葬送の日時などを占ってもらった。

D村に所属するゲルク派寺院の高僧ラマは、D村の人々にとって、ツァウェイ・ラマ（rts b'i bla ma, 根元のラマ）である。このラマは20代の若いラマであるため、現在、青海省チベット族地域レベルの寺院・ディザ寺で仏教理論や哲学を勉強しながら修行している。この若いラマはD氏の枕ラマであった。葬儀の二日目の夜中に喪家に来て死者に対してモラムのみを唱えた。宗教者たちによると、修行のレベルがある程度になるまで、死者に対して、「ポワ」を行ってはいけない。

第六章　死をめぐる儀礼的実践と観念　　163

遺体は4日間喪家に安置され、葬儀が終わるまで親族が昼も夜も携帯マニ車を絶やさずに回し続けた。

　五日目の夜明けの6時に葬送式を行った。参列者人たちは5時に喪家に集まり、搬送するまで一時間ほどモラムを全員で唱えた。

　枕ラマが家族・死者の子供達の干支と死者の干支を基にチベット天文学・占術で調べ、長男と長男の嫁は搬送するときに、必ず隣の家か、外のどこかに隠れなければならなかった。つまり、葬送の日に、遺体に出会ってはいけないのである。

　この喪家は死者のナムシェを直ぐに再生するため、20人のラマに報告し、知り合いを通じて海外の高僧ダライ・ラマやアジャ・リンボチにも報告した。

表6-8　事例Dの葬儀の日程

日程	儀礼の内容	
1日目	部屋の準備（男性）、食物・料理（女性）、読経（僧侶）	
2日目	主に読経	
3日目	主に読経	
4日目	主に読経	
5日目	葬送式	
6日目		ニュンニ
7日目	ゾー・洗浄水（熱湯で身体と家を清める）	
49日目	ゴンシャク日	
1年目	一周忌（主に読経）	

事例E（筆者の参与観察による）：

　2015年4月、D村のE氏（81歳の男性、ゲルク派）が亡くなった。亡くなる前、二ヶ月間ほど病気を患っていた。亡くなった日に、親戚とツォワの人々が集まり、ツォワ内の40代の男性一人が葬儀全体の責任を担った。その責任者の指示通り、上述した事例と同じく、僧侶とアチョを招いたり、買い物をしたりした。

　この死者は亡くなる前に希望の枕ラマを指名したが、葬儀の際に希

望のラマが寺院にいなかったため、喪家はその希望のラマが戻るまで葬送式を行わなかった。遺体の保管のため、八日間一台扇風機をつけたまま遺体を安置し、毎日読経を行った。

葬儀の一日目の午後から三日間にわたってゲルク派の9人の僧侶に『カンル経』を読経してもらい、葬儀が終了するまで読経を絶やさないため、隣村の寺院からの5人の僧侶を招き、三日間をかけて読経してもらった。謝礼として、僧侶たちに一日当たり100元と、コリを捧げた。

アチョは60代の僧侶であり、葬儀が終わるまで毎日喪家に来て『解脱経』を読経した。葬儀の最終日に、アチョに1千元、鍋、杓子、碗、わずかな小麦、裸麦、米、コリ、ゾラ（bzo la）一つを捧げた。

弔問者たちは、二日目から現金や5kgくらいの小麦などを持って弔問しに来た。葬送式を行うまで、ほとんどの村人が弔問しに来た。

九日目の朝、葬送式が行われ、葬式場は州外・ゴロクチベット族自治州の鳥葬場であり、喪家から車で約6時間もかかるため、八日目の深夜0時半に出発した。参列者たちは23時に喪家に集まり、搬送するまでモラムを唱えた。遺体をしっかりと縛った後、すぐ搬送車に入れて出発した。その時、女性たちが死者の名を呼びながら大声で泣いていた。葬式場まで同行する12人は3台の車に乗車し、車も村の下手まで参列者たちと共にゆっくり並走した。参列者たちは、2kmくらいの距離を歩き、村の下手までモラムを唱えながら見送った。

葬送の人々は帰ってきてもそのまま喪家に入らない。家門の近くの2カ所に、黒い石と白い石が別々に置かれており、石のところに一人が洗浄水としてチナァ（chu nag, 黒い水）とチカル（chu dkar, 白い水）を用意していた。参列者たちは身体を清める意味で、順に洗浄水を石の上に流すように、先ずチナァで手と顔を洗い、その後、チカルで手と顔を洗った。その後、家に入るとき、家門のところに西洋ネズの葉・ジュクパの煙が漂っている中で門をくぐり、食事を摂る。葬送の謝礼を一人につき5元渡し、食事が終わった後に参列者たちは解散した。

第六章　死をめぐる儀礼的実践と観念　　**165**

表6-9　事例Eの葬儀の日程

日程	儀礼の内容	
1日目	部屋の準備（男性）、食物・料理（女性）、読経（僧侶）	
2日目	主に読経	
3日目	主に読経	
4日目	主に読経	
5日目	主に読経	
6日目	主に読経	
7日目	主に読経	
8日目	葬送式	
9日目		ニュンニ
10日目	ゾー・洗浄水（熱湯で身体と家を清める）	
49日目	ゴンシャク日	
1年目	一周忌（主に読経）	

4.2　僧侶の死者儀礼

　青海省チベット族の社会では、僧侶は通常タワ（grwa ba）もしくはアク（a khu）と呼ばれており、彼らは僧団としてのコミュニティを作っている。ゲルク派の僧侶は、出家して俗世を離れている。ほとんどゴンバ（dgon pa, 寺院）において一人暮らしで生活している。以下、聞き取り調査による事例Fについて記述する。

事例F（故人の弟子の話による）：

　2014年7月、D村に所属する寺院のF僧侶（93歳）が亡くなった。この僧侶は、1958年以降の政治社会的な混乱時期に還俗したが、人里離れた山や森の中で暮らし結婚しなかった。1980年代の宗教回復運動の時、寺院に戻り、出家者として再び僧侶の生活を営んできた。亡くなる日の3日前に、自分の死を悟ったので、弟子たちに自分の手鼓、金剛杵、金剛鈴を持って来させ、それらを手に持ちながら3日間ほど胡座及び結跏趺坐で瞑想に耽った。三日目の朝6時頃、いつもの朝よりも、大声でジャヘツンジョ（'jam dpal mtshan brjod）という経

を3回、所属する寺院の高僧和讃を3回、ムツェマ（dmigs brtse ma）を唱えながら、そのまま胡座で瞑目した[18]。亡くなる日の10日前から自主的に肉食も避け、亡くなった日に、弟子たちがすぐ親戚の家に通知し、弟子の2人は常牧鎮で有名な高僧ラマにトゥクダム（thugs dam）[19]のまま瞑目したと報告し、ラマの指示に従い遺体に触れなかった。そのまま四日間ほど置き、F僧侶（死者）が所属する寺院の弟子以外の僧侶たちがカンルを二日間にわたって唱えた。隣寺院からの僧侶たちにも読経してもらった。僧侶1人当たりに1日の謝礼として200元を捧げ、死者が所属する寺院に『菩提道次第論』を1冊、阿弥陀仏のタンカ[20]を一つ、現金1,000元、白い絨毯一枚を死者の遺品として寄贈した。

　葬儀に参加した弟子たちの中には、故人である師匠に対して金剛灌頂を授けることができる資格を持った僧がおらず、弟子以外の僧侶たちに毎日の夕方に灌頂してもらい、灌頂した僧侶一人一人にコリ二つとバター少しずつを寄贈した。枕ラマは寺院の2人の高僧ラマ[21]であり、喪家に来てモラムを唱えた。二人の高僧ラマそれぞれにかけ布団、白い絨毯、僧服、ツァンパ袋とツァンパ、数珠、鍋、碗、杓子、僧侶の長靴、現金3,000元ずつお布施し、故人の遺言通り、故人の手鼓、金剛杵、金剛鈴を若い高僧ラマに捧げた。そのほか寺院に居住する8人の高僧ラマに、死亡したことを報告し、バルド期間中のナムシェのよき再生を依頼し、高僧ラマごとに、磚茶一つ、白砂糖一袋、カター一枚、100元ずつお布施した。

　葬儀の四日目の朝、葬送式であったが、遺体はまだ胡座及び結跏趺坐でトゥクダムの姿勢を崩していなかった。弟子の一人が、葬送日の4時頃に、死者の下座で、お経をあげてから以下のように遺体に向かって話しかけた。

「お師匠様、今朝6時に葬送式を行うことになっています。どうかトゥクダムの姿勢を解いてください。参列者の村人は葬送にきており、葬法は火葬です。火葬場は寺院の火葬場です。どうか必ずトゥク

ダムの姿勢を解いてください」。

6時頃に、頭がたれ下がり、鼻水が出ていたため、弟子たちは安心し[22]、すぐ遺体を縛って納棺し、村人と弟子たちに背負われて火葬場に向かった。103人の参列者の村人が集まり、葬送の謝礼として一人当たり10元をふるまった。

街から招いた漢族の1人に600元を支払い、日の出とともに火葬炉に点火をしてもらった。

火葬炉には四つの入口があり、上から様々な素材やバター油を注いだ。重要な護摩の素材は12種類ある（表6-10）。9時頃に火葬を開始した。その際に、弟子以外の4人の僧侶に護摩儀軌の経を唱えてもらい、護摩儀軌の経を唱えながら火をつけた。その後、順番に護摩の素材も火葬炉に入れられ、火葬場に集まった親戚の50人ほどが火葬炉の下手で六字真言を唱えた。火葬炉は三日経つまで壊されなかった。

葬送日から三日間にわたってニュンニを守るため、村内外の人を含めて80人ほど集まった。ニュンニの謝礼としては、一人当たり100元を払った。

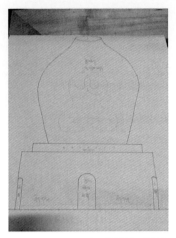

2014年7月事例Fの弟子作
写真6-4　火葬炉

2014年7月事例Fの弟子撮影
写真6-5　出現した珠

火葬の三日間後に、火葬炉を壊し、灰と骨を取り出すと、珍しく多数の珠（舎利）が出現した（写真6-5）。故人の弟子によると、珠（舎利）を拾うには、「金の箸でつまみ銀の椀に入れる必要があり、手で触れてはいけない」との言い伝えがあるとのことであった。金の箸がなかったため、銀の箸を用いて拾った。その後、血縁関係がない一人の男性を村から招き、その珠を粉砕にして粘土に混ぜたものを型に入れて粘土製の仏塔を作った。それをチベット語でツァツァ[23]という。

49日が経った後、弟子たちは20日間かけてツァツァを持ってポタラ宮や有名な寺院に安置・巡拝しに行った。

2015年7月に一周忌を迎えた際に、弟子たちが主催者であり、寺院の僧侶たちに読経をさせ、その日の食事の接待をし、一周忌が終わった後、死者に対する儀礼が終了した。

表6-10　事例Fの火葬に使用した素材

火葬に必要な12種類素材
①yab shing　②markhu（バター湯）　③til（ゴマ）　④'bras（米）　⑤zho rtsam（チーズと裸麦粉）　⑥ku sha（吉祥草）　⑦yungs kar（シロガラシ）　⑧so ba（莜麦）　⑨nas（裸麦）　⑩sran ma（豆）　⑪gro（小麦）　⑫khyad par　ba（躑躅）

2014年7月事例Fの弟子への聞き取りにより筆者作成

葬儀の費用として、事例Fの故人は生前8万元ほどを貯金していた。故人は生前D村のほとんどの家のアチョ聖職者であったため、村人が持ってきた弔問品は2万元に達していた。葬儀後に、故人の親戚4人と弟子たちが葬儀費用を計算し、4千元残っていたが、その現金を一周忌の読経に使用した。つまり、死者Fの財産は、すべて寺院や高僧ラマ、僧侶たちに捧げられた。

表6-11　事例Fの葬儀の日程

日程	儀礼の内容	
1日目	部屋の準備（俗人・親戚男性）、 食物・料理（俗人・親戚女性）、読経（僧侶）	
2日目	主に読経	
3日目	主に読経	
4日目	葬送式	
5日目		ニュンニ
6日目	ゾー・洗浄水（熱湯で身体と家を清める）	
49日目	ゴンシャク日	
1年目	一周忌（主に読経）	

4.3　俗人と僧侶の死者儀礼の比較

　青海省チベット族の社会における俗人の死者儀礼と僧侶の死者儀礼の間には大きな違いがない。あるとすれば僧侶の死者儀礼の場合、『解脱経』を読経するアチョが臨席しない。その理由は事例Fの弟子によると、「僧侶は生前、死後世界に関する経を多数唱えており、『解脱経』もよく唱えているので、アチョが葬儀に参加する必要がない」という。同じく、残る生者の安全の為に読経するジホンも臨席しない。遺体の処理にも違いがある。死んだ僧侶の遺体の処理方法は火葬だけに限られている。青海省チベット族の人々の間に伝わる伝承では、僧侶は利他業や修行をしているので、たとえ僧侶の遺体を火葬して出た煙が天上に昇っても神々に悪影響を与えないという。村人が僧侶の遺体の鳥葬に反対し、火葬すべきだと考えている。

　一方、俗人の死者儀礼の場合は、事例A～Eで示したように、死後世界で死者のナムシェを案内する聖職者である枕ラマとアチョの両者が臨席する。枕ラマとアチョは、必ず出家者であることが条件である。在家のホウンだと宗教儀礼の日以外の日常生活で、一般人と同じように具足会を守れていないため、死後世界でのナムシェを案内する権威がないとされている。一方、残る生者の安全のために読経するジホン

は必ず在家のホウンであることが必要とされている。しかし、D村のDとEの事例の場合、D村の各世帯は1950年代以前、S村と同じくジホンがいたが、ゲルク派の影響でホウンがいなくなったため、葬儀の時も、残る生者のために毎日読経はしないが、葬儀が終わる日にホウンが喪家を清める。

　死んだ僧侶の遺体の処理方法に比べ俗人の遺体の処理方法は、鳥葬、土葬、火葬など多様である。中で最も良いとされる方法は鳥葬であるが、最近、地域開発などによる環境破壊のせいで野鳥が減少したため、火葬が選ばれることが増えた。村人は事例Dのように特殊な事情でない限り、土葬をふさわしい処理方法とは思っていない。

　村人によると、火葬をする場合、地域レベルの寺院の火葬場を選ぶ例が多い。理由はそこで火葬を行うと、高僧たちがナムシェをよき来世に再生させるためのモラムを唱えてくれるからである。

第5節　生者と死者を安寧する聖職者とその役割

　上述の事例A、B、C、D、E、Fの共通点は、枕ラマとアチョの臨席であるが、事例D、E、F（ゲルク派の信者のみのD村）ではジホンが不在であった。事例Fは僧侶の死者儀礼である為、『解脱経』を読経するアチョは必要とされなかった。以下に、青海省チベット族の死者儀礼における枕ラマとアチョ、ジホンという聖職者たちの役割についてそれぞれ述べる。

5.1　枕ラマとその役割

　枕ラマは、主に死者に対して「ポワ」を実行する役割を果たしている。チベット仏教では理論上、高僧ラマや僧侶、ヨーガ（瑜伽）行者などの高名な修行者が遺体に対して「ポワ」を実行する前に、誰も遺体を素手で触ってはならず、遺体はそのまま安置しておく必要があるとされている。もし誰かが遺体に触れたら、触ったところから死者のナ

ムシェが出ていく。「腰より下の下半身に触れたら悪趣に、腰より上の上半身に触れたら善趣に生まれ変わるとの言い伝えがある。遺体からの魂の出口は9カ所ある」(rin chen 2008：2)。

　しかし、S村では、現在は「ポワ」を実行できる高僧ラマが少なくなったため、遺体が冷たくなってから処理し始め、枕の方にバターランプの火を絶やさずにつけて置く。通常は、人の枕元でバターランプをつけてはいけない。

　事例D、E、Fの場合、枕ラマが喪家に来て、死者に対して単にモラムを唱えただけで、「ポワ」を実行しなかった。まだ修行のレベルが低い若いラマ、及び1950年代に還俗させられたラマは、出家者としての戒律が破れているため、「ポワ」を実行できない。ミラレパ (mi la rus pa) [24] によると、「菩薩の初地にあたる見道位程度の修行者でなければ、遺体に対して「ポワ」を唱えることができない」(rdza dpal sprul 1998：552)。死者のナムシェに対して、「ポワ」が大切である理由は、死者のナムシェを三善趣に再生させること、即ち、よき死後世界へ導くためである。

　しかし、ボン教の僧侶の中には、自分の死後のため、「ポワ」を修行している宗教実践者もいた。「死んだ後にラマをどうやって見つける？見つかっても良いし、もしポワを学んでいれば、自分で自分を救うことができる。自分で力を発揮することができる。だから、生きている時に自分で学んでいれば、地獄に堕ちることはない。たとえ善行を積んでいなくても、ポワを学んでいれば大丈夫だ」(小西 2015e：265)。一方、青海省チベット族の村社会における仏教僧侶の中で、宗教者自身のため、「ポワ」を修行している宗教実践者は見られず、高僧ラマ以外に、死者の枕で「ポワ」を実行する例が見られない。例としては、事例D、Eの枕ラマである。事例D、Eの枕ラマは以上にも述べたように、20代の若いラマであり、現在、仏教理論の学習中であるため、「ポワ」を実行できず、死者に対して単にモラムを唱えただけであった。

枕ラマの主な役割を一言で言えば、ナムシェを遺体から離し、家族への執着から離させ、「ポワ」によってナムシェが三善趣のどちらかに転移、及び生まれ変わるようにすることである。

「ポワ」を実行した枕ラマへの謝礼は、事例Cの場合では、2,000元、一頭の牛、かけ布団、白い絨毯、僧侶服、ツァンパ袋とツァンパ、鍋、碗、杓子などであった。事例Fの場合、枕ラマは二人いて、一人一人にかけ布団、白い絨毯、僧侶服、ツァンパ袋とツァンパ、数珠、鍋、碗、杓子、僧侶の長靴、現金3,000元ずつを寄贈した。

　そのような謝礼を寄贈する理由は、聖職者の枕ラマは、死者がバルドで寒い思いをしている時に毛布・緞子を渡し、飢えている時に鍋、碗、杓子、ツァンパなどを渡すことができるからということである。

5.2　アチョとその役割

　アチョの主な役割は枕ラマの役割と異なり、『解脱経』を唱えることである。アチョは命日から49日の間、死者のナムシェがアチョ自身の周りにいるというような気持で、読経するという。

　S村においては、葬儀の最終日、屋上に短いタルチョ（dar lcog）[25]

2015年4月筆者撮影

写真6-6　事例B喪家の屋上のタルチョ

第六章　死をめぐる儀礼的実践と観念　　**173**

を立てる習慣がある。事例Bの最終日に、アチョが喪家に来て、タルチョに「rnam rgyal gzung chen」という仏教の呪文を印刷している旗に対して開眼を行ってから屋上に立てる。立てる向きは葬式場の方にする。49日の間そのまま屋上に置いておくのは、その家は喪家であると知らせるためである（写真6-6）。

ほとんどのアチョは高齢の僧侶であり、事例A、C、D、Eのアチョは70代のゲルク僧侶であった。しかし、若いアチョも少数見られ

2015年4月筆者撮影
写真6-7　事例Eのアチョ

る。事例BのアチョはJA30代のゲルク派の僧侶であった。村人によると、修行に熱心な僧侶であれば、若い僧侶でも死者のナムシェに役に立てるという（写真6-7）。

アチョへの謝礼としては、事例Bの場合、1,000元、新緞子、ツァンパ袋とツァンパ、鍋、碗、杓子、コリを捧げた。これらのものを捧げる理由としては、枕ラマも同じく、死者が中有にいて寒いときに、新緞子を渡す。死者が飢えているときに、鍋、碗、杓子、コリ、ツァンパを渡すという事ができる聖職者はアチョと枕ラマだけであるため、それらのものを揃えて捧げる。事例Dの場合は、2,000元、新緞子、ツァンパ袋とツァンパ、鍋、碗、杓子、コリを捧げたそうである。

5.3　ジホンとその役割

ジホンの主な役割は、葬儀を無事に終了させ、残る生者・喪家の健康、平安を祈祷するため読経を行うことであり、ジホンの身分は在家のホウンである。葬儀が終了するまで一貫して喪家に来て読経をして

2015年4月筆者撮影

写真6-8　ジホン（左は事例Bのジホン、右は謝礼を捧げる様子）

もらい、葬儀の最終日に沸かした洗浄水で遺族の身体、喪家を清める役割を果たしている。

　葬儀のみならず、日常生活の中でも、異変が発生した場合に、ジホンに報告したり、お正月などの時に挨拶に行く。

　ジホンへの謝礼としては、事例Bの場合には、1,000元、磚茶二つ、カター一枚、コリ二つ、ツァンパ袋とツァンパ、鍋、椀、杓子を捧げた（写真6-8）。

第6節　伝統集団に支えられる支援

　青海省チベット族の村においては、人が亡くなった場合、上述した事例A～Fのように、同じ村であれば通知しなくても、自発的にマルニ（弔問品）を持ってくる習俗がある。親族やツォワの成員であれば、葬儀の一日目から最終日まで、率先して手伝いに来る。血縁的関係を持たない地縁関係でつながる村人たちは自分なりにマルニを持ってくる。

　S村において、第三章で述べたように、多数のツォワが一つの村共

第六章　死をめぐる儀礼的実践と観念　　175

同体で共存しており、各ツォワによって葬儀、結婚式、祝祭儀式など
に対する支援の状況が異なっている。

　各ツォワの役員は二軒ずつ1年ごとに順番で持ち回る。その二軒の
主な役割は葬儀などを行うときに、各ツォワ内の家に現金・小麦・食
用油などをもらいに行くことである。

　青海省チベット族の村においては、葬儀において、酒を弔問品とし
て持って行く習慣が無く、結婚式や祝祭儀式などにおいて、酒とカ
ター、緞子、現金を持って行く習慣がある。

　血縁的関係を持たない村人でも、同じ村であれば、最低5kgの小麦
を弔問品として持ってくる習慣がある。事例Dの葬儀を行うときに、
村人が何をどのくらい喪家に持ってきたのか、以下の表6-12でまと
めている。この表6-12の中では、村人と、親戚及びツォワ内の人々か
らの支援が混在している。

表6-12　事例Dにおける村人による支援・慰問品の内容と量

（単位　元、kg、枚、頭）

慰問品の内容	量	慰問品の内容	量
現金	51,055元	食用油	150kg
バターランプ用のバター	50kg	人参果	7kg
バター	7kg	チーズ	7kg
小麦	5,424kg	羊肉	一頭半の肉
裸麦	402kg	緞子	1枚
米	40kg	小麦粉	335kg
カター	5枚	ツァンパ	10kg
磚茶	110枚	ヨーグルト	10kg
ミルク	90kg		

2015年3月筆者作成

　この表6-12で明らかなように、村人による支援・弔問品は多様で
あり、喪家を弔問する時に持参する物は、現金、バターランプ用のバ
ター、小麦、ツァンパ、カター、磚茶、ミルク、食用油、人参果、チーズ、

緞子、小麦粉、ヨーグルトなどである。

　上記とは異なり、僧侶が亡くなった時に村人が支援した弔問品の内容と量を、以下の表6-13として取り上げる。

表6-13　事例Fにおける村人による支援・慰問品の内容と量

（単位　元、kg、枚、個）

慰問品の内容	量	慰問品の内容	量
現金	14,815元	食用油	37kg
バターランプ用のバター	230kg	ミルク	60kg
小麦	1,141kg	緞子	2枚
裸麦	402kg	小麦粉	326kg
カター	102枚	ツァンパ	33kg
磚茶	220枚	ヨーグルト	40kg

2015年3月筆者作成

　この表6-13でわかるのは、僧侶が亡くなった時の弔問品の種類は村人の場合と同じことである。しかし、村人が僧侶の葬儀で支援した弔問品は、俗人の葬儀より量的に少ない。

　ニョンニ修行を行う際にも、村人は喪家に食料などの支援をする。特に寺院では、裸麦や菜種、小麦粉などを栽培していないため、僧侶の親戚たちが提供することとなる。ニョンニ修行の時、ツァンパや食用油、小麦粉などが主食の材料である。以下に事例Fのニョンニ修行のために支援したものを表6-14で表す。

表6-14　事例Fのニョンニ修行への支援品

（単位　元、kg、枚）

慰問品の内容	量	慰問品の内容	量
現金	103元	食用油	1kg
バターランプ用のバター	15kg	小麦粉	360kg
磚茶	1枚	ツァンパ	20kg

2015年3月筆者作成

第六章　死をめぐる儀礼的実践と観念　**177**

第7節　葬送式

　死者が出た場合、葬儀を執り行うリーダーが葬送日の決定のため一人又は二人組みを高僧ラマの元に派遣し、占いを依頼する。占う前に、ラマに死者の干支や亡くなった日時などの詳細を知らせ、ラマはそれを基にして占いによって葬送式の時間を決めなければならない。(占い用のテキストがある)

　青海省チベット族の葬送式においては、上述したように、「一般的に死体の安置は3～5日間程であり、この期間に、毎日僧侶を喪家に招いて読経させ、死者の霊を済度し早めにデワチェンに生まれ変わるようにするためである」(得栄・澤仁鄧珠 2001：810)。葬儀が終わるまで毎日6～7人の僧侶を招いて読経を行うことが必須であるが、家計の貧しい喪家は遺体の安置期間をできるだけ短くする場合もある。事例A～Fのところでも見られたように、一日の読経の謝礼として、僧侶一人当たり100元となっている。青海省チベット族の村にとっては、事例Eのように一週間安置していた事例は少数である。貧困家庭であれば、葬送式まで死者に対して読経すべきカルチを行い、三日間ほど喪家に安置して遺体を処理する。

　チベット族の葬儀関連の文献資料をみると、葬送式を朝(4、5、6または7時頃)に行なうのが全チベット地域のひとつの共通点である。事例A～Fの葬送式は朝[26]行われた。「一般に鳥葬は朝の7時頃行う。それは、チベット人にとって吉祥の時間である」(ガザンジェ 2015：134)。葬送式を行うに際して、葬法が火葬、あるいは土葬、水葬、鳥葬のいずれの場合であれ喪家あるいは村から遠く離れた場所で行われる。調査地の貴徳県において、特に火葬であれば、県外の有名な寺院の火葬場や州外の火葬場で行うのは通例である。その理由は、貴徳県では、寺院が運営する火葬場がなく、県外の寺院の火葬場で火葬するとたくさんの僧侶にモラムを唱えて貰えるからである。貴徳県政府が運営する火葬公社では読経儀式が行われず、数分間で燃やしてしまう

ため、県立の火葬場で火葬する例は非常に少ない。しかし、喪家の経済状態によって、県外の火葬場まで搬送できない場合、県立火葬場で火葬を行うことも少数ながら見られる。事例 B の火葬は県立の火葬場で行われた。一方、僧侶が亡くなると、寺院の隣に火葬する場所があり、そこで臨時の火葬炉を作って火葬を行い、終わった後に火葬炉を解体して骨を拾う。事例 F の火葬場は寺院から往復徒歩 30 分くらいのところであった。

事例Aの場合は、県外の寺院の火葬場まで車で5時間以上かかった。事例 E の場合は、州外の火葬場まで車で 6 時間以上かかった。鳥葬であっても、喪家から鳥葬場まで少なくとも徒歩で往復 2 時間かかる。青海省チベット族の同仁県の調査報告によると、「村から鳥葬場までの距離は遠い。シュンポンシ村の鳥葬場は、村から 3 時間ほど歩いていく山の上にある。海抜は約 4,000m あり、鳥葬場の長さは 5 × 4m 程である」(ガザンジェ 2015：134)。

遺体を喪家から運び出す前に、親戚や村人が集まって、死者に対してモラムを唱える。仏教信者は「オンマニパメフム」という観音菩薩のマントラを唱え、ボン教の喪家 (事例 C) では、ツォワの女性たちも死者に対してボン教のモラムを唱えた。

遺体を搬送するとき、僧侶は参列しないが、西チベット・ラダックでは、1984 年の写真を見ると、火葬場へ送る村人の葬列の先頭に幾人かの僧侶の姿も見える (山田 2009：66)。T. Sangyay によると、遺体が家から運び出される時、遺族の女性が裏戸口のところに立ち、絹布つきの矢と儀礼用スカーフ (カター) を持って、「幸運の取り戻し」という儀礼を行っている (長野 2009：116)。西チベット・ラダックの葬儀と中央チベットの葬儀には顕著な違いがあり、それは流行病などで亡くなった人や 8 歳未満 (12 歳未満との説もある) で亡くなった子供を除く、すべての遺体を焼くことである (M.Brauen 1982：319)という。

青海省チベット族の土葬場や鳥葬場は谷間にあるので、自動車では

第六章　死をめぐる儀礼的実践と観念　**179**

なく轝台で運ぶ。2本の担ぎ棒の上に遺体を縛って4人で担いで運ぶ。血縁関係のない村人が遺体を担ぐことはない。親戚の人は約1分ごとに争うように交替して担ぎ、他の村人が追いつけないほどのスピードで進む。喪家を出てからは遺体を地上に降ろしてはいけないとの言い伝えがあり、また葬式場に着くまで振り返ってはならないという。

　葬送式に参列した親戚以外の村人は、鳥葬や土葬の場に入らない。鳥葬と土葬の場合、親戚以外の村人は葬式場の下手まで来て、約10分間タバコを吸ったり、話したりしながら休憩する。親族が遺体を土葬場または鳥葬場で地面に置く時は、占いによって決められた方角と間違わないように気をつけて置く。その後、親戚の幾人かがその場に残り、他の人たちは喪家に戻る。葬式場に残った親戚たちは遺体の下手でツァスル[27] (tsh gsur) を焚く。

　ツァスルは葬式場だけで用いるのではなく、死亡した日から喪家の家門で火の上にツァンパをまぶしたものであり、それをチベット語でツァスルと呼ぶ。葬儀が終わるまで、毎日朝食と昼食、夕食を摂る前に、必ず家門でツァスルを焚く。それは、死者の霊魂に食事を与える意味がある。(写真6-9)。しかし、その場合、ツァスルの代わりに小麦粉を素材にしたサンを炊くことをしてはいけないという。出世の神様と世間の神様に対して祈る時にはサンを焚き、人の霊魂を祀る際にツァスルを焚く。

　S村のNJさん(ボン教徒、男性、70代)の話によると、高僧ラマに葬送式の日時を占ってもらい、日時を間違うと、異常・大変なことが起こる。

2015年4月筆者撮影

写真6-9　事例Eの家門のツァスル

二十八宿の胃星（dra nye）に死亡すると、死者にとってあまり良くない。これに関わる諺は、「縁起が悪い人は胃星の日に遭う（「遭う」というのは亡くなることを指す）」である。その場合に死者に対してたくさんのカルチを行わなければならない。昴星（sme drug）の日に死亡したら、親族集団の中で 6 人が亡くなる可能性がある（日本では、六曜の中の友引に相当）。この場合には、死者に向けてカルチを唱え、葬送式の時、5 体の草人形を作り、草人形 5 体と死者を合わせて 6 人と数えて、葬送式の日に必ず葬式場まで届ける。葬送式の日取りを必ず鬼星（'grub skar）の日に定める。一般に、土葬であれ鳥葬であれ、葬送式の前日、葬式場まで一人の僧侶を連れて行き、その僧侶が遺体を置く場所を決める。僧侶は、遺体を置く場所を決めてから遺体の頭の位置に白い石を置く。場所を決めてから葬送式が終わるまで一人か二人で場所を守る必要がある。

葬送式の日まで、毎日、僧侶たちが死者に対して灌頂を施す。もし、葬送式日までカルチの読経が終わらなかった場合、遺体の代わりに小さい木の板の上にバターをつけて、カルチを唱え終えるまで、遺体の代わりの木の板に灌頂する。唱えた後で、板についているバターを溶かして粘土と混ぜて、事例 F のところでも述べたように、仏塔の形のツァツァを作る。葬儀が終わると、そのツァツァを有名な寺院に安置しに行く。

幼児が亡くなった場合、幼くして死んだ子供に対しては通常の葬送儀礼を行わず、直ちに遺体を土中に埋めるか黄河などの大きな川に流す。

土葬する場合、葬送式の前日、在家のホウンの一人を土葬場まで招いて、墓の方向や場所などを決めなければならず、ラセンディジェチョーバ（lha srin sde brgyad kyi mchod pa）という八部衆の経を唱えて、その場所を土地神から墓の場所を借り受ける。

葬送式の前日に墓を掘る時には、ツォワ内の各家から男性が一人ずつが必ず手伝いに来てくれる。墓穴のサイズは横 1m ×縦 2m ×深さ

2m以上である（写真6-10）。終わった後、土葬が終わるまで、親戚の二人はその場所を見守る必要がある。死者と仲が悪かった人・生者と仲が悪い人が墓穴にものを入れたりすると、葬儀後、遺族の側に害が及ぶ恐れがあるという。墓を掘った後で、ツォワの男性たちは喪家へ戻って食事し、バターランプの点火の手伝いをしたりする（写真6-11, 写真6-12）。

高僧ラマがチベット占星術を用いて、家族と死者の息子（又は娘）の干支と死者の干支を基に、葬送日を決める時、事例Dのように残る生者の中には、参列することを許されない人もいる。そのような参列を許されていない人は遺体を搬送するときに、必ず隣の家か、外のどこかに隠れなければならなかった。つまり、こうした人は葬送の日に、死者に出会ってはいけないとされる。

葬送式に参列する人は、親戚やツォワ、村の男性のみであり、遺体を搬送する一時間前に、喪家に集まる。喪家で一時間ほど参列者全員がモラムを唱え（写真6-13）、搬送する時、遺体に触ったり輿台で運ぶことのできる人はほとんどが血縁関係者であり、一般の参列者は参列しているだけである。

葬送が終わった後、一度喪家の方に戻って、上述のように、白い水と黒い水で順に白い石と黒い石の上に流されるように身体を清めて喪家に入り（写真6-14）、食事をする。葬送の謝礼としては、5元とマントウなどである（写真6-3を参照）。その後参列者たちは解散し帰宅する。

2016年3月D村で筆者撮影
写真6-10　墓を掘る様子

2016年3月D村で筆者撮影
写真6-11　墓掘りの人たちが食事する様子

2016年3月D村で筆者撮影
写真6-12　バターランプ点け

2016年3月D村で筆者撮影
写真6-13　遺体を搬送する前の読経

2016年3月D村で筆者撮影
写真6-14　葬送後の清め

第8節　死者に対する親族の態度と感情

8.1　ナムシェの転生のために行うニュンニ

　ニュンニの由来については、最初、比丘尼のハァモ（dge slong ma dpal mo）がニュンニを行って涅槃に入ったことに由来し、その後、ニュンニで多くの神々が涅槃に入ったと仏教経典に記されている。ニュンニという語意について説明すると、ニュンニの「ニュン」という意味は断食すること、「死ぬ、殺す、怒る、叱る」などの悪言（日本でいう忌み言葉に相当）を言わないこと、善い行いのことだけを考えることを表している。「ニ」というのはありのままの状態を表している。

青海省チベット族の村では、葬儀の最後に、必ずニュンニが行われる。ツォワの女性たちは死者がデワチェンに生まれ変われるようにと誠意を込めてニュンニを行う。また、裕福な世帯が村の家々に頼んで、ニュンニを行ってもらう例も多数ある。

　ニュンニを行う日は葬儀の時だけではなく、日常生活において功徳を積むために行う人が多い。村人によると、普通の日にニュンニするよりも、特別な日にニュンニを行えば、さらに多くの功徳を積むことができると言われている。特別な日は、S村のJCさん（ボン教徒、男、70代）の話によると、8日、15日、30日であり、それらの日にニュンニをするとより多くの功徳を積むことができると語ってくれた。

　青海省チベット族の村では、ニュンニを葬送式の最終日から3日間をかけて行う。ニュンニの一日目の午前10時頃、ニュンニ者たちは喪家に集まり、昼食まで一緒に読経する。昼食は肉類を避け、ツァンパ、バター、チーズ、ヨーグルトなどを腹いっぱい食べる。

　事例Bの場合には、53人のニュンニ者が集まった。ニュンニをする人の内訳は親戚をはじめ、ツォワ内の各家から一人ずつ、ツォテンの各家から一人ずつであった。53人のうち男性は6人しかおらず、他は皆女性であった。ニュンニの一日目の10時頃に、喪家に集まり、昼食時まで、部屋の上手にバターランプをたくさんつけておき、それに向かって一緒に読経した（写真6-15）。12時頃、食事を摂った。食物は上に述べたように、ツァンパ、バター、チーズ、ヨーグルトであった。13時から読経したが、一部の人はそれぞれ

2015年4月筆者撮影

写真6-15　事例Bのニュンニ者

の仕事が忙しいので帰宅したまま、18時頃にふるまわれた茶を飲みに喪家に来ることもなかった。帰宅したニュンニ者は自宅で茶を飲んだ。話によると、茶を飲む理由はお腹が空かないようにするためである。13時から読経に参加した人たちは親戚や年配者だった。

　二日目、喪家に来て読経する人は親戚や年配者たちであり、三日目、午前3時頃、ニュンニをする人が喪家に来て読経し、親戚やツォワ内の人たちが食事を準備した。食物は小麦粉を焼いたものと油を混ぜて煮たもの、ツァンパ、バター、チーズなどであった。食事の前に、表6-15で示すように、聖水を口にしてから食事を摂った。食事が終わってすぐに読経が始まった。ニュンニをする人（ボン教、40代の女性）の話では、朝6時頃に解散したが、その日一日は寝てはいけないとのことであった。ニュンニ者たちに謝礼として、一人当たりコリ少しと、60元ずつが支払われた。

表6-15　事例Bのニュンニの日程

時間	一日目	
10時頃	喪家に集まり、読経する	立ちあがる時は必ず手のくぼみに一滴水を入れて、それを口にしてから立つ。一滴の水をチャウ <chab> と呼び、水の丁寧語で、聖水の意味を表す
12時頃	昼食	
13時頃	読経	
13時半頃	解散	
18時頃	喪家で読経し、茶だけを飲む	
19時頃	解散	
二日目		
10時頃	喪家に来て各自で読経し、携帯マニ車を回す。ニュンニが終わるまで会話の禁止。断食	立ちあがる時に聖水を口にする必要がある
三日目		
3時頃	喪家に来る。読経して食事する。食事するまで話さない	食事する前に、聖水を口にする必要がある
6時頃	ニュンニが終わり、解散	

2015年4月筆者作成

第六章　死をめぐる儀礼的実践と観念　　**185**

8.2 ゾー・洗浄水（熱湯で身体と家を清める）

事例Bでは、葬儀の最終日の朝8時頃、ジホンが喪家に来た。朝食後、葬儀のリーダーが一個の鍋、一本の杓子、少量の羊毛、三つの小石と水の入った水桶を持ってきた。リーダーはジホンの下手に三つの小石を置き、その上に鍋をのせ、鍋と杓子の口に羊毛を巻いた。そのあと、ジホンが鍋底に"卍"（チベット語でユンドウン画 g・yung drung と呼び、吉祥、不変の意味。仏教の卍場合は時計回り）を描き、鍋の中に裸麦を少し撒いた。『ラチンナンワウデン経』（lha chen snang ba 'od ldan）を読経しながら、鍋の中に水を少しずつ注ぎ、最後にゾーニャン[28]（btsol snying）を入れた。次に、喪家の嫁がその鍋を持って運び、かまどにのせて沸かした。ジホンがかまどの近くに来て、身体を清める意味で読経しながら、鍋中からゾーニャンを取り出してから、喪家や親戚、ツォワの人たちの身体に洗浄水を振り掛けた。そして、ゾーを家長が各部屋に洗浄水を掛けて回り、借物（葬儀の際に、近所の家から借りた鍋、碗などの物）にもかけた。この動作には、悪霊を払う効果がある。昼食後、ジホンは喪家に対して以下のような話をして帰宅した。

「この家の由来は牧畜の山地であり、長男は山中の牧畜地に婿に行き、今喪家に残っているのは次男と奥さんだけである。家の歴史が少し分かればいいと思う。これからも兄弟同士団結して頑張りなさい」。

8.3 ゴンシャクの日

亡くなった日から49日目は、ゴンシャクの日にあたる。この日に、親戚やツォワの人々が喪家に集まる。この日まで、親戚やツォワの子供たちを除いて、各成員は髪を切ったり、髭を剃ったりせずにいる。男性は帽子に小さい白布をつけ、女性は髪を白布でしばる。村人はこれをデン及びゴンシャク（dgong zhag）を守るという。

49日目のゴンシャクの日にアチョとジホンを喪家に招いて読経してもらい、男性は髪を短く切り、髭を剃る。また、帽子につけている

白い布を外す。女性は髪を梳かし、髪につけている白布を外す。村人はこの日をゴンシャクツァン（dgong zhag tshang）と呼ぶ。49日間の日々を満たしたという意味である（写真6-16）。しかし、死者の子供と遺族は、新年を迎えるまで、帽子につけた白布を外さな

2017年2月S村で筆者撮影
写真6-16　ゴンシャクの日

いし、日常の儀式や結婚式などにも参加しない。その年にはロサル（lo sar, 新年）も行わない。

　このような儀式を行う理由について、60代の男性（ボン教徒）によると、ナムシェは不可視なものであり、親族の人々の髪や髭などにも入り込む可能性があるため、49日間は髪や髭をそのままにしておくと語った。

8.4　一周忌

「死亡して一年経つと、ロチョ（lo mchod, 年・奉る）という儀礼を行う習俗がある。その意味は、死者のナムシェがデワチェンに生まれ変わっているという思いで、吉日に寺院の高僧ラマや僧侶、ツォワ内の人々を招き僧侶たちが読経儀式を行う」(rin chen 2008:55)。

　青海省チベット族の村では、この儀礼をロチョもしくはドンチョ（stong mchod, 千・奉る）と呼ぶ。儀礼の当日には、四種類の供物を千回ずつ捧げる。それらは五体投地、聖水、バターランプ、家か仏間への巡回の四種類である。

　喪家において、僧侶たちが朝から晩まで読経し、俗人は四種類の供

第六章　死をめぐる儀礼的実践と観念　　**187**

2017年2月S村で筆者撮影

写真6-17　ドンチョ（左は家の仏間、右は千回バターランプ）

物を捧げる。この一周忌の儀礼を行うときに、ツォワ内の人々や親戚は率先して手伝いに来る。

　S村の事例を取り上げると、2013年9月に、90歳の男性（ボン教のホウン）が死亡した。翌2014年9月、命日から一周忌を迎え、ドンチョ儀礼を行った。家のチョカンで13人のボン教のホウンがドンチョを唱え、チョカンの向かいの部屋で7人のボン教のホウンが『シャムマ経』（byams ma, ボン教用語であり、仏教用語では、ターラー尊である。両教のターラー尊の姿は全く同じ）を読経した。チョカンの前に小机を置き、その上に千回祀りのバターランプを点した。部屋の中央に経本を置いて、そのまわりを千回歩き廻った。チョカンの中では千回祀りの聖水を供えた。聖水は数分ごとに千回入れ替えた（写真6-17）。女性が数人で千回五体投地をした。

　この一周忌については、儀礼を行う前に、親戚やツォワ内の人々だけではなく、集落内の各家に通知した。儀礼当日の朝、ツォワ内の各家から一人ずつと親戚が皆揃って参加した。家長の指示に従い、60代の男性一人と子供達が家の中央に置いてある経本を巡回した。10人の男性は一日バターランプの灯を点け続けた。他のツォワ内の人たち

2015年4月S村で筆者撮影

写真6-18 一周忌に持ってきた乾麺

が客人の世話をしていた。

　昼頃に、村人は各人少量の乾麺を持ってきた。親戚や隣家の中には、乾麺やマントウ、ミルクなどを持って来る人もおり、その時、ツォワ内の人たちがそれらの客人を客室に連れてゆき食事でもてなした。食後、乾麺を持ってきたその箱の中にチベット式のコリ（パン）を入れて見送りした（写真6-18）。

　当日の17時頃に、トルマの投捨が始まった。ツォワの人々や親戚皆はチョカンの前で頭を下げながら一列に並び、盆に盛ったトルマを彼らの頭上に揚げながら家の外へ出た。トルマを投捨しに行く人は二人で（男性のみ）洋服を着て帽子を被り、後ろを振り返らずに、早足で南西の方に投捨しに向かった。投げ終えて戻ってきてから家門の外で水で手を洗い清めて家に入った。

　このように一周忌を行っており、その後毎年の命日に、経済状況にもよるが、年忌法要が行われる例も多数ある。家庭の経済状況が良くない世帯は、毎年の命日に年忌法要を行うことができない。「これらの法要の意義は追善ではなく、葬儀の際の引導や諸供養によって故人が善趣への再生を得たであろうことに対する、喜びと感謝の宴であると

第六章　死をめぐる儀礼的実践と観念　　**189**

されることは特記されるべきであろう」（小野田 2001：185）。

小括

　上述のように、青海省チベット族の死の風景を特徴付けるのは、形式的な儀礼ではなく、死やナムシェに対する様々な観念である。青海省チベット族の死者儀礼の構造及び思想のまとめとしては図 6-1 でも示すように、枕ラマ、アチョ、僧侶（又は在家のホウン）とジホンが存在しなければ、死者儀礼を遂行することができないと筆者は考える。死者のナムシェをすぐにこの世と残る生者から離れさせ、人間に転生させるために枕ラマ、アチョと僧侶（又は在家のホウン）たちが各自の役割を果たしている。生者側はバルド（中有）を彷徨っているナムシェのところに、衣服や食べ物などを生者側が直接届けることができないため、聖職者である枕ラマ、アチョと僧侶（又は在家のホウン）たちの読経の力によって、届けることができると村人は考えている。そして、ジホンが残る生者の安全を守る役割を担っている。

　青海省チベット族の人々が巡拝や読経などでゲワ及びツォサクをする例は、日常生活の中でよくみられる。それらの行為は、死とナムシェ再生・来世に直接結びついている。葬儀の準備作業は宗教的な祈願儀式、経済・物質的準備、死者となる人の心の準備の三種類に分けられると筆者は分析した。

　本章では、五つ（A, B, C, D, E）の俗人の死者儀礼と一つ（F）の僧侶の死者儀礼を紹介し、葬儀のプロセスや聖職者たちの役割、死者儀礼を支える伝統集団による支援と葬送式、そして、死者に対する親族の態度と感情について述べた。

【注】

1　ゲルク派の信者が多く占めている村では、1950 年代の混乱期にジホンという聖職者を失った。1980 年代の宗教回復運動後に、仏教の影響で回復

することができていない為、死者儀礼を行う際にもジホンが存在しない。

2 磚茶とは、レンガ状に圧縮加工したお茶の葉である。(50 × 35 × 5 cm程度)

3 アチョは、葬儀の時、死者に対して『解脱』を唱える役割を果たす出家者・僧侶である。

4 ジホンは、残された生者の健康、平安などの様々な面倒を見るホウン・在家の宗教者である。

5 ゾラ（bzo la）とは、チベットの民族伝統衣装を作る際に用いる素材の布である。

6 コリとは、マントウであり、小麦粉で作るチベット式の蒸しパンの一種。

7 カルチ（skar chos）とは、葬送日まで死者に対して誦経する時に読む経のことである。カルは「日」の意味を表し、チは「経」の意味である。亡くなった日が吉日であればカルチは少なく、凶日に当たった場合カルチをたくさん唱えなければならない。一般的にカルチはゲルク派ならカンル経（kun rig）であり、ボン教とニンマ派ならシトウ（zhi khro　寂静憤怒）である。それ以外の経はラマ（活仏）の占術によって異なる。

8 デンバ（bdun pa）" デン " は数字の七の意味を表し、" バ " は日本語の接辞に相当する。

9 バルドとは、死者が死と再生の中間状態の諸段階、即ち、いわゆる中有である。

10 シトウのシは寂静尊を示し、トウは忿怒尊を示す。

11 ポワは意識の移転という意味であり、川崎（1989：7）は、「転移、意識を身体から抜き取ってより高い状態へ移し替えるチベット密教のヨーガ的秘法」と注釈している。また、「意識の移転とは、死に際して自分の意志で意識を身体から抜いて新たな生に移し替える行法である（福田、伏見2010：169）。

12 カターとは、木綿あるいは絹でできた白いマフラーのような長い布片。祝福や挨拶のときに、言葉の代わりにカターを相手の首にかける。

13 四種法身とも呼び、密教では自性、受用、変化、等流である。

14 マニ車には、中に経文が巻紙になって入っている。これを右回りに回転させる。一回まわせばお経を一回読んだことになる。

15 デンとは、アムド方言であり、哀悼の意を表す。49 日目まで、親戚やツォワの人々はデンをする。49 日の間、男性たちは帽子に、女性は髪に白い布をつけ、髪を洗わず、髭も切らない。女性は髪を梳かさない。

16 マントウとは、小麦粉を練って発酵させ、蒸した丸いパンである（写真6-2）。

17 サンは、焼香の意味であるが、墓の焼香は決してサンと呼ばない。

18 青海省チベット族の人々は、高僧ラマや僧侶の死亡を表現する時、クシャク（sku gshegs, お亡くなり）、クプル（sku 'phur, 身が飛んだ）、瞑目したなどの敬語を用いる。

19 トゥクダムのトゥクは心の敬語であり、ダムは守りの意味である。日本語に直訳すると、「聖なる御心である。死期を悟った高僧は、亡くなる前から瞑想修行によってその準備を行う。修行が達成されたかどうかは、呼吸と心臓が止まって亡くなった後、しばらくは瞑想の姿勢が保たれ、しかも遺骸の温もりが失われず腐敗しないことで証明される。高度な瞑想修行の一つであり、トゥクダムを成就できる高僧はきわめて少ない」（小川2018：093）。死者の弟子によると、トゥクダムが放す徴は、鼻水、頭下げ、尿などが出ることである。

20 タンカとは、掛け軸様式の表装された仏画。彩色、線描、刺繍、木版画などである。

21 D村のゲルク派寺院に元々ラマが2人いる。一人は20代の若いラマで、現在、チベットアムド地域の中で高名なディザ寺に滞在し仏教理論や哲学を学び修行している。もう一人は40代で、30歳頃から政府が給料を出しているが、2013年に還俗し、貴徳県に住んでいる。

22 チベットの言い伝えによると、死者は胡座及び結跏趺坐でトゥクダムを崩していない場合、まだナムシェは遺体と離れていないと考えるため、そのまま火葬するのは心配である。

23 ツァツァとは「伝承によれば、11世紀の仏教タントリスト・マイトリーパは、母の遺体を焼いた灰をまぜて、高さ2、3センチの仏塔を粘土でつくった。チベット語ではこの粘土製の仏塔は「ツァツァ」と呼ばれる」（立川1985：134）。チベット系仏教で略称される『悪趣清浄タントラ』という経典は、日本に伝わった『大日経』と並んで、8世紀頃にインドで大いに流行した。その経典には、遺体を火葬した後の遺骨、遺灰の扱い方が記されており、チベット系仏教では、もっとも由緒正しい葬儀規定だとみなされ、いまに至るまでこの経典に基づいた法要が継承されている。それは、遺骨、遺灰をただ川に流すのではなく、それを砕いて粉にし、粘土と混ぜてツァツァと呼ばれる小さな仏塔を作り、それをツァカンと呼ばれる奉納堂か、それがなければ自然の洞窟に納める一連の儀式である。残念ながら、この法要は日本には伝わっていない」（今枝2005：87）。

24 ミラレパ（1052-1135）は、チベットで最も有名な仏教修行者・聖者・宗教詩人の一人である。一生のうちに仏陀の境地を成就した偉大なるヨーガ行者として、尊敬を集め万民に愛されている。在家の密教行者でカギャ派の基礎を築いたマルパ翻訳師チューキ・ロドゥー（mar pa lo ts'a ba chos kyi blo gros, 1012-1097）の四人の主要な弟子の中で、ミラレパは後代への影響が一番大きい弟子である。

25 タルチョとは、版木などで経文や呪文などを布に印刷したもの。木々、仏塔、岩山、寺院の構造物などの間を細かいロープで結んでたくさん吊るして風になびかせ、（聖なる空間）を形成する。

26 『西藏本教』の中の結婚に関する記載によると、「チベット族は太陽が昇る時が1日の最高の時刻であり、その時刻に間に合うように、男方の村に入ると、その一日は吉祥日になる。もし、その時刻に間に合わないと、途中道でも、テントで夜を過ごし、翌日の朝に、男方の村に入る。これはチベット族の婚礼中における太陽崇拝の影響を意味している」(P259)。また、本書では、チベット族の太陽崇拝について P50 ～ 51 に記述している。

27 ツァスルは、サンを焚くことと微妙に異なる。サンの素材は小麦粉などであるが、ツァスルの素材は裸麦粉、つまりツァンパである。

28 ゾーニャンのゾーは洗浄水の意味をし、ニャンは主体、中身の意味をする。白い布でシュクパという西洋ネズの葉を包んでいる。

第七章　再生に関する語りと実践をめぐって

はじめに

　チベット族の人々は、人間は死んだら世界のどこかに再生すると考えていると同時に、再び人間に生まれ変わることは難しいとも考えている。チベット族の社会は隅々までチベット仏教の影響を強く受けており、死後、輪廻から解脱し、涅槃に入ることが最高の死後道であると考えられている。しかし、俗人は俗世の網の中で修行することは難しく、積まれた徳が少ないので、輪廻から解放されることは不可能であると考えている。ただし、来世で六道の中の人間道に生まれるならば、修行し徳を積むことが可能であるため、俗人にとって再び人間に生まれ変わることが望ましいとされている。再生の道を決定する原因は生前のすべての行為（業）であり、生前に優れた善行を多くなしていれば、人間に生まれ変わることができると考えられている。

　以上のような内容を踏まえて、本章では、バルドに彷徨っている死者のナムシェについて村人が如何に認識し、そのナムシェの再生を如何に認定しているかについて述べる。

第1節　チベット仏教の死生観とその影響

　仏教では、生死輪廻ということを認めてきており、無我ということを独自の真理として掲げながらも、生死輪廻を認めている。輪廻を前提として、善因楽果と悪因苦果の因果の法則に従って、善業を行えば来世に楽果があり、悪業を行えば来世に苦果があると語ってきた。それはまた、六道輪廻として語られる。その六道とは、地獄・餓鬼・畜生・修羅・人間・天上の六つの世界のことである。地獄・餓鬼・畜生は三

悪趣と呼ばれ、修羅・人間・天上は三善趣と呼ばれている。

　生死輪廻は、どのように行われるのであるのかについて、竹村（2004：55-62）が二つの説を取り上げて述べている。一つは四有の説であり、もう一つは十二縁起の説である。この二つの説の内容を以下、簡略しながら引用する。

　四有の説とは、我々の存在が四つのあり方をとりつつ相続してやまないことをいうものである。四つのあり方とは、生有・本有・死有・中有である。生有とは、受生した一刹那の存在をいう。その後、死ぬまでの存在が本有である。死有はまさに死の一刹那の存在をいう。その後、次の世に生まれるまでの存在があり、それを中有というのである。中有は死有と生有の中間の五蘊ということで、中陰とも呼ばれる。死ぬ時には、光に出会うといわれるが、仏教では、光に出会うことは決して救いではない。たとえ光に出会ったとしても、生前の業に随って、来世に六道のどこかに生まれることが決定されるからである。その人が悪業を多く積んできたのであれば、地獄か餓鬼か畜生かのいずれかの世界に生まれることを免れることは決してできない。中有にいる者は、業に随って、縁に応じ 7 日ごとのいずれかの日に、次の世に受生していく。縁がととのわず受生が延びたとしても、最長で 49 日目には必ず受生する。

　もう一つの十二縁起の説は、以下の表 7-1 でも示しているが、その名の通り、十二項目が順に縁起の関係をなして輪廻すると明らかにするもので、その十二項目とは、無明・行・識・名色・六入・触・受・愛・取・有・生・老死というものである。根本に無明というものがあり、その無明を背景として行為を行うこと（業）によって、未来への影響力を蓄積していく。この業によって、次の世にどこかに生まれる。その受生の瞬間が識である。以下、識を縁として名色があり、名色を縁として六入があり、というようにして、縁起の関係が進んでいく。愛・取は簡単にいえば執着であるが、事実上、それには多くの煩悩を伴っている。これらの煩悩によって、次の世のどこかに生まれるべき業が

形成されてしまう。それを有と呼ぶ。こうして、また次の世に生まれ、同じような経過を辿りつつ、老死に至るという。このような仕組みのなかで、生死輪廻がどこまでも続いていくというのである。

表7-1　仏教における十二縁起説

老死 ←	生 ←	有 ←	取 ←	愛 ←	受 ←	触 ←	六入 ←	名色 ←	識 ←	行 ←	無明
生以後死ぬまで	未来にある所に受生する瞬間	愛・取によって作られる業のこと。未来の果を約束する	激しい執着を伴う認識の生起する頃（青年期以降）	欲望を伴う認識の生起する頃（十四、五歳以降）	感情を伴う認識の生起する頃（四、五歳～十二、三歳）	母胎からの出生（以降二、三歳まで）	器官が形成された後の胎児	器官が形成される前の胎児	母胎に受生した瞬間	無明に基づく行為及びその影響力（業）	根本的無知
未来世		現在世									過去世

出所：竹村 2004：58 より筆者作成

　上述した内容は絵画化した六道輪廻図（写真7-1）でもまとめられており、その図をチベット語でセバコロ（srid pa'i 'khor lo, 輪廻図）と呼ぶ。「セバ（srid pa）は状態、可能性、実在を意味し、コロ（'khor lo）は周期、円を意味する。また、生物が生死の過程を繰り返すという輪廻の観念そのものはコルワ（'khor ba）と呼ばれる。また、セバコロは『六道輪廻図』、『生死輪廻図』、あるいは『生命の輪』（Wheel of Life）等と訳され、仏教的死生観の描写である」（煎本 2014：229）。

　この六道輪廻図は死の主であるシンジェ・ティジャ（gshin rje

写真 7-1　生のプロセスを絵画化した六道輪廻図 [1]

chos rgyal)の口に咥えられており、輪廻する全ての存在は死から逃れることができないという意味である。この輪の外にある仏や菩薩などは、輪廻の束縛から自由であるという意味である。

　輪の中心には、迷いの原因であるパック (phag, 豚)、ドゥル (sbrul, 蛇)、シャ (bya, 鳥) が描かれ、それぞれティムック (gti mug, 無知・痴)、コント (khong khro, 怒り・瞋)、ドーチャク ('dod chags, 欲望・貪) を象徴し、これら三毒が輪廻の原因となる。

　生前になした善悪の行為 (業) により、再生する場所が決定される。その場所は存在の輪の中で 6 種類に分類され、輪廻図として描かれている。その 6 種類は①ラー (lha, 神・天)、②ラマイン (lha ma yin, 阿修羅)、③ム (mi, 人)、④トゥド (dud 'gro, 畜生)、⑤イダック (yi

第七章　再生に関する語りと実践をめぐって　　197

dwags, 餓鬼)、⑥ニャルワ（dmyal ba, 地獄）である。円の上方に描写されているラー・ラマイン・ムの場所を三善趣あるいは幸福な転生と呼ぶ。円の下方に描写されているトゥド・イダック・ニャルワの場所を三悪趣あるいは不幸な転生と呼ぶ。

輪廻図の周囲・外円には下から時計回りに十二縁起（rten 'brel bcu gnyis）が描かれている。

上に述べた四有についてチベット仏教でも、次のように述べられている。「今世の死、来世までの間の期間の中有、来世の生という輪廻の構造をそのまま利用して、本物の仏の『法身』『受用身』『変化身』を獲得しょうとするのが、無上瑜伽タントラの目指す最終的な目的である。そのために無上瑜伽タントラは、浄化の対象であり、仏の三身を獲得するための素材ともいえる『死』『中有』『生』という輪廻の過程をよく知らなくてはいけないと教える。この目的のために書かれたのが、『ゲルク派版　チベット死者の書』なのである」（平岡 1994：41–42）。このような『ゲルク派版　チベット死者の書』の中で、死に至る過程と中有が成就する過程、そして、生を享ける様子の説明があり、輪廻する主体となる中有の者が、母の胎内で生を享け、息づくまでのプロセスを描いている。しかし、死から再生までの 7 週 49 日間のあいだに死者のナムシェがたどる旅路のありさまを描写したニンマ派の『チベット死者の書』[2] とボン教の『死者の書の秘教』[3] とは異なり、『ゲルク派版　チベット死者の書』では死んでから『死者の書』を聞かせても意味はないとしている。生きている間に学び、ブッダとなる具体的な方法論である「生起次第」「究竟次第」の二つの道を修めることが大切であると説く。

上述は簡単なチベット仏教の思想・死生観の内容であり、この仏教の思想は、チベットの社会の隅々に影響を及ばしている。「もちろん、これらの説明は仏教哲学とタントラの体験に基づく理論であり、一般の村人たちが十分に理解しているとはいい難い。しかし彼らが、本来の自己とか意識は死後も連続しており、輪廻転生を繰り返すと確信し

ていることだけは確かである。こうして、人々はオム・マニ・パドメ・フムの6字マントラを唱え、マントラの入ったマニコル（本書でマニ車という言葉を使用）を回し続けるのである」（煎本 2014：242）。青海省チベット族の社会でも例外ではなく、仏教徒であれ、ボン教徒であれ、現世のあらゆる行為（業）によって来世の世界が決定され、前世の行為（業）によって現世の運命が決められていると信じている。チベット族の人々はリージュディ（las rgyu 'bras）とよく口にする。その意味は業と因果である。例えば、世の中の仕事がうまくいかない時や、不幸が起こった場合に、その原因は前世の業の結果であり、前世において私は何をしたのだろうかなどの問いかけが日常生活の中でよくなされる。このように、チベット族の人々はこの世の全ての出来事は前世のツォサクとムゲヴィ・リー（mi dge pa'i las, 悪行）によって生じた結果であると信じている。

　村に所属する各寺院の集会堂の門の左右の壁には六道輪廻図などが描かれている。宗教的儀礼を行う際、村人は寺院へ向かい、家族の年配者が子供や若者に対して、壁面の輪廻図を示しながら、他人に悪事を働いた場合、動物などを殺した場合、両親や身体に障害を持つ人を蔑視した場合にどのような死後世界に生まれ変わるのかについて説明することが西部大開発以前[4]にはごく普通であったと村人は語った。以下に因果関係についての聞き取り内容を以下で取り上げる。

男性（70代、男、ボン教徒）

「1980 年代の生産責任制の時代に、私は副村長をしていた。その時は、他人のことを考えながら村の集団財産を各世帯に平等に分けてきた。生まれてから今に至るまで、私は他人に悪く酷いことをした記憶はないので、中有で迷うことなく、人間に生まれ変われることができるだろうと思う。ところが、今の村の幹部たちは政府から村民生活への補助プロジェクト（項目）を配布する時、平等に配布していない。彼らは自分たちが来世の死後世界で、地獄に落ちるとは考えていないのだろうか」（2015 年 3 月の現地調査の記録）。

以上のように、チベット仏教の思想・死生観はチベット族の社会の隅々にまで影響を与えており、日常生活中でも、リージュディという因果関係の言葉をよく聞く。そして、チベット族の人々は、来世に六道の中の人間道に生まれ変わることを望んでいる。

第2節　青海省チベット族の再生の観念

　チベット族のボン教徒と仏教徒の生と死に対する認識の間には、それほど大きな違いはない。いずれの信者でも、人が亡くなったら、すべてが終わりであるとは思わず、ナムシェという不可視の意識が中有に存在し、生まれ変わると考えている。フィリップ（2012：98）が述べているように、「仏教徒にとって時や死は単なる最終的な破壊者ではない。それは、一つの人生の終わりが次の生まれ変わりの前触れになるという変化を表わすものなのだ。そのため仏教徒は、誰もが普通、死を迎えて味わう恐怖や脅威をも直視し、受け容れなければならない。そして、自己や事物の『終わり』が『始まり』と同じく幻影にすぎないことを悟る。熱心な修行者は、このために葬場に棲みつき、そこで瞑想する。」

2.1　ナムシェの再生に関する人々の語り
2.1.1　バルドを彷徨うナムシェ（意識）

　すでに第六章で述べたように、村人はツォワ内の人や家族が死ぬと、死者のナムシェは家の中で彷徨っているという考えを強く持っている。村人によると、そのナムシェは、自分自身は死んだとは思っていない。逆になぜ家族や親戚の者が泣いていたり、集まっているのだろうと考える。死者のナムシェをこの世から離してあの世へ送り出すことと、バルドで良い再生へと導くために、枕ラマやアチョ、僧侶などを招いて死者儀礼を行うのだという。そのため、俗人であっても死者に対して、昼だけでなく、夜も携帯用のマニ車を絶やさず回し続け

て通夜をする。

　年配者が亡くなった場合、ナムシェは容易にこの世から離れてあの世へ向かうことができるが、若者が亡くなった場合、この世でまだやり残したことや家族に対する思慕の念（未練が残る）を強く持っているため、ナムシェはなかなかこの世から離れられない。その結果、以下の 2.2 節で述べるように、死者が家族や親族の成員を誘引する例が多い。

　ナムシェの存在について、S 村の 60 代の男性（ボン教徒）によると、「ナムシェは本当にいるので、バルドの 49 日間に食事をする際、まずナムシェの分として部屋の上手の方にお茶などを椀に入れておく。また、中有を彷徨っているナムシェ・悪霊たちは匂いを嗅ぐため、葬儀中にはもちろん、49 日間、家の下手でツァスルの煙を絶やさずに焚く」と語った。

　第六章 4 節で述べた事例 D 氏が亡くなった際、D 氏の妻（ゲルク派）は以下のように語った。「D 氏はあの世で何をしているのだろうか、困っていないだろうか。葬儀後半年ほどの間、私は家を留守したことがない。たまに飢えて家に戻ってくることもあるだろう、そのため、時々ツァスルを焚いていた。早めに人間に生まれ変わってくれるよう、私は断食して何度も読経した（ニュンニ）」。

　また、S 村の 83 歳の女性（ボン教徒）によると、「ナムシェはあるだろう、私は毎日「ボン教のマントラを唱えてクンチョスム（dkon mchog gsum, 三宝）を祈願しています。来世も再び人間に転生し、良い両親のところで生まれるよう、また、五感[5] に問題がない人間に転生できるようとお祈りしています」と語ってくれた。

　上述のように、俗人たちもナムシェが存在することを明確に認識している。以下、S ゲルク派寺院の 70 代の僧侶の語りにおける三つの事例を取り上げる。この僧侶はアチョの経験があり、いかにナムシェをあの世へ送り出したか、僧侶はどのようにナムシェ・悪霊を受け止めたかについても経験と知識を持つ僧侶である。

第七章　再生に関する語りと実践をめぐって　**201**

事例7-1：

1980年代頃、S村に隣接するM村（チベット族と漢族が混住）で漢族のある女性が亡くなった。私と彼女の家[6]は小さい頃から助け合いながら付き合ってきたため、私はアチョの役を頼まれた。私は棺の横のベッドに座り読経していた。葬送前日の三日目に、遺体が動いて息を吹き返した。そして、生き返った女性に話を聞くと、「バルドではたくさんのナムシェが彷徨っていた。M村の知り合いたちも多数彷徨っており、実際に会うことができた。ナムシェたちの多くは飢えて困っている」と語った。その後、食事をしたためバルドでの経験の記憶がなくなり、普通に戻った。彼女は2年後亡くなった。

事例7-2：

1990年代、S村に隣接するM村のある男性とL村のある男性が喧嘩して、M村の男性が殺された。M村の人々はL村の加害者に対し仕返しに行こうとしていた。私はM村出身であったので、L村の村人たちに調停役を頼まれた。しかし、葬送前日、殺された男性の母親は異常な状態になり、息子のナムシェが母親に憑依して、母親の口を借りて「L村と争ってはいけない。両村は仲良く平和になってくれ。この希望をかなえてくれるなら、私はもうあの世へ向かう」と語った。その後、両村は仲直りし、争うことはなくなった。

事例7-3：

M村のある男性（漢族）と遠く離れた西寧市に住んでいたある男性は親友であり、2010年頃、二人は貴徳県で一緒に酒を飲んだ。西寧市在住の男性が酔っぱらって黄河に落ちたので、M村の男性が助けようとして川に飛び込んだ。その数日後に、M村の男性の遺体が黄河沿岸で見つかった。私はアチョとして黄河沿岸でジュシェ（'jigs byed）という経を唱えた。葬儀後、M村の喪家が西寧の喪家と争うつもりだったが、M村の男性の妻の目の前にある日突然死者（主人）が現れた。妻は驚きながら「あなたは死んだはずではないのですか」と聞くと、「西寧の遺族と争ってはいけない。私は西寧出身の友達に殺されたわけで

はなく、私は助けるために黄河に飛び込んで死んだのだ」と事情を説明した後、「私（死者）はタバコが欲しい。タバコを貰ったらあの世へ行く」と話した後にいなくなった。翌日、未亡人はどうしたらナムシェにタバコを渡せるか迷いながら、アチョ役の私のところに報告しに来た。私は「黄河の岸へ行き、そこで出会った人すべてにタバコをあげてください」とアドバイスし、遺族はその通りに実行した。

　以上のような三つの事例で示すように、青海省チベット族の人々は不可視のナムシェの存在を明確に認識しており、ナムシェをあの世へ送り出すために、読経を行っている。ナムシェがこの世から離れないと、ディ（'dre）という悪霊になる恐れがあると考えている。特に突然死した若者は思慕の念が強いため、現地語でナムシェシェルコルワ（rnam shes phyir 'khor ba, ナムシェは戻ってくる）というように、悪霊になって誘引する恐れがあるという。それについては後述の2.2節で如何に防ぐかについて述べる。

　また、命日が縁起の良い日ではなかった場合、たくさんのカルチを唱えなければならない。そのような死者を村人はリゲン（las ngan, 縁起が悪い人）という言葉で表現し、その時、ナムシェは悪霊に変わって生者を誘引する例もある。これに関する事例を以下に述べる。

事例7-4：（D村の事例）

　2013年、D村の80代のある女性[7]が亡くなった。この死者のナムシェは悪霊と化し、同じ村のある女性（40代）を誘引したと言い伝えられている。この事件の概要は以下のとおりである。

　葬儀の五日目の朝4時に葬送式があった。後に誘引された女性の主人は葬送式の夜、なんだか気分が悪くなり、その夜真全く眠れなかったので、早めに喪家に行って搬送するまで待っていた。同じ日の午前中、その主人の妻は、放牧に行く途中、突然事故で亡くなった。村人は、この死亡事故は80代の死者の悪霊に誘引されたことによって起こった事故と見なしていた。

第七章　再生に関する語りと実践をめぐって　203

村人は、バルドを彷徨っている全てのナムシェが、うまくあの世へ行き、うまく人間に転生することができるとは考えていない。リゲンの人及びこの世で罪を重ねた人は地獄に落ち、あるいは家畜・虫・ディに生まれ変わる可能性もあると考える。カルチがたくさんあると、ナムシェは悪霊になる可能性があり、残る生者側は不安になる。これとは逆に、リチン（las can, 縁起が良い人）の人及びこの世の中で、ツォサクを重ねてきた人は、死ぬ時も縁起が良い日に亡くなり、カルチも少なく済む。その人を村人はソナムチン（bsod nams can, 果報者）と呼ぶ。

　バルドを彷徨っているナムシェは、必ずしも人間に転生することができるとは村人は考えていないため、真面目で信心深い遺族の場合、枕ラマに頼んで葬儀後にナムシェの行った先を探してもらったり、ナムシェを召喚する儀式を行う例もある。ナムシェ探しについては2.1.2節で後述する。以下、ナムシェを召喚する儀式を行う例を取り上げる。

　青海省チベット族の村では、家庭の経済状況によって、死者のナムシェがバルドを彷徨っている49日の間に、再生のため、特別な儀式を行う習俗がある。しかし、経済状況がよくない喪家は、死者の再生のため、49日の間に、以下のような特別な儀式を行うことはできない。

事例7-5：

　D村のある喪家の遺族は、死者のナムシェを再生（ジーゴ skye sgo, 生・門）させるため、特別な儀式を行った。葬儀後、故人が来世も再びこの家に再生するための儀式を、家長が枕ラマに頼んだ。枕ラマは、ドンシャ（ltung bshgs, 『聖三聚経』）を読経させ、阿弥陀如来の仏像を家のチョカンに購入する必要があると宗教的な命令を出した。遺族は49日間のうちに、速やかにドンシャ経を唱え終え、阿弥陀如来の仏像も購入しチョカンに納めた（写真7-2）。遺族は、その間毎日、阿弥陀如来の仏像の前で1日三回ほど五体投地を行い、線香、バ

ターランプ、聖水をあげて、「死者の魂が再び自宅に戻ってきて生まれ変わることができますように」と祈りを捧げた。また、49日間、毎日、喪家の下手で普段より大きなツァスルを焚き、その煙を絶やさなかった。その理由は、自宅を彷徨っている死者のナムシェに食事を供えるためである。ゴンシャク（49日間）が済むまで、ナムシェは彷徨っているというので、ナムシェの寂しさをまぎらわせるため、必ず家には一人が残っていた。

　死者の息子（64歳）の妻（60歳）によると、ゴンシャクの間、阿弥陀如来の仏像を礼拝しながら、「アマ[8]（死者）よ、再びわが家に戻ってきてください。次男（妻の息子）が結婚したばっかりだから、次男の孫に生まれ変わってください。他の家に生まれると、来世が苦しくなるか

2015年4月D村で筆者撮影

写真7-2　阿弥陀如来像

もしれないので、またわが家に戻ってきてください。生まれ変わったあなたを私たちが大事に育てます」と語った。

また、ゴンシャクの期間中、死者が生前着ていたチベット服を息子の妻が着て、青海省の有名な寺院に燈明をあげに巡拝しに行ったという。

2.1.2　子供のナムシェの認定

青海省チベット族の村では、生まれてきた子供が前世において誰であったのかということについて人々は高い関心を持っている。子供が3、4歳になり、片言で話せるようになった時に、子供の行動を観察したり、前世の遺品などを見極めさせたりすることで、前世は誰であったのかが決定する。ほかに、枕ラマの占いによって決める方法もある。また、片言を話せるようになった時に、「あなたはどこから来たの？誰の後ろについて来たの？」などの質問に対する答えによって認定することもある。

S村の50代の女性（ボン教徒）によると、一般的にナムシェは誰かの後ろについてくると考えられている。例えば、葬儀中にたくさんの弔問者が来てくれると、その時、存命中の仲間・念頭にあった人の後ろについて行く可能性がある」という。

住民への聞き取り調査報告書であるケンポ・ツルティム（mKhan po tshul khrims 2004）によると、1980年代、青海省セルコク県（gser khog, 大通県）[9] ジャンゴ鎮（gyang mgo grong）のある女性が亡くなった。その女性は生前5人の子供（男3人、女2人）がいたが、2004年の調査時には3人だけが生存していた。故人の存命中、1人の息子がゴロク州で生活していた。故人は息子の健康を祈るために、いつもマントラを唱えていたが息子には会えずに亡くなった。

1988年にゴロク州で生活していた息子の妻が妊娠し、子供が生まれた。3歳になった時、子供を連れてセルコク県の実家へ挨拶しに行った。その時3歳の子供は親戚や、故人の息子たちが誰であるか名

前を告げ、生前の家や生前の自分の物などをはっきりと認定した。この出来事に基づいて、家族の者は皆、その子の前世は亡くなった母のナムシェであると認識した。

　以上のような事例は、ケンポ・ツルティムの聞取り調査の報告書（2004）に多数記載されているが、以下では、筆者自身が聞取りした資料を取り上げる。

事例7-6：

　S村の50代のある女性（ボン教徒）によると、私の息子（2017年の時点で20歳）は犬のナムシェである。なぜかというと、うちの犬は、ロバにお腹を蹴られて死んだ。そのため、息子は生まれてからお腹に黒い印が残っている。また、息子は這えるようになった時、犬を見ると喜び、犬の首にかける紐などを手に入ると、自分の首にかけたり、犬のように声を出したりした。しかし、家を新築するある時に、息子は犬のように高いところから飛んだりして、亡くなる恐れもあった。以上の行為・物によって前世は犬であるのがわかった。

事例7-7：

　S村の40代の女性（ボン教徒）は次のように語った。「私には2人の娘がいる。小さい娘はまだ結婚していないが、大きい娘はすでに結婚しており、息子も2人産んでいる。娘の長男は私の父のナムシェであり、次男は私の母のナムシェである」。

　私（40代の女性）の父は生前、真面目な宗教者・修行者であり、母は片足を怪我していて歩けなかった。存命中に、母はいつも「私たちの夫婦は、たとえ来世で夫婦になれなくても、せめて兄弟になれますように」と祈っていた。

　①長男について：父のナムシェである娘の長男は、チベット暦の9月22日に生まれたが、私（40代の女性）の母はその前日の21日に亡くなった。9月22日はラワブ・トゥーチェン（lha babs dus chen, 降臨大祭）[10] という特別に縁起が良い日で、子供が片言を話せるようになった時、よく「私（子供）はアパ（a pha, 父）です」と言っていた。また、

第七章　再生に関する語りと実践をめぐって　**207**

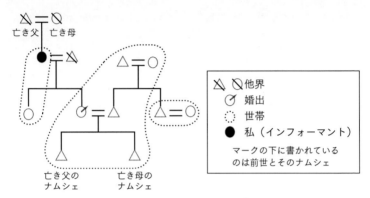

図7-1　事例7-7の子供の認定図

父が亡くなる前に頭部に何カ所も注射を打ったため、子供の頭部に印（アザ）が残っている。そのようなことで私の父のナムシェであると認識している。

②次男について：次男を妊娠した時、私（40代の女性）は母（死者）をよく夢で見た。家族の人もたまたま私の母を夢で見た。（次男が生まれた後）やはり大腿に印が残っており、7歳まで片足を引きずる様子であった。そのようなことで私（40代の女性）の母のナムシェであると認識している。

事例7-8：

S村の76歳の男性（ボン教徒）によると、この村のある男性（2017年当時40代, ボン教徒）は、生まれた時から頭に大きな傷跡があった。彼は、5～6歳の時、漢族を見ると恐ろしくなり「漢族が来た！来た！」と叫びながら逃げ出した。そのため、彼は民主改革時期に政府役人であった漢族男性に、銃で頭を打たれ殺された人のナムシェの生まれ変わりであるとみなされた。

事例7-9：

S村の70代の女性（ボン教徒）の話。うちの息子に子供が3人（男1人と女2人）いる。3人とも前世の記憶はなく、特別な行動などがな

かったため、誰のナムシェであるかは分からない。もしかしたら、家畜のナムシェであるかもしれない。

事例7-10：

　ゲルク派のS寺院の80代の僧侶によると、20年前、L村（牧畜地）の男性とX村（農耕地、漢族）の男性が喧嘩して、X村の男性が殺された。亡くなる時「打、打」と言いながら息絶えた。そして、その死者のナムシェは牧地で生まれ変わった。その子が3歳になった時、「打、打」とよく言った。「誰の後ろについて来たの？」と聞くと、「父（殺された漢族男性の生前の親友）と一緒に牧地に来た。牧地のツァンパと肉を食べに来た」と答えた。そのため、家族の者は皆、その子が殺された漢族男性のナムシェの生まれ変わりであると認識している。

事例7-11：

　D村の60代の男性（ゲルク派）によると、彼には息子が2人いる。長男には3人の子供（男2人と女1人）がいる。次男には息子が1人いる。

①長男の子供について：

　一番目の男児は2008年に生まれ、2、3、4歳になっても特別な行動などはなかった。前世が誰であるかは分からない。もしかしたら、野生動物や家畜なのかもしれない。

　二番目の男児は2011年に生まれ、彼のナムシェはD村のある80代で亡くなった人のナムシェである。生前故人は私のことを気に入っていて、親戚でもないのにとても仲が良かった。孫が生まれてから半年後、彼の遺族は2011年にD村に生まれた子供の全員の名前を枕ラマに告げ、どの子供が故人の生まれ変わりであるかを占いによって探し出すよう頼んだ。枕ラマは子供の名簿の中から、私の孫を故人のナムシェであると認定した。故人の一周忌は、ちょうど孫の生後半年と同じ日にあたったので、遺族は孫を家に招いた。孫は、試験のためにたくさん並べてあるお碗の中から、生前故人が愛用したお碗を選んだ。こうして、遺族たちは、孫が自分たちの父

第七章　再生に関する語りと実践をめぐって　**209**

のナムシェであることが明らかになったと信じた。それ以降、遺族は孫に服や玩具などを持って挨拶しに来るようになった。2017年の時点で孫は、8歳になったが、お正月や特別の日になると、遺族は孫が自分たちの父のナムシェであると思い挨拶しに来る。

長男の三番目の女児は私の母のナムシェである。生前、母は私の長男と次男が大好きであった。長男は家の重要な働き手であったので、母は亡くなる時に長男に対して「お疲れさま」と言ってから数分経って息を引き取った。きっと長男か次男のところに転生してくれるだろうと私は信じた。葬儀後に長男の妻が妊娠し、その時長男の夢によく私の母が出てきた。子供が生まれて、枕ラマに前世を占ってもらうと予想通りに私の母のナムシェであることが認められた。

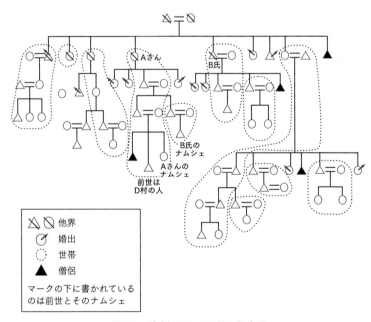

図7-2　事例7-11の子供の認定図

②次男の子供について：

　次男の息子は私の母の兄のナムシェである。生前彼の太ももに大きな傷があり、次男の子供の太ももにもアザがあった。生前はＤ村の伝統的なチベット鞋をつくる靴職人であったので、鞋についてはとても詳しかった。そのため、ナムシェである子供が泣いたとき、どんなに玩具を見せても泣き止まないのに、鞋を見せると泣き止んだ。また、叔父の遺族は枕ラマに占いを頼み、次男の息子が私の母の兄のナムシェであることを認定した。その後、叔父の息子や娘達が服や玩具、お菓子などを持って次男の息子に挨拶しに来るようになった。

事例 7-12：

①Ｄ村の30代の男性（ゲルク派）によると、私には娘が2人いるが、次女のナムシェは前世が誰なのかが分からなかったが、長女は、前世において漢族の親友であった。その漢族の親友はリンゴを取ろうとして木に登ったが、落ちて亡くなった。娘が3歳になった頃、「あなたはどこから来たの？誰の後ろについて来たの？」と聞くと、いつも庭の木を指しながら「木、木」と答えた。その答えで漢族の親友のナムシェであると認識した。

②同じＤ村の30代の男性によると、近所のある叔父さんは、80代で亡くなった。生前、よくうちに世間話をしに来ていた。彼は突然亡くなったが、葬儀後、いつも一羽の鳥が飛んできて台所に止まった。その鳥は、まるで話を聞いているかのようにじっとしていた。鳥がいる時、家族は皆もしかしたら鳥が叔父さんのナムシェであるかもしれないと思い、そっとしておいた。

　以上のような例が示すように、チベット族の人々はナムシェという不可視のものが存在し、誰もが容易に人間に生まれ変わることができるわけではないと信じている。事例 7-12 ②のように人は死ねば鳥などに生まれ変わる可能性もあるという。子供が生まれたら、その子の

ナムシェの前世は誰であったのか、枕ラマに占ってもらったり、子供の言動に基づいて判定する。

2.2　悪霊を調伏するデェ儀礼

　本章の 2.1.1 節でも述べたように、死者のナムシェは順調にあの世に行けるとは限らず、この世に戻ってきて、ディという悪霊になり害をもたらす恐れもあると村人は信じている。特に、若い人の場合、この世への思慕の念や未練が残っているため、死んだあとでもこの世から離れたくないので、ナムシェが滞りなくあの世に転生するのが難しいと村人は考えている。ナムシェが戻ってくると家族や親族のだれかがあの世に引き寄せられる可能性がある。

　その場合、デェ（'dul, 調伏）という儀礼を行う必要があるが、デェの意味は悪霊を捕え追い出すことである。S 村近隣のゲルク派信者の村人によると、2000 年以前には、修行を積んだゲルク派僧侶の調伏行者もいたが、一般には在家のホウン（ニンマ派もしくはボン教徒）の法力で悪霊を退散させるという。S 村には、調伏を行うことができる在家のホウンが多く住んでいる。在家のホウンであっても修行の程度が浅ければ悪霊を捕まえたり追い出したりすることはできない。

　実際にデェ儀礼が行われている現場に筆者自身は参加したことがないため、儀礼の中身の詳細について記述することができないが、以下、聞き取りしたデェ儀礼についての概略を述べる。

事例 7-13：（D 村のゲルク派信者・60 代の男性の話）

　2005 年 6 月、D 村の 25 歳の男性が事故死した。死の 4 か月前、寺院のラマは、その男性の家族に対してロチィ・ジチィ儀式を行う必要があると伝えていた。しかし、男性は出稼ぎなどの都合によりすぐに儀式を執り行うことができず、次の冬の休暇を利用して儀式を行う予定でいたのだが出稼ぎから戻った 6 月に事故で亡くなった。村人は、男性が事故死したのは、ジチィ儀式をすぐに済ませなかったせいであ

ると言っている。男性が出稼ぎにいくときに、妻の実家で男の大事な財産を預かることにしたのだが、葬儀が終わってもその財産を男の実家へ戻さなかった。死者のナムシェはその財産に執着していたため、死後悪霊になって妻の9歳の弟を誘引したと村人はいう。

誘引事件が起こった前日の夜、死者の妻の父が不吉な夢を見た。その夢は、後で誘引されることになる子を死者が背負っているという内容であった。事件当日、妻の母が9歳の子を連れて仕事に行く時、父が夢のことを説明し、気をつけるように言った。仕事に向かう途中で9歳の子は突然倒れて息が止まった。

葬儀後に、村に所属する寺院の高僧に占ってもらうと、その若い死者（25歳の男性）のナムシェは悪霊になっており、急いで妻の実家で預かっている財産を男性の実家に戻し、悪霊を追い出すデェ儀礼を行う必要があるということになった。

修行を積んだニンマ派の在家の密教行者を招いて調伏を行った。儀礼は必ず夜に行う。参加者は親族と村の男性（多数）に限られる。儀礼を実施する在家の密教行者は台所兼居間で儀礼次第に沿って読経した（儀礼のプロセス及び内容については不明）。儀礼に使用した道具としては、笛、鉄鎖、大袋、鎌、斧、タイヤ、縄などである。儀礼の最中、男性たちはこれらの道具を持ち、鉄鎖を引いて音を立て、口笛や笛を吹き、タイヤで壁や柱を叩いた。厳しく追い出すような感じで「ここにいたぞ！殺してしまえ！捕まえろ！捕まえろ！」などと各部屋の隅々にまで届く大声で叫びながら悪霊を家から追い出し、さらに村の下手まで追っていった。村の下手まで追い出すと、儀礼の指導者は悪霊が捕まっているかどうかを確認する（どのように確認するのか、また捕えた悪霊をどのように処理するかなどの詳細については不明）。もし一回で悪霊が捕まえることができなかった場合、繰り返して捕まえるまで各部屋や村の隅々まで悪霊を追い出すことになる。

以上のように、ナムシェは順調にあの世へ行き、再生するとは限らず、時にはこの世に戻ってきて、悪霊になる恐れがあり、その悪霊に

誘引される可能性もあると村人は考えている。その場合、悪霊を捕まえる／追い出すためにデェという儀礼を行っているが、村人は命にかかわる病気などが発生する時も、悪霊が病人の命を害しているため、デェ儀礼を行うことで悪例を調伏する例も青海省チベット族の村社会にはよく見られる。

小括

　チベット族の人々は、人が死ぬとナムシェは来世もどこかに再生すると思っており、俗人は来世も再び人間に転生することを願っている。そのため、日常の生活においても仏教のマントラ（ボン教徒はボン教のマントラ）を唱えたりする。再生のあり方を決定する基準としては、生前におけるあらゆる行為（業）であり、善行を多くなせばバルドに彷徨っているナムシェは良い転生ができ、悪行を多くなすと地獄に落ちる。すなわちこれについて仏教では、生死輪廻の前提であり、善因楽果と悪因苦果の行為（業）の法則に従って、善業を行えば来世に楽果があり、悪業を行えば来世に苦果があると意味である。このようにチベット仏教は、チベット族の社会の隅々にまで影響を及ぼしていると考えられる。

　例えば、青海省に住んでいる漢族、モンゴル族、チベット族などの高齢者に対して「あなたにとって、最も大切と思うものは何ですか？」と問うと、「チベット族と漢民族とのきわだった違いは、前者が『宗教』であると答えているのに対して、後者では『経済』と答えている点である。モンゴル族の高齢者では『家族』が大切という割合が高かった。チベット族の高齢者にとって、チベット仏教に対する尊崇は、客観的な健康状態の不良を補って QOL を維持するために有効にはたらいている可能性がある」（松林 2011：174）。

　本章では、まず青海省チベット族の人々の信じている仏教の死生観について概説し、死生観が生活にどのような影響を与えているかとい

うことについて、そして、死後のバルドでのナムシェという存在について述べた。バルドを彷徨うナムシェの在り方とナムシェの再生、子供のナムシェの認定についてどのように認め、語り、実践しているかについて述べた。生前に悪行を重ね罪を犯してきた人たちが亡くなると、彼らのナムシェは悪霊になり、生者を害する例もあった。特に若くして亡くなると未練が残っているせいで、ナムシェはあの世に再生せず、この世に戻ってくることもあり、死者の家族や親族の成員が誘引される恐れがある。その場合には、悪霊を捕まえ、追い出すためにデェを行う必要があった。筆者自身は、デェ儀礼に参加できなかったため村人の語りに基づいて記述した。

【注】

1 https://nam-students.blogspot.com/2011/04/blog-post 20.html より（サイト名：六道輪廻図　2018 年 7 月 16 日閲覧）

2 ニンマ派に伝承される『チベット死者の書』は、14 世紀チベットのテルトン（埋蔵経典の発掘者）であるカルマ・リンバによって著され、アメリカの人類学者エバンツ・ヴェンツによって 1927 年に世界中に紹介されることになったが、その後、ヨーロッパ思想界にたちまち大きな反響を起こした。主に心理学者たちに注目され（ティモシー、ラルフ、リチャード 1994，黒木 1994）、中でも心理学者の C・G・ユングがこの書物に出会ったことが、現代思想にとって極めて深い意義をもつことになった。この書が日本で一躍有名になったのは、1993 年の 8 月に放映された NHK スペシャル「チベット死者の書」によるところが大きいのである（川邑 1993）が、これに対して、チベットの歴史家・仏教学者の中で反対する議論もある（山口 1994：154—161，ツルティム 1990：84-88）ものの、その後、この書物の原本解釈や日本語訳などが次々と出た（おおえ 1994，森 1994，菅 1994，中沢 1996，ロバート 2007）。

3 これは、著名なチベット学者ラオフ（Detlef Ingo Lauf）の著『チベットの死者の書の秘教』から、Ⅲ—3「ボン教——仏教以前のチベット古来の宗教——の死者の書より」を邦訳したものである。ニンマ派の『チベットの死者の書』と大きく変わらない。デトレフ（1994）も指摘しているように、仏教とボン教との強い類似性・親近性は、いわゆる「チベットの死者の書」の体系に代表される葬送儀礼についても明確に認められる。

4 西部大開発以降、この習俗は宗派の関係や生活リズムの変化に伴って失わ

れつつある。

5 チベット語でハンゴナムガ（dbang bo rnam lnga）と呼ばれ、視覚、聴覚、嗅覚、味覚、触覚である。

6 この僧侶によると、Ｓ村に隣接する漢族村は、チベット仏教の影響を受けているため、葬儀の時、アチョという聖職者がおり、三日間ほど葬送する習慣がないという。

7 この女性に６人の子供がいたが、面倒を見てくれる子供がおらず、貧乏で一人暮らししてきた。村人は、彼女の存命中リゲンな人だと噂した。この女性が亡くなって、カルチがたくさんあったにもかかわらず、残る生者（子供たち）が不適切に、一部のカルチをツォワ支援によって済ませたが、経済的な原因でカルチ全部を読経することができなかった。そのため、ナムシェは悪霊になって他の人が誘引されたと考えられている。

8 母の意味。嫁いできた嫁は夫の両親や親族の成員に対して、夫の呼称と同じように親しみを込めて呼ぶ。

9 セルコク県は、西寧市政府の管轄下に属しており、青海省の東北部に位置している。

10 ９月 22 日は釈尊が三十三天から再度この地上に戻ってきたことを記念している特別な日であり、チベット語でラワブ・トゥーチェンと呼ばれる。

終章──出生・死・再生をめぐる
　　　青海省チベット族の死生観

　青海省チベット族の死者儀礼を行う現場では、葬儀期間中の宗教者
による読経が欠かせない。伝統宗教であるボン教であるかチベット仏
教であるかにかかわらず、宗教者の読経の声は遺族と死者にとって重
要で聖なるものである。遺体を喪家に安置する期間は高僧ラマなどの
占いによって決定するため、喪家によって異なるが、一般的に 3-5 日
間の間である。第六章の事例 E のように一週間ほど安置する例も少な
からず見られる。遺体を安置する期間中にはアチョの以外にも、読経
するための宗教者を毎日 7 人以上招くため謝礼を支払う必要がある
ので、喪家にとって経済的な負担は非常に重い。葬儀中に宗教者を招
いて読経を行わないと、死者のナムシェは容易に遺体から離れず、再
生することが難しくなると人々は考えている。遺族だけで死者儀礼を
行うことが経済的にも労力的にも困難であるため、相互扶助の目的で
つながっている伝統的な集団ツォワが死者儀礼の場で主な役割を果た
している。

　青海省チベット族の村レベルの社会において、人々が死後の世界を
どのように認識し、どのような態度を示しているか、どのような死後
の再生を望んでいるかなどを明らかにするには、まず村の社会的基盤
及び思想的基盤を明らかにする必要があると筆者は考えた。青海省チ
ベット族の村はどのように構成されているか、そして、その規模の社
会において人々はどのように日常的／非日常的な生活を営んでいる
か、さらに村に所属する寺院において僧侶たちが如何なる日常的／非
日常的な生活を営んでいるかについて記述することは人類学的研究の
基本でもある。そのような生活の中で生きている人々の死後観には宗

教の影響が強く見られるため、本書の第二、三、四章で村の社会的基盤及び信仰的基盤について論述した。

さらに第五、六、七章では、出生・死・再生の語りと実践をめぐって、青海省チベット族の妊娠と出産、死者儀礼とその観念、ナムシェの再生について論述した。

以下、まず各章の簡単な内容を要約した上で、青海省チベット族の人々の日常／非日常の心身的行為と出生・死・再生のつながりについて考察を行い、結論付ける。

第1節　各章の要約

序章では、これまでの生と死に関する人類学的研究について整理し概略を述べた上で、1950年代以前にはチベット本土で長期間フィールド調査を行った人類学的研究が少なく、西チベット、インド、ネパール領ヒマラヤ地帯に居住するチベット系諸民族を対象にした研究に限られていることを紹介した。中国では1950年代から1980年代までの混乱期に、人類学や社会学などが否定され、民族自治地域の設定を行い、民族政策を施行するために各民族の認定が必要とされ、「民族識別工作」を行ったと述べた。しかし、1980年代末から人類学は中国政治学の下位分野に位置づけられながら復活し、主にアムド地域では海外の人類学者たちが厳しい制限を受けながらも短期的にフィールド調査を行なうことが可能となった。このような近年の研究動向を元に、本書が位置付けられていることを述べた。さらに、チベット族の葬儀及び死生観に関する先行研究について整理し分析した。

第一章では、調査地域である青海省の歴史を紹介した。青海一帯の地域において、歴史上古代から多くの部落が共存してきた。それらの部落は、婚姻を絆としてつながりながら共存し、共通の言語と文字及び仏教文化の伝来によって、各部落間で共通の思想、文化を持つようになり、青海一帯で新たな共同体が形成された。しかし、1950年代以

降の混乱期には、生産隊ごとに共同食堂が設置され、農牧民は人民公社の一員として生活し、宗教信仰は禁止された。高僧や僧侶の還俗などが推進され、宗教儀礼の基盤が失われた。宗教的実践の場であった寺院や仏典、仏像なども破壊された。しかし、1980年代以降の改革開放政策による社会の安定化とそれにともなう地域経済の発展によって、1950年代以前の村社会に根ざしていた民間信仰や宗教儀礼が徐々に復活してきた歴史について論述した。

　第二章は、本書が研究対象とするS村の概要である。家族構成とその変容、村落共同体における婚姻という非日常的儀礼と、親族範疇及び筆者が宿泊した家を中心とした日常の生活空間、さらに社会的基盤となる村レベルの伝統的な生業とその変容などについて論述した。その中で日常生活における人々の心身的行為と宗教の関わりについての記述は青海省チベット族の死生観の一側面を示していると言える。

　第三章では、結婚式や葬儀など盛大な儀礼において経済や労働の面で重要な役割を果たしている伝統集団ツォワの現状とその変容について論述した。ツォワという伝統的社会集団のあり方を把握しない限り、青海省チベット族の儀礼の解釈が困難であるため、事例として二つの儀礼を取り上げてツォワの役割を明らかにした。儀礼の一つは菩薩を祭祀するチェソン儀礼であり、もう一つは山神を祭祀するラプツェ儀礼である。中でもチェソン儀礼は現世利益を目的に行っているものの、この儀礼の中身の一種である護摩儀式などの参拝はツォサクという善行的儀礼にもなり、死後世界・再生に直接関わっている。

　第四章では宗教を中心に述べた。青海省チベット族の宗教には、土着宗教であるボン教とチベット仏教の各宗派であるニンマ派、カギャ派、サキャ派、ジョナン派、ゲルク派が分布しており、中でも青海省チベット族の地域で主流となっている宗教はボン教、ニンマ派とゲルク派である。S村にはボン教、ニンマ派とゲルク派のそれぞれの寺院があり、それらの寺院を事例として、青海省チベット族地方村レベルにおける宗教者たちの日常生活、寺院組織運営とその変容について明ら

終章―出生・死・再生をめぐる青海省チベット族の死生観　219

かにした。

　以上の第二、三、四章は、S村の社会や宗教的な概要であり、ツォワという伝統的社会集団及び寺院という宗教者たちのコミュニティの現状、そして、村社会に生きている俗人たちと寺院に生きている宗教者たちが互いに影響を与えながら日常的生活／非日常的生活を如何なる方法で営んでいるかを明らかにしたものである。これらの現状を明らかにしない限り、出生・死・再生に関する儀礼の内容を適切に解釈することが難しい。中でも第六章の死者儀礼を把握するには、儀礼の世話役人であるツォワと精神的指導者である宗教者たちのあり方を把握しない限り、死者儀礼を解釈することができないため、整理・考察した。言い換えれば、第二、三、四章は村社会的基盤、宗教思想的基盤であると言える。

　このような社会形態や宗教思想的基盤などについて明らかにした上で、第五、六、七章では本書の中心内容である出生——死——再生のサイクルについて論述した。

　まず、第五章では、事例として取り上げたBとC氏の話で示したように、死者（例えば父）のナムシェが再び自分（死者の息子／娘）の子として再生することを願うため、妻／嫁を妊娠させたりなどしている。生まれた赤子の命が弱く、その子のナムシェが1、2歳になるまで完全に身体に入っておらず、バルドに彷徨っている場合もあるため、たまに怖がったり、泣いたりするという村人の考え方などについて記述した。さらに、安産や赤子の健康のため、あらゆる穢れなどは宗教儀礼的実践を通じて受け止められており、生まれた後に病気にかかった場合、チィレという死を欺く儀礼などを行うことによって防ぐというような習俗文化とその変容について述べた。

　そして、第六章は、青海省チベット族の死者儀礼の全体像である。チベット族の死の風景を特徴付けるのは、形式的な儀礼ではなく、死やナムシェに対する様々な観念である。死者儀礼の構造及び思想のまとめとして取り上げた図6-1で示したように、枕ラマ、アチョ、僧侶

（又は在家のホウン）とジホンが存在しなければ、死者儀礼を遂行することができないことを述べた。日常生活の中でよくみられる巡拝や読経などの心身的行為によって、ゲワ及びツォサクといった善行も死とナムシェの再生・来世に直接関係があると論述した。

　続く、第七章では、バルドを彷徨う不可視なナムシェの再生に関する語りと実践について記述した。チベット族の人々は、来世も再び人間に再生することを願っており、そのために日常の生活においても仏教のマントラ（ボン教徒はボン教のマントラ）を唱えたりしてツォサクをする。もし、生前に悪行を行い、罪を重ねてきたリーゲンな人やこの世に未練が残っている若者は亡くなると、ナムシェは再び人間に再生することができずに悪霊になって、残った生者を誘引し害する事例を述べた。

　以上のように、青海省チベット族の死生観を描くには、第五、六、七章のいずれも欠かすことができず、出生――死――再生はサイクルとして輪廻する。すなわち、身体は必ず「死」を迎え失われるが、ナムシェは涅槃するまで輪廻し続けるとチベット族の人々は考えている。再び人間に生まれ変わることは容易ではなく、生前におけるあらゆる心身的行為（業）によって再生する場所が決定すると論述した。

第2節　青海省チベット族の死生観
――心身的行為と出生・死・再生のつながり

　青海省チベット族の人々は、いわゆる善行及び悪行をするという日常／非日常の心身的行為によって現世の利益と不利益や死後の再生が決定すると常に考えている。ゲワ及びツォサクという善行をすると、現世では利益を得られ、死後、順調により良い人間に再生することができる。一方、ムゲワ（mi dge ba, 悪事）をすると、亡くなった場合にナムシェはより良い再生は不可能で地獄に落ちると村人は考えている。

ゲワ及びツォサクをする方法には、日常生活の中で、読経、三宝に対する五体投地の礼拝、マニ車を回すこと、チョルテンなどを巡拝、高僧ラマに対して信心と敬意を抱き、そのラマから受けた教え、慈悲の心を持つことなどがある。このように、心身的行為によって善行する他に、非日常的儀礼によって、ツォサクする行為もある。例えば、第三章で記述したチェソン儀礼などである。チェソン儀礼はクンザン菩薩を本尊とし、ツォワという集団の利益・安寧を目的に行うが、ツォワ内の参拝者の願い事や信仰する行為などを詳しく見ると、彼（彼女）ら個人にとって、現世利益と来世のためという二つの意味がある。宗教者たちは少なくとも毎日朝と夜に読経している。さらに、寺院の外の世俗の情報を耳に入れないため携帯電話を持たず、寺院の外へ一歩も出ないで瞑想・修行している僧侶もいる。このような修行を積んだ僧侶は、俗人たちに招かれて読経した場合、読経の力によって彼らに利益を与えることができる。慈悲の心を持つことがゲワ及びツォサクになる。第六章で述べた宗教的祈願儀式は、死にゆく人にとって重要であり、死亡した場合には、ナムシェの再生に非常に役に立つ。遺族にとって、父母のゲワのために多大な布施をして宗教的祈願儀式を行うことがゲワ及びツォサクになる。

　反対に、虫などを殺したり、自分より目上の人・特に両親や先生などに対して悪事をしたりすることはムゲワであり、現地語でニェワ（dmyal ba, 地獄）を積むと呼ぶ。ムゲワをたくさんすると、現世利益とナムシェの再生の両方に悪影響を与える。例えば、第七章の事例7-4では、生前、6人の子供がいたにもかかわらず、だれも介護してくれず貧乏で一人暮らししてきた人（リーゲンな人）について述べた。この事例では亡くなった日も凶日（dra nye, 冑星）で、カルチをたくさん読経したにもかかわらず、村人が誘引された。こうした不幸な事件が起こる原因は生前の心身的行為（業）である。その心身的行為によって来世が決定する。

　死者儀礼を行う目的は、形式的儀礼によって単に遺体を処理するた

めのみならず、ナムシェを再生させるためでもある。第六章で死者儀礼の構造・思想及び儀礼の全体像を述べたが、読経は死者儀礼に必ず見られる特徴であると言える。もし、葬儀中に読経が行われないと、死者の側と生者の側は両者とも不安感を抱くようになる。読経中心のチベット族の死者儀礼には生者の側を安寧にする意味もあるが、それよりも重要なのは読経によって、死後世界で彷徨っているナムシェを善趣・人間道へ導くことにある。

　上述したゲワとムゲワの対立する心身的行為は直接死後世界と関わっている。チベット族の人々にとって望ましい再生は人間道への再生である。そのための前提条件はゲワ及びツォサクであり、具体的には日常生活における読経、慈悲の心を持つこと、五体投地、寺院への巡拝などをすることである。非日常生活において宗教的儀礼への参拝などによって、ゲワを積むことになる。

　図 8-1 の中では、善行と悪行、現世と来世、死と再生、ゲワ／ツォサクとムゲワ、人間道とニェワというような二項対立的言葉が出現しており、以下、それらの内容・関係について解説する。

　チベット族の人々は出生から死に至るまでの期間をツィードゥ (tshe 'di, この世) 及び現世と呼び、死から再生までツィシュマ (tshe phyi ma, あの世)、バルドの期間と呼ぶ。そして、死者のナムシェが再生・出生してからの次の人生をジェワシュマ (skye ba phyi ma, 生まれ変わった後の世界, 来世) と呼ぶ。生前に為した善悪の行為によって、ゲワ／ツォサクとムゲワを積むことになる。この世・現世で読経、五体投地、慈悲の心を起こす、寺院への巡拝などをすると、ゲワ／ツォサクになり、来世も再び人間に生まれ変わることができる。第六章で述べた 80 歳の祝祭及びスンギという儀式を行った理由は、ツォサクするためであり、死にゆく人 (80 歳前後) にとって、亡くなる前に三宝や高僧ラマ、僧侶などへ礼拝し、村人への寄進でゲワを積むためである。遺族にとってもティレンジェワ (drin lan mjal ba, 恩返し) になり、このティレンジェワによってツォサクになる。

終章—出生・死・再生をめぐる青海省チベット族の死生観　223

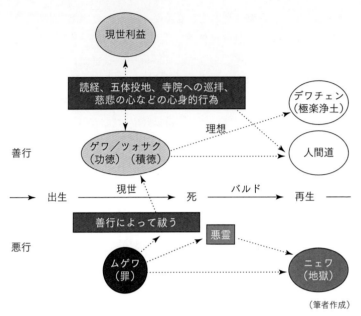

図8-1　二項対立的青海省チベット族の死生観の図式

　生前、ゲワやツォサクをたくさん積んだ人は、死後もナムシェが再び人間に再生することができ、第七章で述べたように、生まれ変わった子供は前世の記憶がはっきりしている。その前世の記憶と今世において順調に進んでいる仕事などは、前世の善行によって得られた成果である。

　チベット族の人々は、理想として現世でたくさんツォとゲワを積むことでデワチェンに往生することを望んでいるが、この世の生活のため、知らないうちに罪を犯していると考えるため、デワチェンに行くことができず、再び人間に再生できることを願っている。

　一方、生前においてムゲワをすると、第七章で述べた事例7-4のように、ナムシェは悪霊になって生者が誘引されたりする。そのような人はニェワに落ちると信じられており、特に生前において先生や僧

侶、両親などの目上の人を裏切った人や殺人は、来世で再び人間に生まれ変わることが不可能であり、ニェワに落ちると決まっている。だが、すでになしたムゲワを祓ってゲワ／ツォサクをし、人間への再生を果たす方法もあり、その方法は善行によって祓うことである。それらは、慈悲の心をもつこと、三宝や高僧ラマに礼拝したり、両親にティレンジェワをしたりすることによって、ムゲワを祓うことが可能である。

　図8-1で示したように、2000年代以降、青海省チベット族の人々は死後の再生のためのみならず、現世利益のために、日常生活中での読経、五体投地、寺院への巡拝、山神崇拝、チェソン儀礼などを行う例も頻繁に見られるようになった。村人がこの世の生活・現世利益のために宗教的儀礼を行う例はよく見られる。死後、人間に再生するかニェワに落ちるかの観念については、聞取り調査が不足しているため、本書で分析していない。その現世利益についての調査・考察を含めて、如何にチベット族の死生観が変化しているかについて、今後の研究課題にしたい。

あとがき

　本書は、筆者が 2019 年 2 月に金沢大学人間社会環境研究科へ提出した博士論文に加筆したものである。

　本書を完成させるにあたっては、大変多くの方々にご指導・有益なご意見・ご支援を頂いた。残念ながらここで全ての名前をあげることができないので、特に本書の研究を可能にさせてくれた方々に限らせていただき、ここに記して心から感謝の意を表したい。

　まず、2013 年 4 月、金沢大学に入学してから研究生課程、博士前期課程、博士後期課程で計 6 年間、とてもお世話になった西本陽一先生、鏡味治也先生と森雅秀先生に心から感謝の意を申し上げたい。指導教員の西本陽一先生に、日頃から筆者を温かく見守っていただき、学校の休業日にも本書の執筆を支えて下さり、研究の各段階において、細やかなご指摘、御教示をいただいた。副指導教員の鏡味治也先生に、本書の執筆段階においては、ご丁寧かつ専門的な立場から温かいご指導をいただいた。本書の執筆中に、チベットの文化人類学者である京都大学の小西賢吾先生からたくさんのご指導・ご意見をいただきました。そして、チベット研究者の飯田泰也先生、金沢大学人間社会研究域の宮崎悦子先生から本書全体を細かく読んでいただき、様々なご意見やコメントをいただきました。金沢大学文学部の博士学位を取得した宮本眞晴氏には、本書の作成にあたって、日本語の面倒や貴重な助言をいただきました。記して深く感謝の意を表したい。

　それから、筆者にとって、人生の 20 代の生活は海外留学の生活或いは先進国の日本で過ごすことができた。つまり、筆者は 22 ～ 29 歳までほぼ 7 年間、日本にて留学生としての生活を過ごすことができた。その留学するきっかけということに関して、絶対に忘れてはいけないのは中国青海民族大学のタシツェラン教授にご縁で出会ったことからである。タシツェラン教授に日本へ留学をさせていただき、留学する前に日本語が全く分からない筆者に勇気を与えて下さったお陰

で、今日まで日本で研究を進めることになった訳である。また、小学校から博士後期課程を終了するまで、ご縁で出会った数え切れない全ての先生方々のお陰で、博士学位論文を完成することができた訳である。改めてここに記して深く感謝の意を表したい。

今日まで、筆者の身の周りの友人や先輩の方々にも、お礼を申し上げる次第である。特に日本で両親としての存在になった北海道札幌市にお住まいの三上光博・三上優理子夫婦、神戸市にお住まいの町田康孝・町田公子夫婦たちに日頃勉強・研究のことについて励まして応援をしていただいた。記して感謝の意を表したい。

本書の執筆にあたり、研究対象とする中国青海省チベット村落で、多大なご協力を賜った調査村の方々に厚くご礼を申し上げたい。とりわけ調査村の滞在家に感謝の意を込めて心からお礼を申し上げたい。

留学生活の面やこの研究に不可欠なフィールドワークを遂行するに当たって、多くの財団から奨学金とご支援をいただきました。日本石川県私費留学生奨学金、金沢大学創立150周年記念事業優秀な留学生奨学金、金沢大学大学院における異分野融合型教育プログラム奨学金、金沢大学大学院「異分野融合型文化資源学マネジメント教育プログラム」海外フィールドワーク助成金、ロータリー米山記念奨学金、平成30年度スタディアブロード奨学金、公益信託渋沢民族学振興基金などからご支援をいただいた。記して深く感謝の意を表したい。特にロータリー米山記念奨学金をいただいたことだけではなく、2年間余り日頃とてもお世話になった白山石川ロータリークラブの皆様に深く感謝すべきである。当クラブの皆様から励まして応援していただきました。これらの経済的支援がなければ、博士学位論文を完成することができなかったと思う。

本書の出版に当たっては、北九州市立大学社会システム研究科の客員研究員張平平様と学術研究出版社の黒田貴子様に、この本を生み出して下さったことに心から感謝致します。

最後に、恩返ししても仕切れない両親や兄弟たちに感謝の気持ちを

表したい。また、いつも私と共に歩いてくれた妻に心から感謝します。

2023 年 10 月 30 日

筆者

参考文献

1. チベット語文献（著者・編者名のチベット語字母順に配列）

mKhan po tshul khrims blo gros

    2004   sKye ba snga phyi'i rnam gzhag dang lugs gnyis gsal ba'i me long bzhugs so』(『前世今生論』佛教慈慧服務中心)

mKhar rme'u bsam gtan rgyal mtshan

    2010   mDa' dang 'phang. Krung go'i bod rig pa dpe skrun khang.

rGya ye bkra bho

    2000   "Tun hong nas thon pa'i bod kyi lo rgyus yig cha'i" khrod kyi "brla' brdungs" zhes par dpyad pa. Krung go'i bod kyi shes rig. Krung go bod rig pa'i dpe skrun khang.

Nyang nyi ma 'od zer

    1988   Chos 'byung me tog snying po sbrang rtsi'i bcud. bod ljongs mi dmangs dpe skrun khang. (娘・尼玛韦色『娘氏宗教源流』恰贝・次旦平措 (编), 西藏人民出版社.)

Ta si byang chub rgyal mtshan

    1986   Rlangs kyi po ti bse ru rgyas pa.bod ljongs mi dmngs dpe skrun khang.(大司徒・绛曲坚贊　『郎氏家族』恰白・次旦平措　编, 西藏人民出版社.)

gTer ston Karma gling pa

    2011   Bar do thos grol chen mo. Bod ljongs mi dmangs dpe skrun khang.

sTon pa sha'kya thub pa

    2016   thar mdo. Si khron mi rigs dpe skrun khang.

Thu'u bkawn blo bzang chos kyi nyi ma

    2005 Thu'u bkaun grub mtha'. Kan su'u mi rigs dpe skrun khang (『宗教源流史』甘肃民族出版社)

Dung dkar blo bzang 'phrin las

    2009   Dung dkar tshig mdzod chen mo. Krung go'i bod rig pa dpe skrun khang. (东噶・洛桑赤烈 (编纂)『东噶藏学大辞典』中国藏学出版社)

'Das log mkha' 'gro ma karma dbang 'dzin

    2010   Bar do dmyal ba'i lo rgyus dang chos kyi rgyal po'i zhal gdams bzhugs so. Ser gtsug nang bstan dpe rnying 'tshol bsdu phyogs sgrig khang.

Nam mkha'i nor bu

    1994 Nam mkh'i nor bu'i gsung rtsom phyogs bsgrigs. Krung go'i bod rig pa dpe skrun khang.

dPa' bo gtsug lag phrang ba

    2005 Chos 'byung mkhas b'i dga' ston. rDo rje rgyal bos bsgrigs. Beijing: Mi rigs dpe skrun khang. (巴俄・祖拉陈瓦 (著),『智者喜宴』多吉杰博 (编), 北京：民族出版社)

Brag dgon pa dkon mchog bstan pa rab rgyas (brtsams)

    1982   Mdo smad chos 'byung. Kan su'u mi rigs dpe skrun khang. (智贡巴・贡去乎丹巴绕布杰 (著),『安多政教史』甘肃民族出版社)

"Ming sring dpal bgos dang lha 'dog".In Samten.G Karmay and Yasuhiko Nagano (eds), The Call of the Blue Cuckoo. 2002, pp217-227. Osaka:National Museum of Ethnology.

'Ba' stod tshe dbang rdo rje

    2011   "Bod p'I gnyen ston khrod du mda' mo spyod stangs dang de'I mtshon don skor gleng ba."mTsho sngon mi rigs slob chen rig deb. pp1-13.mTsho sngon mi rigs slob chen rig deb rtsom sgrig pu'u. (巴顿・才项多杰「藏族婚礼中箭交换习俗及其文化内涵」『青海民族大学学报』2011・1:1-13 青海民族大学学报编辑部)

Tshe lo

    2009   mTsho lho khul sa ming rig gnas brda 'grel. Kan su'u mi rigs dpe skrun khang. (才洛　编『海南州地名文化释义』甘肃民族出版社.)

rDza dpal sprul

    2005   sNying thig sngon 'gro. Si khron mi rigs dpe skrun khang. (巴竹・吉美却旺 (著),『普贤上师言教』成都：四川民族出版社)

Zhabs drung mchog sprul thub bstan nor bu rgya mtsho

    2014 mDo smad khri ka'i ljongs su che ba drug ldan dpal gsang chen snga agyur rnying ma ba'i grub mtha' rin po che ji ltar dar ba'i tshul brjod pa dkar gsal zal ba'i rang mdangs zhes bya ba bzhugs so (stod smad). (第五世夏仲土丹诺布嘉措活佛, 2014《皓月之光——安多贵德宁玛教派的兴起 (上, 下)》)

Rin chen

    2008   gShin po'i 'das mchod byed stangs thar lam bgrod p'i them skas zhes bya ba bzhugs so. Bod ljongs mi dmngs dpe skrun khang. (仁青 (编)『藏族丧葬习俗』拉萨：西藏人民出版社)

Sha bo mkha'byams

    2011 "The'u rang gi byung ba la brtag pa"Krung go bod rigs pa. (中国藏学 第1期). Krung go bod rigs pa zhib 'jug lte gnas (中国藏学研究中心).

2. 日本語文献 (著者・編者名のアルファベット順に配列)

青木保

    1984　『儀礼の象徴性』岩波書店.

秋山憲治

    2016「西部大開発とチベット地方の水問題」『神奈川大学アジア・レビュー』03, 神奈川大学アジア研究センター, pp.108-118。秋山憲治

足羽興志子

    2000「中国南部における仏教復興の動態—国家・社会・トランスナショナリズム」菱田雅晴 編『現代中国の構造変動 5 社会—国家との共棲関係』東京大学出版会.

阿部治平
　2012『チベット高原の片隅で』　連合出版.

安姍姍
　2014「中国都市部における医療化された出産の実態及び女性の自己決定：産後の女性の出産体験より」『奈良女子大学社会学論集』第21号, 奈良女子大学社会学研究会.

井狩彌介
　1985「死と再生──ヒンドゥの葬送儀礼にみる霊魂の行方」『生と死の人類学』石川榮吉 (他編)　講談社.

石井溥
　1999「人生儀礼の比較研究：ポン教徒の人生儀礼と周辺諸民族の人生儀礼」『チベット文化域におけるポン教文化の研究』長野泰彦 (編), 国立民族学博物館.

石川巌
　2001「古代チベットにおける霊神祭儀の物語──敦煌文献P.T.126第二部の分析───」『東方』(16) 東方書店.
　2008「古代チベットにおける古代ポン教とその変容」『北東アジア研究』(別冊第1号)　島根県立大学北東アジア地域研究センター.
　2009「チベットの歴史とポン教の形成」『チベットポン教の神々』　長野泰彦 (編)、国立民族学博物館.
　2010「敦煌チベット語文献P.T.239表訳注──古代チベットにおける前仏教的葬儀とその仏教化に関する──証言──」『西域歴史言語研究集刊』(3) 科学出版社.

石濱裕美子
　2011『清朝とチベット仏教-菩薩王となった乾隆帝-』　早稲田大学出版部.

井家晴子
　2004「出産の人類学再考──出産方法の選択の場を巡って──」『民族学研究』68-4：555 ～ 566. 日本民族学会.

今枝由郎
　2005『ブータン仏教から見た日本仏教』　日本放送出版協会.
　2006『敦煌出土チベット文『生死法物語』の研究：古代チベットにおける仏教伝播過程の一側面』　大東出版社.

煎本孝
　2014『ラダック仏教僧院と祭礼』　法藏館.

R. エルツ
　1980「死の宗教社会学──死の集合表象研究への寄与」『右手の優越　宗教的両極性の研究』吉田禎吾、内藤莞爾、板橋作美 (訳)　垣内出版.

内堀基光
　1997「死にゆくものへの儀礼」『岩波講座　文化人類学第9巻　儀礼とパフォーマンス』青木保 (他編)　岩波書店.

内堀基光、山下晋司
　1986『死の人類学』　弘文堂.

おおえまさのり (訳)

1994『新訂　チベットの死者の書』講談社.

大川謙作

2007a「ナンセン (nang zan) 考―チベット旧社会における家内労働者の実態を巡って」『中国研究月報』第61巻第12号, pp.1～20, 一般社団法人中国研究所.

2007b「一妻多夫婚研究における文化 vs 社会経済モデルの再検討：チベット系諸民族における婚姻諸形態とその選択をめぐって」『東洋文化研究所紀要』第150冊, pp. 246-206、東京大学東洋文化研究所

2010「現代チベット研究と代替民族誌の問題」『社会人類学年報 Vol.36.2010』155-171, 弘文堂.

2013「チベット仏教と現代中国−包摂と排除の語り」『現代中国の宗教−信仰と社会をめぐる民族誌』　川口幸大 (他編)、昭和堂.

小川康

2018「チベット医学と仏教」『サンガジャパン　Vol.28』　株式会社サンガ.

奥野克巳、花渕磐也

2005「死と葬儀――死者はどのように扱われるのか？」『文化人類学のレッスンフィールドからの出発』　学陽書房.

大嶋仁

1994「西欧から見たチベット」『チベット生と死の文化　曼荼羅の精神世界』フジタヴァンテ (編)　東京美術.

小野田俊蔵

1993「チベット人の死生観」『曼荼羅と輪廻――その思想と美術』立川武蔵 (編)　佼成出版社.

2001「チベット人の葬儀」『癒しと救い――アジアの宗教的伝統に学ぶ』立川武蔵 (編著)　玉川大学出版部.

2010「チベット仏教の現在」『新アジア仏教史09チベット　須弥山の仏教世界』沖本克己・福田洋一 (編)　佼成出版社.

王森

2016『チベット仏教発展史略』田中公明 (監訳)、三好祥子 (翻訳) 科学出版社東京.

加藤泰

2001『文化の想像力　人類学的理解のしかた』　東海大学出版会.

川喜田二郎

1960『鳥葬の国』　光文社.

1966「チベット族の一妻多夫- (1) -Torbo民族誌・その4-」『民族学研究』31-1：11-27.

河口慧海

1978『西蔵旅行記』(全5巻)　講談社.

川崎信定 (原典訳)

1989『チベット死者の書』筑摩書房.

川田進

2015『東チベットの宗教空間』 北海道大学出版会.

川邑厚徳・林由香里

1993『チベット死者の書 仏典に秘められた死と転生』日本放送出版協会.

ガザン（尕藏）

2016『チベット村における伝統的社会集団と死生儀礼の文化人類学的研究』金沢大学, 修士論文.

2017a「チベット・アムド地域における婚姻・家族と親族名称に関する研究ー中国青海省貴徳県Ｓ村の事例からー」『人間社会環境研究』第33号, 金沢大学大学院人間社会環境研究科.

2017b「青海チベット族の宗教と寺院組織の運営——中国青海省貴徳県Ｓ村の寺院を中心に——」『人間社会環境研究』（第34号）金沢大学大学院人間社会環境研究科.

2018a「青海チベット村落における「ツォワ」の現状とその考察——中国青海省貴徳県Ｓ村の事例から——」『日本チベット学会々報』（第63号）日本チベット学会.

2018b「チベット・アムド地域における結婚式の実態——中国青海省貴徳県Ｓ村の事例から——」『チベット文化研究会々報』（第45巻, 第2号）チベット文化研究会.

2018c「青海省チベット族の村落における妊娠と出産に関する習俗とその考察——中国青海省貴徳県Ｓ村の 事例から——」『人間社会環境研究』（第36号）金沢大学大学院人間社会環境研究科.

ガザンジェ

2015「中国青海省チベット族村社会の変遷過程」金沢大学大学院 博士論文.

牛黎涛

2005「チベット社会の変化とチベット族の道徳観」『仏教文化学会紀要』仏教文化学会.

2008「チベット近代の寺院教育」『仏教文化学会紀要』仏教文化学会.

2009「チベットにおける寺院経済の発展と展開」『佛教文化学会紀要』佛教文化学会.

2014「チベット仏教文化の伝承と影響について」『総合佛教研究所年報』(36)：195～211, 大正大学.

黒木幹夫

1994「『チベットの死者の書』の＜心理学＞」『愛媛大学教養部紀要』（第27号-I）愛媛大学教養部.

A.T. グルンフェルド

1994『現代チベットの歩み』八巻佳子（訳）東方書店.

小西賢吾

2010「再生／越境する寺院ネットワークが支えるボン教の復興——中国四川省、シャルコク地方の事例を中心に」『地域研究』(10巻1号)

2013「チベット、ボン教徒の実践における『功徳』をめぐる概念とその役割」『功徳の概念と積徳行の地域間比較研究』兼重努、林行夫（編） 京都大学地域研究統合情報センター

2015a「還流する人と知識——チベット、ボン教僧侶ネットワークの変容——」『移動と宗教実践——地域社会の動態に関する比較研究——』京都大学地域研究統合情報センター.

2015b「再編される共同性と宗教指導者の役割——中国、四川省のチベット社会を事例に」『現代アジアの宗教　社会主義を経た地域を読む』藤本透子（編）春風社.

2015c「『周縁』を生き抜く僧侶たち——四川省のチベット社会におけるボン教僧院の事例から」『『周縁』を生きる少数民族　現代中国の国民統合をめぐるポリティクス』澤井充生・奈良雅史（編）勉誠出版社.

2015d「「善行」に包摂される功徳　—チベット、ボン教徒の「ゲワ」概念と社会動態—」『積徳行と社会文化動態に関する地域間比較研究』長谷川清・林行夫（編），京都大学地域研究統合情報センター.

2015e『四川チベットの宗教と地域社会』風響社.

2018「ボン教における『僧侶』の諸相——20世紀以降の変容に着目して——」『チベット・ヒマラヤ文明の歴史的展開』岩尾一史・池田巧（編）京都大学人文科学研究所.

佐藤長

1978『チベット歴史地理研究』岩波書店.

1985「唐代の青海・チベットの民族状況—羌族を中心に—」『鷹陵史学』第10号佛教大学歴史研究所.

座間紘一（編著）

2015『変貌する中国農村 [湖北・四川省の「三農」問題と近代化]』蒼蒼社.

秦兆雄

2007「中国人類学の独自性と可能性」『国立民族学博物館研究報告』31 (1)

菅靖彦

1994「『チベット死者の書』が現代に投げかけるもの」『ユリイカ臨時増刊　総特集：死者の書』（第26巻第13号）青土社.

R. A. スタン

1971『チベットの文化』山口瑞鳳、定方晟（訳）岩波書店.

1993『チベットの文化』（決定版），山口瑞鳳・定方晟（訳）岩波書店.

D・スネルグローヴ、H. リチャードソン

1998『チベット文化史』奥山直司（訳）春秋社.

竹村牧男

2004「仏教の死生観」『生と死を考える——「死生学入門」金沢大学講義集——』細見博志（編）北國新聞社.

立川武蔵

2009「ポン教とチベット仏教」『チベットポン教の神々』長野泰彦（編）国立民族学博物館.

1985「リンガとストゥーパ—生のシンボルと死のシンボル」『生と死の人類学』石川榮吉、岩田慶治、佐々木高明（編）講談社.

棚瀬慈郎

2008「インドヒマラヤのチベット系諸社会における婚姻と家運営―ラホール、スピ
ティ、ラダック、ザンスカールの比較とその変化」博士論文, 京都大学.

1986「書評　ピーター・メトカーフ、リチャード・ハンティントン著『死の儀礼』」『季
刊　人類学』17-4　講談社.

1991「留まろうとするものと移りゆくものーインド、ヒマーチャル・プラデッシュ
州、ラホール渓谷のチベット系社会における家と家族-」『民族学研究』, 56-2,
pp.159-177

田辺繁治

1985「死、そしてイデオロギーの死――ラーンナータイの葬送儀礼」『生と死の人類
学』石川榮吉、岩田慶治、佐々木高明（編）　講談社.

T. デゥーカ

1998『ヨーロッパ最初のチベット学者　チョーマ　ド　ケーレスの生涯』前田崇
（訳）　山喜房佛書林.

I. デシデリ

1991『チベットの報告I』東洋文庫542, 薬師義美（訳）F・デ・フィリッピ編, 平凡社.

橋旦加布

2017「中国青海省におけるチベット仏教復興運動下の民間信仰の変容に関する人類
学的研究――同仁県ワォッコル村を事例として――」総合研究大学院大学 博士
論文.

2017「チベット・アムド地域における人生儀礼の変化に関する考察ーワォッコル村
の事例から」『総研大文化科学研究』第13号, 総研大文化科学研究科.

津曲真一

2003「チベット人の死生観――『死を欺く』儀式と三つの生命」『死生学研究』（秋号）
京大学大学院人文社会系研究科.

2014「死者への眼差し――チベットにおける死後世界の叙述のその意義について―
―」『死生学年報』　東洋英和女学院大学死生学研究所.

2016「『良き死』の諸相―アジアの伝統宗教の立場から―」『死生学年報　生と死に
寄り添う』東洋英和女学院大学　死生学研究所.

ツルティム・ケサン（白館戒雲）

1990「川崎信定訳：『チベットの死者の書』」『佛教学セミナー』（第51号）大谷大学
佛教学会.

テリー・クリフォード

1993『チベットの精神医学―チベット仏教医学の概観』中川和也（訳）, 春秋社.

ティモシー・リアリー, ラルフ・メツナー, リチャード・アルパート

1994『チベットの死者の書――サイケデリック・バージョン――』菅靖彦（訳）八
幡書店.

デトレフ・インゴ・ラオフ (Detlef Ingo Lauf)

1994「ボン教の死者の書」奥山直司（訳）『ユリイカ臨時増刊　総特集：死者の書』（第
26巻第13号）青土社.

トゥッチ. G
　1999『チベット仏教探検志──G.トゥッチのヤルルン紀行』杉浦満（訳）　平河出版社.

トム・ダマー
　1991『チベット医学入門──ホリスティック医学の見地から』久保博嗣（訳），春秋社.

中沢新一
　1996『三万年の死の教え　チベット「死者の書」の世界』角川書店.

長沢和俊
　1964『チベット　極奥アジアの歴史と文化』　校倉書房.

中根千枝
　1958「sikkim における複合社会 (Lepcha, Bhutia, Nepalee) の研究」『民族学研究』22-1：15-64, 日本民族学会.
　1973『家族の構造』　東京大学出版会.
　1997b「チベットの社会構造を探る──果洛牧民社会の分析をとおして──」『東方学論集：東方学会創立五十周年記念』　東方学会.

長野禎子
　1999a「青海省同仁県ソグル村のルロ祭における供犠とハワ」『チベット文化域におけるポン教文化の研究』長野泰彦（主編）, pp.123 ～ 198, 国立民族学博物館.
　1999b「神と人との交流の宴　ルロ」『季刊　民族学』（第23巻　第3号）国立民族学博物館（監修）千里文化財団.
　2009「チベットの『ヤンを呼ぶ』儀礼」『チベットポン教の神々』長野泰彦（編）国立民族学博物館.

長野泰彦
　1987「ポン」『文化人類学事典』p.712、石川榮吉、梅棹忠夫（他編）弘文堂.

波平恵美子
　1996『いのちの文化人類学』　新潮選書.
　1998「いのちと文化」『岩波講座　文化人類学第13巻　文化という課題』青木保（他編）　岩波書店.

西澤治彦
　2006「序論──中国文化人類学の歩み」『中国文化人類学リーディングス』瀬川昌久、西澤治彦（編）　風響社.

則武海源
　1993「青海省チベット仏教寺院の現状について－西寧市・東海地区を中心にして－」『大崎学報』（第149号）, 立正大学仏教学会.
　1995「青海省チベット仏教寺院の現状についてⅡ－黄南・果洛チベット族各自治州を中心にして－」『大崎学報』（第151号）, 立正大学仏教学会.
　2005「青海省チベット仏教寺院の現状についてⅢ－玉樹チベット族自治州を中心に－」『大崎学報』（第161号）、立正大学仏教学会.

服部範

2011「ヒマラヤの山岳地帯における人々の生活と一生―チベット文化圏を中心に」『兵庫教育大学研究紀要』第39巻, pp.191 ~ 201, 兵庫教育大学.

伴真一郎

2005「アムド・チベット仏教寺院トヴァン・ゴンパ(瞿曇寺)のチベット文碑文初考―永楽16年「皇帝勅諭碑」の史料的価値の検討を中心に―」『大谷大学大学院研究紀要』(第22号), pp.189 ~ 219, 大谷大学大学院.

平岡宏一 (訳)

1994『チベット死者の書』(ゲルク派版) 株式会社学習研究社.

平松敏雄

1989「ニンマ派と中国禅」『チベット仏教』 岩波講座・東洋思想 第11巻岩波書店.

福島真人

1993「儀礼とその釈義-形式的行動と解釈の生成」『課題としての民俗芸能研究』第一民俗芸能学会編, ひつじ書房.

福田洋一, 伏見英俊

2010「宗派概説」『新アジア仏教史09チベット 須弥山の仏教世界』沖本克己・福田洋一 (編) 佼成出版社.

ファン・ヘネップ

2012『通過儀礼』綾部恒雄、綾部裕子 (訳) 岩波書店.

フィリップ・ローソン

2012『聖なるチベット 秘境野宗教文化 (新版 イメージ野博物館誌)』森雅秀・森喜子 (訳) 平凡社.

ヘレナ・ノーバーグ・ホッジ

2003『ラダック 懐かしい未来』「ラダック 懐かしい未来」翻訳委員会 (訳) 山と渓谷社.

別所裕介

2004「チベットの山神崇拝と村社会」『アジア社会文化研究』5号, pp.124 ~ 145, アジア社会文化研究会.

2005「仏教は山に何をしたか?――アムド地方の聖山巡礼における仏教化の研究」『日本西藏学会会報』第51号:69 ~ 82, 日本チベット学会.

2007「現代チベットの聖地巡礼から見る宗教復興――改革解放期の仏教伝統と民衆儀礼――」『国際協力研究志』(第13巻第1号) 広島大学大学院国際協力研究科.

2014「「生態移民になる」という選択:三江源生態移民における移住者の生計戦略とポスト定住化社会をめぐって」『アジア社会文化研究』15:65-93, アジア社会文化研究会.

2016「巡礼――インフラ――電子網――現代チベットの聖地と辺境市場経済システムの連環」『観光学評論』(第4巻2号) 観光学術学会.

2017「聖地を切り売りする人々――現代チベットの経済開発と民衆的信仰空間の特性――」『宗教研究』(389号) 日本宗教学会.

2018「混交を内側から切り分ける:チベット高原東縁部の多民族村における宗教実践をめぐって」『駒澤大学文化＝Komazawa University culture』36号 駒澤大学

総合教育研究部文化学部門.

包智明
　1992「チベット牧畜民社会の親族構造　－チベット北部の事例から」『民族学研究』
　　56-2：53-61.

松岡正子
　2017『青蔵高原東部のチャン族とチベット族―2008汶川地震後の再建と開発（論
　　文集）』　あるむ.

未成道男（編）
　1995『中国文化人類学文献解題』　東京大学出版会.

松林公蔵
　2011「青海省にみる老・病・死と生きがい――農（漢）と牧（チベット）の接点」『生
　　老病死のエコロジー――チベット・ヒマラヤに生きる』奥宮清人（編）昭和堂.

マリノフスキー
　1981『バロマ　トロブリアンド諸島の呪術と死霊信仰』高橋渉（訳）　未来社.

マルティン・ブラウエン
　2002『図説　曼荼羅大全――チベット仏教の神秘――』森雅秀（訳）東洋書林.

三木誠
　1993「死者儀礼の変遷――中部カリマンタン、ガジュ・ダヤク族の場合――」『南方
　　文化』（第20輯）　天理南方文化研究会.

六鹿桂子
　2007「チベット族の村の比較から婚姻を観る―雲南省迪慶藏族自治州徳欽県の事例
　　から」『日本西藏學會々報』pp.45-58.
　2011「チベット族における兄弟型一妻多夫婚の形成理由の考察」『多元文化』
　　pp.145-157.

村上大輔
　2013「悪霊ミカ祓いの祈祷書Mi kha'i bzlog 'gyur校注」『国立民族学博物館研究報
　　告（38巻1号）』.
　2016『チベット聖地の路地裏――八年のラサ滞在記――』法蔵館.

メトカーフ、ハンティントン
　1985『死の儀礼――葬送習俗の人類学的研究』池上良正、川村邦光（訳）　未来社.

森部一
　1982「タイ農民の世界観について――死と再生の観念を手がかりとして――」『伝
　　統宗教と民間信仰』白鳥芳郎、山田隆治（編）　南山大学人類学研究所.

森雅秀
　1994「『チベットの死者の書』とは何か」『ユリイカ臨時増刊　総特集：死者の書』（第
　　26巻第13号）青土社.
　1999「青海省同仁県のポン教寺院」『チベット文化域におけるポン教文化の研究』長
　　野泰彦（編）、国立民族学博物館.

薬師義美
　2006『大ヒマラヤ探検史――インド測量局とその密偵たち』　白水社.

山口瑞鳳

　1983『吐蕃王国成立史研究』 岩波書店.

　1987『チベット（上・下）』東京大学出版会.

　1994「中沢新一氏とNHKが持ち上げる『チベット死者の書』はエセ仏典」『諸君』（26巻6号）文芸春秋.

山崎正矩

　1980「ラトーとファスプン　ーサブー村の事例からー」『第三回　チベット仏教文化調査団報告書』pp.68-72, 高野山大学.

山下晋司

　1988『儀礼の政治学　インドネシア・トラジャの動態的民族誌』弘文堂.

山田孝子

　2008「チベット、アムド・カム地方における宗教の再活性化とチベット仏教僧院の存続に向けての取り組み」『北方学会報』13号, pp.4-12. 北方学会.

　2009『ラダック―西チベットにおける病いと治療の民族誌』京都大学学術出版会.

姚毅

　2014「国家プロジェクト、医療マーケットと女性身体の間――中国農村部における病院分娩の推進」『アジアの出産と家族計画――「産む・産まない・産めない」身体をめぐる政治』小浜正子・松岡悦子（編）, 勉誠出版.

C・G・ユング

　1983「チベットの死者の書の心理学」『ユング心理学選書⑤　東洋的瞑想の心理学』湯浅泰雄・黒木幹夫（訳）創元社.

ロバート・A・F・サーマン（ROBERT A.F.THURMAN）

　2007『現代人のためのチベット死者の書』鷲尾翠（訳）、朝日新聞社.

渡辺一枝

　2000『わたしのチベット紀行』 集英社.

3.　中国語文献（著者・編者名のピンインのアルファベット順に配列）

巴伯若・尼姆里・阿吉兹（B.N.Aziz）

　1987『藏边人家』西藏人民出版社.

梅尔文・C・戈尔茨坦（Melvyn C.Goldstein）、辛西娅・M・比尔（Cynthia M.Beall）

　1991『今日西藏牧民――美国人眼中的西藏』肃文（訳）上海翻译出版公司.

得栄・澤仁鄧珠

　2001『藏族通史・吉祥宝瓶（上・下）』 西藏人民出版社.

丹珠昂奔

　1990『藏族神灵论』 中国友谊出版公司.

　1993『藏族文化散論』中国友谊出版公司.

　1998『藏族文化誌』上海人民出版社.

　2013『藏族文化発展史（上・下）』 中央民族大学出版社.

丁莉霞
2014「当代藏传佛教寺院经济现状及其管理探析」『世界宗教文化』第1期：pp.72～
77, 中国社会科学院世界宗教研究所.

东主才让
2016「藏族命名文化研究」『西藏民族大学学报』(哲学社会科学版　第4期) 西藏民族
大学学报杂志编辑部.

图齐 (Tucci)
2005a『西藏宗教之旅』耿昇 (訳) 中国藏学出版社.
2005b『喜马拉雅的人与神』向红笳 (訳)　中国藏学出版社.

南开诺布
2017『出生, 生命和死亡——根据西藏医学和大圆满教法』Wilson Wei译, 新华书店.

勒内・德・内贝斯其・沃杰科维茨 (Nebesky-Wojkowitz)
1991『西藏的神灵与鬼怪』(Oracles and Demons of Tibetan) 謝継勝 (訳)　西藏人
民出版社.

李安宅
2005『藏族宗教史之实地研究』　上海世紀出版集团.

李安宅、于式玉
2002『李安宅-于式玉藏学文论选』中国藏学出版社.

李士发
2010『貴德風情』远方出版社.

廖东凡
1991『雪域西藏风情录』　北京燕山出版社.

林耀華
1985『民族学研究』中国社会科学出版社.

嘎・达哇才仁
2007『藏族宗教文化论文集』中国藏学出版社.

格楽 (編)
1993『蔵北牧民-西藏那曲地区社会历史调查』　中国藏学出版社.
2006『格楽人類学、藏学論文集』　中国藏学出版社.

賈霄锋
2010『藏区土司制度研究』青海人民出版社.

貴德県志編纂委員会
1995『貴德県志』陕西人民出版社

貴德県統計局 (編)『2010年貴德統計年鑑』
貴德県統計局 (編)『2011年貴德統計年鑑』
貴德県統計局 (編)『2012年貴德統計年鑑』
貴德県統計局 (編)『2013年貴德統計年鑑』
貴德県統計局 (編)『2014年貴德統計年鑑』

賀爾加
　　2012『貴徳藏族簡史』青海人民出版社.

《海南藏族自治州》編写組
　　2009『海南藏族自治州概況』民族出版社.

海南藏族自治州統計局 (編)
　　『2009年海南統計年鑑』

金晶
　　2009「从游牧到定居的藏族婚姻家庭变迁－ 以甘南藏族自治州藏牧民定居点为例」
　　『安多藏族牧区社会文化变迁研究』苏发祥 (主編) pp155-176 北京：中央民族大学
　　出版社.

先巴 (他)
　　2006「貴徳三屯民間文化調査報告」『青海民族研究』(第17巻、第1期) 青海民族大
　　学民族学与社会学院.

曾传辉
　　2003「藏区宗教现状概况－ 藏区宗教现状考察报告之一」『世界宗教研究』第4期：
　　pp51-58, 中国社会科学院世界宗教研究所.

才项多杰
　　2010「藏族 "拉则" 文化意蕴解析」『青海民族大学学报』(社会科学版) 青海民族大学
　　学报编辑部.
　　2012『论中国藏族社会的箭崇拜习俗 (On the custom of arrow worship in the
　　Tibetan society of China)』 西南民族大学.

才让太
　　2011「冈底斯神山崇拜及其周边的古代文化」『苯教研究论文选集』第一辑,
　　pp.66-79, 中国藏学出版社.

索端智
　　2006「藏族信仰崇拜中的山神体系及其地域社会象徵—以熱貢藏区的田野研究为例」
　　『思想戦綫』第2期, 第32巻, 雲南大学学報编辑部, pp.91-96.

者万奎
　　2014「慢话周屯历史衍变」『貴徳县文史资料』(第七辑) 中国人民政治协商会议贵德
　　县委员会.

褚俊杰
　　1989a「吐蕃本教喪葬儀軌研究」(上篇)『中国藏学』1989-3, 中国藏学研究中心.
　　1989b「吐蕃本教喪葬儀軌研究」(下篇)『中国藏学』1989-4, 中国藏学研究中心.
　　1990「論苯教喪葬儀軌的仏教化」『西藏研究』1990-1, 西藏社会科学院.

洲塔
　　1996『甘肅藏族部落的社会与歴史研究』甘肅民族出版社.

周润年
　　1998『中国藏族寺院教育』甘肅教育出版社.

趙宗福・馬成俊 (主編)
　　2003『中国民俗大系・青海民俗』 甘肅人民出版社.

241

中国人民政协商会议贵德县委员会
2014『貴徳県文史資料 (第七)』貴徳県文史資料編集委員会.

察仓・尕藏才旦
2006『西藏本教』 西藏人民出版社.

赤烈曲扎
1985『西藏風土志』西藏人民出版社.

陳立明
2010『西藏民俗文化』中国藏学出版社.

陳光国
1997『青海藏族史』 青海民族出版社.
『明史』巻331.

陳慶英 (他編)
2002『藏族部落制度研究』中国藏学出版社.

陳慶英 (主編)
2003『中国藏族部落』中国藏学出版社.

陈庆英、陈立健
2013『活佛转世——缘起・发展・历史定制』 中国藏学出版社.

石泰安 (R.A.Stein)
2013『汉藏走廊古部落 (Les tribus anciennes des marches sino tibetaines) 』耿昇
(訳) 中国藏学出版社.

绒巴扎西
1993「藏族寺院经济发生发展的内在缘由」『民族研究』(第4期) 中国社会科学出版
社.

葉拉太
2017「前吐蕃時期多康藏区藏系部族」『青海民族大学学報』第4期、青海民族大学.

楊輝麟 (編著)
2008『西藏的神霊』青海人民出版社.

王辅仁
2004『西藏佛教史略』青海人民出版社.

王貴
1991『藏族人名研究』民族出版社.

王兴先
1996「华日地区一个藏族部落的民族学报告—山神和山神崇拝」『西藏研究』第1期：
79-83.

魏强
2010「论藏族的山神崇拝习俗」『西藏艺术研究』3期：45-56西藏民族艺术研究所.

4. 欧文文献（著者・編者名のアルファベット順に配列）

Aziz Barbara.N
  1978 Tibetan Frontier Families: Reflection of Three Generations From Dingri. Vikas.

Craig Sienna
  2009 Pregnancy and Childbirth in Tibet:Knowledge,perspectives,and Practices. In Helaine Selin ed.Childbirth Across Cultures: Ideas and Practices of Pregnancy, Childbirth and the Postpartum. Springer.pp145-160.
  2011 Not Found in Tibetan Society: Culture, Childbirth, and a Politics of Life on the Roof of the World. Himalaya, the Journal of the Association for Nepal and Himalayan Studies: Vol. 30: No. 1, Article 18.pp101-114.

Craig Sienna, and Vincanne Adams
  2007 Efficacy. Morality, and the Problem of Evidence in Tibetan Medicine. Authenticity, Best Practice, and the Evidence Mosaic: The Challenge of integraling Traditional East Asian Medicines into Western Health Care. Workshop Paper. London University of Westminster.

Jixiancairang
  2012 Tibetan Wedding Rituals in Gling rgya Village in Reb gong, A mdo. University of Oslo（Reltib4990 - Master's Thesis）.

M.Brauen
  1982, Death Customs in Ladakh, Kailash9（4）:319-332.

Meyer, Fernand
  1995 Theory and Practice in Tibetan Medicine. Oriental Medicine: An lustrated Guide to the Asian Arts of Healing. Ed. Jan van Alphen and Anthony Aris. London: Serendia Publications. 109-41.

Stein, R.A
  1970 Un document ancien relatif aux rites fun raires des Bon-po tib tains. Journal Asiatique CCLVIII: 155-185.

Tsering Thar（才讓太）
  2003 Bonpo monasteries and temples in Tibetan regions in Qinghai,Gansu and Sichuan. In S.G.Karmay and Y.Nagano eds.A Survey of Bonpo Monasteries and Temples in Tibet and the Himalaya. Osaka:National Museum of Ethnology. pp.247–268.

WuQi
  2013 Tradition and Modernity: cultural continuum and Transition among Tibetans in Amdo. University of Helsinki.

Wylie, Turrell
  1959 A Standard System of Tibetan Transcription. Harvard Journal of Asiatic Studies 22: 261-267.

5. ウェブサイト（サイト名のアルファベット順に配列）

https://nam-students.blogspot.com/2011/04/blog-post 20.html より（サイト名：
六道輪廻図　2018年7月16日閲覧）

http://news.livedoor.com/article/detail/9818695/（サイト名：「青海省：観光客
2000万人突破　2014年」。2018年4月20日、閲覧）

図・表・写真　一覧

図・表・写真の順に配列している。それぞれの番号は章番号と対応した。例えば、序章で用いられた図は図0-1、図0-2…となる。全て202頁からこの順に収録している。

図の一覧

図0-1	エルツの議論図式	転載	4
図1-1	黄河流域における貴徳県	転載	26
図1-2	2013年貴徳県各鎮・郷の総戸数	筆者作成	28
図1-3	2013年貴徳県の人口（出生、死亡を含む）	筆者作成	29
図2-1	調査村の行政組織	筆者作成	36
図2-2	A世帯の家族構成	筆者作成	46
図2-3	B世帯の家族構成	筆者作成	46
図2-4	C世帯の家族構成	筆者作成	47
図2-5	D世帯の家族構成	筆者作成	47
図2-6	E世帯の家族構成	筆者作成	48
図2-7	F世帯の家族構成	筆者作成	48
図2-8	S村における親族範囲	筆者作成	49
図2-9	異なる宗派信徒による親族集団	筆者作成	51
図3-1	S村におけるサォザ・ツォワの分家	筆者作成	67
図3-2	山神の祭祀圏	筆者作成	82
図4-1	近代チベット寺院の経済モデル	筆者作成	95
図4-2	S村のボン教寺院の組織	筆者作成	100
図4-3	ニンマ派のンガカンの組織	筆者作成	105
図4-4	S村のゲルク派寺院の組織図	筆者作成	111
図6-1	青海省チベット族の死者儀礼の構造図式	筆者作成	145
図7-1	事例7-7の子供の認定図	筆者作成	208
図7-2	事例7-11の子供の認定図	筆者作成	210
図8-1	二項対立的青海省チベット族の死生観の図式	筆者作成	224

表の一覧

表1-1	2013年常牧鎮牧草地面積	筆者作成	31
表1-2	2011年常牧鎮各民族の人口統計表	筆者作成	31
表2-1	現在のS村の結婚状況	筆者作成	43
表2-2	D村の異なる守護神の間の婚姻	筆者作成	44
表2-3	S村の世帯規模	筆者作成	45
表2-4	人類学の基本的親族名称	筆者作成	51

245

表2-5	S村とその周辺の村の親族名称　　筆者作成	52
表2-6	一年間の活動　　筆者作成	56
表2-7	S村の経済状況（耕地のみ）　　筆者作成	59
表3-1	S村における全ツォワ　　筆者作成	69
表3-2	各ツォワのチェソン儀礼の日程　　筆者作成	70
表3-3	ヤニ・ツォワのチェソン儀礼の日程　　筆者作成	78
表3-4	S村における各ツォワのラプツェ儀礼の模様　　筆者作成	83
表4-1	1958年における青海チベット族の寺院数と宗派　　筆者作成	93
表4-2	2002年の宗教調査報告における青海省チベット族の宗教の現状	
	筆者作成	94
表4-3	S村のボン教寺院の年中儀礼の日程（旧暦）　　筆者作成	103
表4-4	S村のンガカンの年中儀礼の日程（旧暦）　　筆者作成	107
表4-5	S村のゲルク派寺院の年中儀礼の日程（旧暦）　　筆者作成	114
表6-1	ンゴシの報告原文　　筆者作成	153
表6-2	事例Aの葬儀の日程　　筆者作成	157
表6-3	事例Aの葬儀・読経者　　筆者作成	158
表6-4	事例Bの葬儀の日程　　筆者作成	160
表6-5	事例Bの葬儀・読経者　　筆者作成	160
表6-6	事例Cの葬儀の日程　　筆者作成	162
表6-7	事例Cの葬儀・読経者　　筆者作成	162
表6-8	事例Dの葬儀の日程　　筆者作成	164
表6-9	事例Eの葬儀の日程　　筆者作成	166
表6-10	事例Fの火葬に使用した素材　　筆者作成	169
表6-11	事例Fの葬儀の日程　　筆者作成	170
表6-12	事例Dにおける村人による支援・慰問品の内容と量　　筆者作成	176
表6-13	事例Fにおける村人による支援・慰問品の内容と量　　筆者作成	177
表6-14	事例Fのニョンニ修行への支援品　　筆者作成	177
表6-15	事例Bのニュンの日程　　筆者作成	185
表7-1	仏教における十二縁起説　　筆者作成	196

写真の一覧

写真2-1	S村の全景　　筆者撮影	35
写真2-2	台所　　筆者撮影	57
写真2-3	中庭の中央にあるサンコン　　筆者撮影	57
写真2-4	ボン教徒の家のチョカン　　筆者撮影	57
写真3-1	サォザ・ツォワの城跡　　筆者撮影	68
写真3-2	右からクンザン，シ・ジ・ハン・ダク，火神のトルマ　　筆者撮影	73
写真3-3	クンザン曼荼羅　　筆者撮影	75
写真3-4	S村のラプツェ　　筆者撮影	81

写真3-5	D村のラプツェ　　筆者撮影	81
写真4-1	S村のボン教寺院　　筆者撮影	97
写真4-2	ボン教の在家のホウン　　筆者撮影	98
写真4-3	県級文物保護単位　　筆者撮影	99
写真4-4	ニンマ派の在家の密教者　　筆者撮影	104
写真4-5	ゲルク派の僧侶　　筆者撮影	109
写真5-1	人の懐胎から出産まで　　テリー（1993：口絵3）により	120
写真5-2	ソンコル　　筆者撮影	123
写真5-3	メト　　筆者撮影	129
写真5-4	子供とガンソン　　筆者撮影	131
写真5-5	2016年の御祝儀　　筆者撮影	132
写真5-6	子供向けの読経儀式　　筆者撮影	133
写真6-1	ツォワの女性が料理を準備する様子　　筆者撮影	150
写真6-2	マントウと磚茶の包み　　筆者撮影	159
写真6-3	事例Cの葬送式の謝礼　　筆者撮影	161
写真6-4	火葬炉　　事例Fの弟子作	168
写真6-5	出現した珠　　事例Fの弟子撮影	168
写真6-6	事例B喪家の屋上のタルチョ　　筆者撮影	173
写真6-7	事例Eのアチョ　　筆者撮影	174
写真6-8	ジホン　　筆者撮影	175
写真6-9	事例Eの家門のツァスル　　筆者撮影	180
写真6-10	墓を掘る様子　　筆者撮影	182
写真6-11	墓掘りの人たちが食事する様子　　筆者撮影	183
写真6-12	バターランプ点け　　筆者撮影	183
写真6-13	遺体を搬送する前の読経　　筆者撮影	183
写真6-14	葬送後の清め　　筆者撮影	183
写真6-15	事例Bのニュンニ者　　筆者撮影	184
写真6-16	ゴンシャクの日　　筆者撮影	187
写真6-17	ドンチョ　　筆者撮影	188
写真6-18	一周忌に持ってきた乾麺　　筆者撮影	189
写真7-1	生のプロセスを絵画化した六道輪廻図　　ウェブサイトより	197
写真7-2	阿弥陀如来像　　筆者撮影	205

●著者紹介

尕藏（ガザン）

1989年　中国青海省半農半牧地域生まれ
2012年　中国青海民族大学学部生卒業
2012年　日本西東京教育学院日本語勉強
2013年　金沢大学人間社会環境研究科社会学専攻研究生
2014年から2019年まで
　　　　金沢大学人間社会環境研究科社会人類学専攻として
　　　　博士前期後期課程学生
2019年3月に博士号を取得
2019年4月より中国青海師範大学法学社会学学部講師
2022年1月より中国青海師範大学法学社会学学部副教授

主要論文に、「青海チベット村落におけるツォワの現状とその考察──中国青海省貴徳県S村の事例から」（日本チベット学会『日本チベット学会会報』第63号、2018年）、「チベット・アムド地域における婚姻・家族と親族名称に関する研究──中国青海省貴徳県S村の事例から」（『人間社会環境研究』第33号、2017年）など

高原伝統村落社会の記憶と信念
青海チベット族伝統村落社会における儀礼的生活空間と死生観の民族誌的研究

2024年2月10日　初版発行

著　者　尕藏
発行人　湯川祥史郎
発行所　学術研究出版
　　　　〒670-0933　兵庫県姫路市平野町62
　　　　［販売］Tel.079(280)2727　Fax.079(244)1482
　　　　［制作］Tel.079(222)5372
　　　　https://arpub.jp
印刷所　小野高速印刷株式会社
　　　　©Gazang 2024, Printed in Japan
　　　　ISBN978-4-911008-44-7

乱丁本・落丁本は送料小社負担でお取り換えいたします。

本書のコピー、スキャン、デジタル化等の無断複製は著作権法上での例外を除き禁じられています。本書を代行業者等の第三者に依頼してスキャンやデジタル化することは、たとえ個人や家庭内の利用でも一切認められておりません。